평설評說
인물 삼국지

평설 評說
인물 삼국지

초판 1쇄 인쇄 | 2014년 3월 17일
초판 1쇄 발행 | 2014년 3월 21일

지은이 | 김경한
펴낸이 | 박영욱
펴낸곳 | (주)북오션

경영총괄 | 정희숙
편집 | 이미경 · 이준호 · 지태진
마케팅 | 최석진 · 김태훈
디자인 | 서정희

주 소 | 서울시 마포구 월드컵로 14길 62
이메일 | bookrose@naver.com
페이스북 | bookocean
전 화 | 편집문의: 02-325-9172   영업문의: 02-322-6709
팩 스 | 02-3143-3964

출판신고번호 | 제313-2007-000197호

ISBN 978-89-6799-041-1 (03910)

*이 도서의 국립중앙도서관 출판시도서목록(CIP)은 e-CIP홈페이지(http://www.nl.go.kr/ecip)와
국가자료공동목록시스템(http://www.nl.go.kr/kolisnet)에서 이용하실 수 있습니다.
(CIP제어번호: CIP 2014004911)

평설 評說

인물 삼국지

김경한 지음

북오션

2장 군웅쟁패의 시대

3장 소년배, 난세의 주역들

4장 출사와 출마

5장 삼국정립의 의의

예로부터 《삼국지연의=國志演義》는 잘못 읽으면 독이 된다는 말이 있다. 아직 세상과 사물의 이치를 충분히 깨닫지 못한 청소년들이 《삼국지연의》를 읽으면 유익한 점보다는 해가 되는 점이 많다는 것을 경계한 말이다.

나관중의 《삼국지연의》는 무능한 한 왕조의 정통성을 강조하고 백성들에게 무조건적인 충성을 강요하기 위해 체제 옹호 논리에 따라 의도적으로 사실을 왜곡하고 조작한 일종의 정치 이데올로기 서적이다. 역대 중국 왕조들이 《삼국지연의》가 성립된 이래 천 년 가깝게 이 책을 권장하고 널리 보급해온 이유다.

사정이 이렇다 보니 《삼국지연의》의 수많은 내용들은 사실과 거리가 멀다. 인간관계도 지나치게 단순화돼 있거나 이해할 수 없을 정도로 부자연스러워 현실 생활에 부합되지 않는다. 그럼에도 시중에는 《삼국지연의》를 기본으로 하여 '삼국지 경영학'이니 '인간학'이니 '용병술'이니 하는 수많은 실용서적들이 나와 있다. 잘못된 사실에서 무엇을 얻을 수 있다는 말인지 자못 이해되지 않는 현상이다.

무엇보다도 《삼국지연의》는 정치권력을 지나치게 미화해 과도한 권력 지향성을 유발하고, 이소능대以小能大라 하여 권모술수를 강조하고, 촉한정통론에 입각해 모든 것을 이분법적으로 나눠 보는 흑백논리를 전개하고 있으며, 민중의 시각을 외면한 채 소위 영웅호걸의 관점에서 역사를 기술하고, 오로지 도덕성만을 기준으로 모든 것을 판단하는 소아병적 윤리관을 드러내고 있는 등 매우 잘못된 가치관들로 점철되어 있다.

이런 잘못된 가치관들은 감수성이 예민한 청소년들의 의식과 사고에 대단히 나쁜 영향을 미칠 가능성이 높다. 실제로 삼국지에 정통한 한 저명한 종교인의 말에 따르면 《이문열 삼국지》가 크게 유행하던 시절에 청소년기를 보낸 소위 486세대에서 강한 권력 지향성, 권모술수적 경향, 이분법적 사고, 영웅주의, 소아병적 윤리관 등 현대 민주주의 사회에 걸맞지 않은 부정적 가치관과 행태가 두드러지게 나타난다고 한다. 조금 과장해서 말한다면 현재 대한민국의 혼탁한 정치판도 결국은 《삼국지연의》의 잘못된 가치관이 널리 침윤되어 있기 때문 아닐까.

어떤 사람들은 일개 소설 또는 판타지에 불과한 《삼국지연의》를 가지고 뭘 그렇게 심각하게 따지느냐고 항변하기도 한다. 하지만 《삼국지연의》의 폐해는 우리가 상상하는 것 이상으로 우리 사회에 만연되어 있으며 젊은이들의 인생을 망치고 있다는 점을 간과해서는 안 된다. 필자는 자라나는 미래 세대를 이러한 왜곡과 허위로부터 보호하고자 하는 일념으로 《김경한 삼국지》를 발간한 바 있다. 이 책은 기존의 나관중류 《삼국지연의》와는 완전히 다르게 정사에 나와 있는 사실에 입각해 쓴 것이다. 어떠한 정치 이데올로기에도 감염되지 않은 채 정사에 기록된 사실 그대로를 기술한 것으로, 현실 생활의 실제 모습에도 훨씬 더 부합하는 내용이다. 강조하건대 《김경한 삼국지》는 나관중의 《삼국지연의》가 정치적 의도를 가지고 윤색하거나 왜곡한 부분들을 다 걷어내고 정사의 기록에 따라 사실에 입각해 충실하게 쓴 책이다.

필자는 《삼국지》의 잠재적 독자들이며 앞으로 우리나라의 미래를 이끌어 나갈 많은 청소년들, 그리고 이미 나관중류 《삼국지연의》를 통해 잘못된 가치관에 침윤된 기성세대들이 이 책을 통해 올바른 가치관을 형성하기를 바랐다. 그러나 이 책은 모두 12권으로 분량이 너무 많고 책값도 너무 비싸 기대했던 것만큼 독자들에게 사랑받지는 못하고 있는 실정이다. 또 객관적 사실 위주로 내용을 구성하려다 보니 필자의 주관적 생각이나 해석을 최대한 자제해, 이 책을 몇 번씩 읽어본 사람조차도 저자의 생각과 의도를 충분히 이해하지 못하는 경우가 있어 아쉬움이 컸다.

그러던 차에 《일간스포츠》의 요청에 따라 필자는 '불편한 삼국지'라는 제목으로 《삼국지》의 주요 인물들에 대한 나의 평가를 기술하는 글을 연재하게 됐다. 이 연재물은 《삼국지》의 주요 등장인물들의 행태에 대한 나의 주관적 평가 위주로 작성됐고, 《김경한 삼국지》에서 충분히 기술한 객관적 사실에 대한 서술은 생략했다. 필자는 이 글들이 《삼국지연의》의 허구성을 적나라하게 드러내고, 삼국시대에 실제 있었던 역사적 사실을 독자들이 정확하게 이해하는 데 도움을 주리라 믿는다. 따라서 이번에 《일간스포츠》에 연재된 내용들을 약간 보완, 교정하여 한 권의 책으로 엮어 내게 됐다.

필자는 독자들이 이 책을 통해 《삼국지》의 진실한 세계에 입문할 수 있기를 바란다. 이를 통해 궁극적으로 이 땅의 많은 젊은이들이 《삼국지연의》류의 잘못된 가치관에서 해방되고, 진정으로 개인의 가치와 행복이 무엇인지 깨닫게 되기를 바란다. 인생은 한 번밖에 없는 소중한 것이며, 이를 쓸데없이 거창한 명분이나 담론을 가지고 남들과 싸우는 일에 허비하기보다 자신이 진정으로 좋아하는 것, 잘할 수 있는 것을 찾아 열정적으로 노력할 때 진정한 행복과 삶의 가치를 발견할 수 있다는 점을 알게 됐으면 한다. 개개인의 진정성 있는 노력의 결과가 쌓였을 때 세상은 조금 더 나아지는 것이지, 일거에 세상을 바로잡을 수도 없고 또 그럴 수 있는 사람도 없다는 점을 깨우치기 바란다.

2014년, 근니재根泥齋에서
김경한

1장

한나라 멸망의 원인

촉한정통론에 대하여

《삼국지연의》는 촉한정통론에 입각
해서 쓴 책이다. '촉한정통론'이란
후한의 멸망 이후 한나라 황실 사람
유씨가 세운 촉한이 정통성 있는 왕조라는 시각이다. 원래 중국 사학에
서 정통론은 멀리 한나라 시절의 정윤론正閏論에까지 거슬러 올라간다. 《자
치통감資治通鑑》을 쓴 사마광에 따르면, 한나라 때 학자들이 전국을 통일한
진을 폄하하여 오덕의 상생상극 이론을 근거로, 진은 목덕과 화덕 사이에
잠깐 나타나는 윤위에 불과하므로 패霸일 뿐 왕王은 아니라고 주장함으로
써 왕조의 정통성을 둘러싼 논쟁이 개시됐다고 한다. 하상夏商 이전에 수
많은 제후국들이 존재하다가 하나의 군주를 세우고 천하에 법도를 시행
하니 이를 왕이라 했고, 왕덕이 쇠퇴해 열국시대에 들어선 후 강대한 제
후가 여타 제후를 이끌어 천자를 존봉하니 이를 패라 했던 것이다. 그런
데 천 년 전의 사마광조차도 역사는 오로지 국가의 흥망과 백성들의 고
락에 기초해 정통성 여부를 평가해야 한다고 주장했다. 그의 주장에 따
르면 '역사'는 객관적 사실을 있는 그대로 기술해야 하며, 열국이 분립해
있다면 사실상 천자를 칭했다 할지라도 이는 사실상 왕이 아니며 패에
불과한 것이고, 특정 국가의 연호를 기준으로 역사를 기술하는 것은 그
나라가 정통성이 있어서가 아니고 단지 연대기술상의 통일성을 기하기
위한 것이라고 했다. 이 입장이 그 유명한 '춘추필법春秋筆法'이다.

　서구의 정치학에서는 국가 정통성의 구성요소를 '정당성'과 '능력'으
로 본다. 국가의 존립 근거를 합리화할 정당성이 있고, 국가의 질서 유지
와 국민의 안녕을 확보할 능력이 있다면 정통성이 있다고 본 것이다. 여
기서 국가의 정당성은 그 국가가 전통적으로 권위를 물려받은 정통왕조
냐, 종교적·비종교적 카리스마가 구성원들에게 당연한 것으로 받아들
여지느냐, 사회적 합의나 계약 또는 법률적 근거에 따라 설립됐느냐 하는
권위의 원천의 문제에 따라 판단하기보다는 국가의 구성 목적이 구성원

들의 욕구와 기대를 충족시키기 위한 것이냐 아니면 특정 개인이나 집단의 목적을 달성하기 위한 것이냐에 따라 판단해야 한다. 국가 구성 목적이 국리민복國利民福을 위한 것이어야 한다는 뜻이다.

국가는 본시 남의 것을 약탈해 자신의 후생을 극대화하려는 강도단에서 시작됐다. 이 강도단이 지역강도단local bandits으로 발전해 자신의 구역 내에서는 일정한 룰rule에 따라 통치하고 타 지역을 약탈하는 행위를 '패도'라 할 수 있으며, 국가강도단state bandits으로 발전해 경내의 국민들에게 일정한 공납을 조건으로 외침 방지와 사회질서 유지를 해줌으로써 개인들이 후생을 극대화할 수 있도록 보장하면 '왕도'라 할 수 있는 것이다. 국가강도단 단계에 이르면 이를 국가라고 할 수 있으며 신정, 왕정, 민주정 등 정체政體와 상관없이 국가로서 정당성을 갖는다고 할 수 있다. 어떤 형태든지 존립 근거 내지 목적은 국민의 복리에 있기 때문이다. 반면에 어떠한 형태의 정치체제라 할지라도 국민의 생존과 행복추구를 보장하지 않는다면 국가 존립의 정당성을 잃게 되는 것이다.

'능력'은 국가가 국민의 생존과 행복추구를 보장할 능력이 있는가에 따라 판단된다. 이러한 역할을 효율적으로 수행하는 국가는 능력이 있다. 반면 이러한 목적 달성에 실패한 국가는 능력이 없다. 정당성과 능력의 관점에서 보면 국가의 정통성이란 국민의 생존과 행복추구를 보장할 때 성립하고, 이를 효율적으로 달성할 수 있는 능력을 지녔을 때 인정받을 수 있는 것이다. 국가의 존립 근거와 정통성에 대한 현대의 서구적 관점과 천 년 전 동양의 관점이 거의 동일하다는 사실은 그리 놀라운 것이 아니다. 국민이 국가를 인정하는 이유는 너무도 자명하기 때문이다. 개인의 이익과 행복을 최대한 보장받기 위한 수단으로 선택한 것이 국가인 것이다. 국가의 통치원리가 시대적, 공간적으로 각각 상이한 까닭은 당대의 상황과 인식 틀 내에서 나름대로 최선의 형태라고 의견이 수렴된 형태로 정치체제가 수립됐기 때문이다. 주목해야 할 점은 시대와 체제를 막론하고 국가가 그 근본 목적을 상실했을 때는 예외 없이 붕괴됐다는 것이다.

국가나 정권 핵심 구성원들의 본질은 강도에 불과하다. 생산자들이 생산한 것을 강탈해 자신의 이익을 극대화하고자 한 집단이 권력을 잡고, 그 집단이 이익을 항구적으로 극대화하고자 국가질서를 구성했다는 것이 역사적 진실이다. 따라서 국가 또는 정권 실세들의 출신성분이 무엇이냐 하는 것은 국가의 정당성 내지 정통성과는 아무 관련이 없다. 이는 단지 정서적 거부감의 문제일 뿐이다. 후한시대 사족 출신 관료들이 정권을 농단한 환관들에 대해 갖고 있던 거부감과 다를 바 없다. 누가 정권을 잡든 국리민복에 충실하면 된다.

이런 관점에서 한 국가 혹은 왕조의 정통성 여부를 판단하는 유일한 기준은 그 국가가 영역 내의 백성들로 하여금 안심하고 생업에 종사해 복리福利를 확대재생산하게 해줄 능력이 있느냐 없느냐가 될 것이다. 다른 말로 국가는 외적의 침입으로부터 백성들의 생명과 안전을 보호해줄 능력이 있어야 하며, 내부적으로도 백성들이 서로 강탈하거나 도둑질하지 못하도록 질서를 유지해줄 능력이 있어야 한다. 외적으로부터의 방어, 즉 국가안보와 내부적 사회질서의 유지, 이 두 가지 기능에서 실패했다면 그 국가 또는 왕조는 어떠한 경우에도 정통성을 인정받을 수 없다.

그렇다면 과연 촉한 왕조는 《삼국지연의》에서 주장하는 바와 같이 정통성이 있는 왕조일까. 이를 판단하기 위해서는 먼저 후한 왕조의 정통성 여부를 따져봐야 한다. 왜냐하면 촉한 왕조의 정통성은 그 정권이 후한 왕조의 핏줄을 계승했다는 것 외에 다른 근거가 없기 때문이다. 《삼국지》 시대는 그야말로 난세였다. 후한 왕조의 정통성 여부를 검토하기 위해서는 난세가 무엇이고, 그것이 왜 도래했는지 살펴볼 필요가 있다.

난세와 치세

천하대란이 일어나자 세상은 바야흐로 난세亂世로 접어들었다. 후한 광무제가 한나라의 중흥을 이룩한 지 160여 년 만의 일이었다. 중국은 다시 사실상 중앙정부가 존재하지 않는 혼란상태에 빠졌다. 중국의 역사를 살펴보면 진시황이 중국을 하나의 나라로 통일한 이후 주기적으로 치세治世와 난세가 교차해 발생했다. 이를 일컬어 중국인들은 '천하대세는 나누어진 지 오래되면 반드시 합쳐지고, 합쳐진 지 오래되면 반드시 분열된다天下大勢. 分久必合. 合久必分'라고 한다.

그러면 치세는 무엇이고 난세는 무엇인가? 치세란 국가의 질서가 안정되어 백성들이 안심하고 생업에 종사할 수 있는 기간, 즉 왕도王道가 행해지는 시대를 말한다. 반면에 국가가 분열되어 여러 집단들이 무력을 바탕으로 패권을 추구하는 기간을 패도霸道가 행해지는 난세로 보았다. 치세란 단일 정치공동체 내에서 일종의 사회계약에 따라 유일한 통치체제국가강도단 또는 보호협회가● 조직돼 세금 납부라는 일정 조건하에 생산자가 안심하고 확대재생산을 할 수 있도록 국가안보와 질서 유지라는 안정적인 보호가 제공되는 시기를 말한다. 반면 난세란 국가의 통치질서가 성립되기 이전의 자연상태 또는 기존의 통치질서가 붕괴된 후의 혼란상태다. 이때 사람들은 자기 방어나 강탈을 위해 씨족, 향촌, 지역 단위로 무장집단을 형성하고 이익 극대화를 위해 상호 간 무제한 투쟁을 벌인다.

치세가 난세로 전환되는 일은 국가라는 통치체제가 그 성립 근거인 최소한의 안보와 질서 유지에 실패하고, 한계를 초과한 수탈로 생산자의 안정적 생산 및 교환 활동의 보장에 실패했을 때 일어난다. 국가가 그 최소한의 기능을 상실했을 때 천하는 난세로 변하고, 난세가 되면 군벌집단들이 등장해 서로 항쟁하면서 세상을 더욱 혼란스럽게 만든다. 이에 따라

● 필자의 '국가강도론' 또는 노직(Nozick)의 '보호협회론' 참조.

민중의 생활은 도탄에 빠지게 되고, 최소한의 생존조차도 보장받지 못하게 된다.

《삼국지》의 시대는 인류 역사상 유래가 없는 대혼란기였다. 황건적의 난이 일어난 183년부터 사마염의 진나라가 중국을 다시 통일한 280년까지 약 100년 동안 중국의 인구는 5천만 명에서 천만 명으로 줄어들었다. 그 사이에 새로 출생한 인구를 감안한다면 5천만 명을 훨씬 넘는 사람들이 그 시대에 굶어 죽거나 살해됐다고 볼 수 있다.

난세의 원인

난세의 근본 원인은 후한 왕조 말기 외척과 환관의 권력 다툼에서 비롯됐다. 후한 말에 이르러 어린 황제들이 잇달아 등극했다. 건강원년¹⁴⁴년 충제가 겨우 두 살에 제위를 계승했다가 1년 만에 죽자, 영가원년¹⁴⁵년 질제가 여덟 살의 나이로 등극해 역시 1년 만에 죽었다. 질제는 당시 서슬이 시퍼렇던 외척 양기에게 발호장군이라 욕했다가 독살됐다. 본초원년¹⁴⁶년 하간왕 유효의 손자인 유지가 열다섯 나이로 황제가 됐으니 이가 곧 환제였다. 환제는 21년간 재위했으나 영강원년¹⁶⁷년 후사를 남기지 못하고 죽었다. 뒤를 이어 환제의 조카뻘인 하간왕 유효의 증손인 해독정후 유굉이 건녕원년¹⁶⁸년에 열둘 나이로 제위를 이었으니 이가 바로 영제였다.

어린 황제들이 제위를 승계하는 동안 조정은 외척들과 환관들의 암투의 장이 돼버렸다. 황제가 후사 없이 죽으면 황태후가 다음 황제를 선택할 수 있게 된다. 황족 중에서 후임자를 골라 양자로 입양함으로써 전임 황제의 후사를 잇게 하는 것이다. 황태후의 일가인 외척들은 정권을 최대한 오래 독점하고자 조정 중신들과 짜고 가급적 어린 황제들을 연달아 등극시켰다.

그러나 환제 이후에는 환관들의 득세가 두드러졌다. 환제와 영제는 어린 나이에 등극해 황태후의 대리청정을 받았지만, 각기 20년 이상 재위해 친정체제를 구축할 시간적 여유가 있었다. 정권을 독점하고 있는 외척들로부터 실질적 통치권을 빼앗아 오는 과정에서 황제가 도움을 받을 수 있는 유일한 세력이 환관집단이었다. 조정의 중신들은 다 외척들로 채워져 있었기 때문이다. 말이 외가 식구지 입양으로 후사를 이은 황제 입장에서 외척들은 아무 혈연관계가 없는 남이나 마찬가지였다. 따라서 황제가 장성해 친정체제를 구축할 때가 되면 외척들을 가차 없이 숙청하곤 했다. 환제 말기에 20년간 권력을 독점해오던 대장군 양기의 세력을 황제가 환관 단초의 도움으로 일제히 숙청해버린 것이 대표적인 사례다.

환관세력이 득세하자 이에 대항해 사족계급이 청류명사들을 중심으로 뭉치기 시작했다. '청류명사'란 사대부들 중 명망이 높고 지조가 높은 인사를 지칭하는 말이었다. 후한 말부터 사대부 사이에서 청담사상이 유행하기 시작했다. 고상한 품격과 절조를 중시하고 세속의 명성과 이익을 가볍게 여기는 사상이었다. 이에 영향을 받은 사대부들을 '청류淸流'라 불렀고, 그중 명성이 높은 선비들을 '명사_{名士}'라 칭했다. 청류명사 중 가장 명성이 높은 이응, 순익, 두밀, 왕창, 유우, 위랑, 조전, 주우 여덟 사람을 팔준八俊이라 했고, 그 아래 등급의 곽태, 범방, 윤훈, 파숙, 종자, 하복, 채연, 양척 등을 팔고八顧라 불렀으며, 장검, 적초, 잠질, 원강, 유표, 진상, 공욱, 단부 등 여덟 사람을 팔급八及이라고 칭했다. 이 밖에도 재물을 풀어 다른 사람 구하기를 좋아하는 이들을 팔주八廚라 했는데, 탁상, 장막, 왕효, 유유, 호모반, 진주, 번향, 왕장 등이었다.

청류명사 중심의 사족집단은 외척세력과 손을 잡고 환관들에게 대항하기 시작했다. 환관들은 이들이 당파를 형성했다고 무고해 이응, 두밀 등을 금고에 처했다. '금고'란 조정에서 추방해 영원히 관직에 임용될 수 없도록 한 것으로, 출사가 존재 근거인 사대부들에게는 치명적인 탄압이었다. 이를 '당고의 금'이라 한다. 진번과 두무의 난은 사족세력과 외척 세력이 연합해 환관세력을 멸망시키려 했던 사건이다. 이 난이 실패로 돌아가자 다시 혹독한 탄압을 받게 된 사족집단은 환관세력에 대해 이를 갈게 됐다.

이로 인해 한나라 조정은 환관세력과 사족·외척 연합세력으로 양분돼 치열한 권력투쟁을 일삼게 된다. 중앙정부의 권력을 차지하고 있는 이들이 백성의 안전과 생활은 보살피지 않고 권력투쟁에만 몰두하자 한나라는 극도의 혼란 상태에 빠지게 된다.

특히 후한 말 권력 실세였던 환관집단들은 사리사욕을 채우느라 백성들을 무한 착취하는 경향이 있었다. 일례를 들어보면 최고 실세였던 환관 왕보의 양자 왕길王吉은 패국상으로 재임하던 기간 중 군 전체 인구의 5분의 1이 넘는 만 명 이상을 학살했다. 왕길이 제 욕심을 충족시키고자 백성들에게 과중한 세금과 요역을 부과하고 이를 제때에 이행하지 못하는 백성들은 모조리 잡아들여 매질해 죽인 것이다. 굶어 죽거나 맞아 죽지 않은 백성들은 정든 고향집을 버리고 유랑했다.

이런 현상을 더욱 악화시킨 것은 매관매직의 성행이었다. 영제 시절 매관매직이 공식화되자 그 파급효과는 엄청났다. 은밀했던 거래가 공개적으로 이루어지게 되자 통치의 기본도 갖추지 못한 야심가와 모험가들이 한몫 잡아볼 심산으로 관직 경쟁에 끼어들었다. 거액을 바치고 관직에 출사한 협잡꾼과 야바위꾼들은 백성들을 무자비하게 수탈했다.

외적의 침입과 도적떼의 약탈이 빈발하는 가운데 관리들의 수탈이 더욱 가혹해지자 백성들은 토지를 버리고 유랑하기 시작했다. 기근이 일어나고 질병이 돌았다. 아사자와 유랑자가 속출했다. 이를 보면 후한 조정은 질서와 안보 유지라는 국가의 기본적 기능을 포기했음을 알 수 있다. 이런 가운데 무한수탈이 반복됐으니 한나라는 스스로 망한 것이지 다른 누가 멸망시킨 것이 결코 아니다.

후한 왕조 멸망의 원인

이처럼 후한 왕조는 스스로 무능해서 망한 것이지 동탁이나 조조와 같은 역적에 의해 망한 것이 아니다. 권력의 핵심집단인 환관과 외척이 중앙정부에서 서로 정권 다툼이나 벌이면서 백성의 삶은 전혀 보살피지 않았다. 매년 반복해서 선비, 오환, 흉노, 강족 등 북방의 이민족이 쳐들어와 인민을 약탈해도 조정은 이를 막아낼 능력이 없었다. 이런 상황 속에서 지배계층의 사치와 축재를 위해 무한 수탈을 계속하니 백성들은 안심하고 생업을 영위하기는커녕 최소한의 생존조차 불가능한 상황이 됐다. 상황이 이렇게 되자 백성들은 정든 고향을 등지고 유랑하거나 도적떼의 일원이 될 수밖에 없었다. 이래서 일어난 것이 황건적의 난이었고, 그 후 계속해서 일어난 반란들도 마찬가지였다. 최소한의 안보와 사회질서도 유지하지 못한 후한 왕조는 전혀 정통성을 인정받을 수 없었고, 이 때문에 결국 스스로 망한 것이다.

유비가 세운 촉한 왕조는 사마광이 말하는 국가의 흥망이나 인민의 고락이라는 측면에서도, 서구정치학에서 말하는 국가 정통성 기준에서도 조조가 세운 위나라나 손권이 세운 오나라에 비해 조금도 우위에 있지 않다. 오히려 위나라가 극도의 혼란상태에 있던 북방을 통일해 정치적 안정을 되찾은 점, 둔전제를 도입해 백성들이 안심하고 생업에 종사할 수 있는 제도를 창출한 점, 그리고 압도적 다수의 백성과 토지를 소유한 점 등에서 볼 때 더 정통에 가깝지 않을까. 촉한이 정통성을 인정받은 유일한 이유는 그 건국자가 후한 왕조의 먼 친척뻘 되는 유비였기 때문이다. 하지만 이미 후한 왕조 자체가 정통성을 상실한 상태인데 그 왕조와 먼 혈연으로 연결되어 있다는 것이 무슨 정통성의 근거가 될 수 있다는 말인가. 말도 되지 않는다. 그러므로 촉한정통론에 입각해 촉나라를 세운 유비와 그 주변 인물들을 한없이 정의롭고 훌륭하게 묘사하고, 후한 왕조를 멸망시켰다는 이유 하나만으로 위나라를 세운 조조와 그 집단의 구성원들을 하나같이 파렴치한 역적으로 기술한 기존의《삼국지연의》는 그 근본 전제가 잘못됐다고 볼 수 있다.

후한 왕조가 스스로 붕괴했을 때, 중국은 국가가 없는 상태 즉 '사회계약론'에서 말하는 자연상태로 되돌아갔다. 이런 상황에서 개인들은 자신의 이익을 극대화하고자 강도단을 구성해 노략질을 일삼았고, 이 강도단들이 확대돼 한 지역을 배타적으로 지배하는 지역강도단들이 등장하게 됐다. 이것이 바로《삼국지》의 배경이다. 위·오·촉 세 나라도 이러한 지역강도단 즉 패에 불과한 것이고, 유비나 조조, 손권도 따지고 보면 임자 없는 나라의 권력을 움켜쥐자 부나방처럼 뛰어든 강도단 두목 출신에 불과한 것이다.

역사는 엄정한 것이다. 정통성을 지녔다고 자처한 촉한이 천하를 통일해 후한 왕조를 회복하지 못한 것을 아쉬워할 필요가 없다. 처음부터 정통이 아니었기 때문이다. 극도의 혼란에 빠졌던 세상은 위·오·촉 삼국으로 분열됐다가 결국은 사마씨의 진나라로 통일됐다. 진나라가 통일의 주인공이 된 이유는 분명하다. 진나라가 국가의 흥망과 인민의 고락이라는 측면에서, 또 백성들이 안심하고 생업에 종사할 수 있는 환경인 국가안보와 사회질서 유지 측면에서 훌륭한 치적을 쌓음으로써 국가의 정통성을 확보하는 데 성공했기 때문이다.

조조 1
曹操

미인이라면 사족을 못 쓰다

조조는 여자를 좋아했다. 특히 미인이라면 사족을 못 써 수단방법을 가리지 않고 손에 넣었다. 출신성분도 가리지 않았다. 후일 조비를 낳아 황후가 된 변부인은 창기 출신이었으며, 두부인은 멀쩡히 두 눈 뜨고 살아 있는 다른 사람의 부인이었다. 덕분에 조조는 무려 25명이나 되는 아들을 얻을 수 있었지만, 이 과정에서 평생의 원한을 사기도 하고, 목숨을 잃을 뻔하기도 했다. 진의록의 처 두부인을 장난 삼아 빼앗아 관우로 하여금 한을 품게 했고, 장수의 미망인 숙모를 슬쩍 취했다가 거의 죽을 뻔한 적도 있다.

육수에서 장수의 습격을 받았을 때, 조조는 장남 조앙과 조카 조안민의 희생 덕분에 간신히 목숨을 건질 수 있었다. 조조의 맏아들 조앙은 첫딸 청하공주와 함께 유부인劉夫人의 소생이었으나, 유부인이 일찍 죽는 바람에 정실부인인 정부인丁夫人이 맡아 키웠다. 자식이 없었던 정부인은 조앙을 친자식처럼 정성껏 키웠다. 정부인은 조조가 장수의 숙모와 염문을 뿌렸다가 조앙을 죽게 하고 홀로 살아 돌아온 것에 몹시 분개했다. 그녀는 조조를 볼 때마다 늘 이렇게 책망하곤 했다.

"내 아들을 데려가 죽게 만들고는 혼자 살아 돌아오다니 어찌 그럴 수가 있소!"

조조는 이 말을 들을 때마다 마음이 몹시 괴로웠다. 견딜 수 없었던 조조는 정부인을 친정으로 돌려보냈다. 정부인이 기가 좀 꺾이면 다시 데려올 생각이었다. 하지만 정부인은 조조와의 화해를 거부하고 돌아오려 하지 않았다. 조조가 직접 정부인의 친정집으로 찾아갔을 때, 정부인은 베틀에 앉아 베를 짜고 있었다. 조조가 정부인의 등을 부드럽게 어루만지면서 달랬다.

"나를 좀 봐서 함께 집에 돌아갑시다!"

정부인은 고개도 돌리지 않았다. 조조는 발길을 돌려 나가다가 문지방에 서서 다시 말을 걸었다.

"정말로 헤어지자는 것이오?"

아무 대답이 없자 조조는 하는 수 없이 관계를 끊었다. 정부인은 평생 동안 길쌈을 해 스스로 자급했다. 조조는 정부인을 내쫓은 것이 끝내 마음에 걸렸던 모양이다. 그는 나중에 병이 깊어져 스스로 다시 일어날 수 없게 됐을 때 깊이 탄식했다 한다.

"나는 평생 뜻대로 살았지만 크게 마음의 빚을 진 일이 없었다. 다만 내가 죽어서 저세상에 가 맏아들 조앙을 만났을 때 그 애가 '제 어머니는 어디에 계십니까?' 라고 묻는다면 장차 뭐라 답해야 할까!"

| 역사의 裏面 | **한나라의 충신으로 남고자 하다**

조조는 중국 역사상 최악의 악당이다. 극악무도한 역적이며 경망스럽고 간사하기까지 하다. 적어도 후세 사람들은 이렇게 기억한다. 조조가 세운 위나라가 한나라의 뒤를 이은 것은 사실이나 그가 처음부터 간사한 마음을 품고 한실을 찬탈하려 했던 것은 아니다. 그가 건안15년[210년] 12월에 공포한 〈양현자명본지령讓縣自明本志令〉의 한 구절을 살펴보자.

"나는 젊어서 처음 효렴으로 천거됐을 때, 나 자신이 본시 암혈巖穴에 은

거하는 지명인사가 아니었으므로 세상 사람들 눈에 평범하고 어리석게 보일까 봐 두려워했다. 일개 군의 군수가 돼 훌륭한 정치와 교화를 펼침으로써 나의 명예를 세워 세상 선비들이 나를 알아주기를 원했다."

조조는 환제 시절 중상시中常侍, 대장추大長秋를 지낸 환관 조등의 양자인 조숭의 아들로 태어났다. 할아버지 조등 덕택에 억만금의 재력을 지닌 신흥 벌열가문 출신이었지만, 당시 사회의 주류였던 사인士人 계급의 관점에서 보면 환관에다 양자인 인물의 후손이었으니 그저 천출일 뿐이었다. 조조의 아버지 조숭은 변변치 못한 인물이었던 모양이다. 조숭이 한 일이라고는 당시 공정가 천만 전의 태위太尉 직을 무려 1억 전이라는 천문학적인 금액을 내고 산 일이 전부였다. 조조는 어려서부터 사인과 명사들에게 조롱과 멸시를 받으며 자라났다. 열등감 때문이었는지 조조는 소싯적에 학업과 수양에 힘쓰지 않고 낙양의 소년배들과 어울리며 임협방탕하게 놀았다. 그러나 일단 출사한 후에는 모범적인 관리가 되기 위해 노력했다. 그가 낙양북부위와 제남상濟南相을 지내면서 보인 치적을 보면 가히 동급 관리들 중 최고였다고 칭찬받을 자격이 있다.

그때 황건적의 난이 일어났다. 황건적의 난은 무능하고 부패한 후한 왕조의 학정에 신음하던 백성들이 마지막으로 내뱉은 단말마의 비명이었다. 후한 왕조는 스스로 무너지고 있었다. 국가의 가장 기본적인 기능인 국가안보와 사회질서 유지에도 실패했고, 백성들에게서 무절제하게 세금을 수탈함으로써 최소한의 생존조차도 위험에 빠뜨렸다. 황건적의 난이 일어나자 조조는 기도위로 임명돼 난을 토벌하라는 명을 받았다. 조조는 이때까지도 한나라를 중흥시키고자 하는 일편단심을 품고 있었다. 앞에 소개한 교령의 한 대목을 다시 살펴보자.

"다시 국가를 위해 도적을 토벌해 공을 세우는 데 뜻을 두게 됐고, 열후에 봉해지고 벼슬이 정서장군에 이르러 사후 묘비에 '한漢나라 고故 정서장군征西將軍 조후지묘曹侯之墓'라고 쓰게 되기를 원했다. 이것이 나의 본심이었다."

이것이 조조의 본심이었다. 조조는 무너져가는 나라를 바로잡고 그 공으로 열후의 지위에 올라 한나라의 충신으로 남기를 원했다. 그러나 세상은 그의 뜻대로 흘러가지 않았다. 어리석은 하진과 원소로 인해 십상시의 난이 일어나자, 그 틈을 타 포악하기 그지없는 동탁이 집권했다. 한나라 황실은 그야말로 풍전등화의 운명이었다. 이때 누구보다도 먼저 의병을 일으켜 동탁 토벌의 기치를 든 것이 바로 조조였다. 자신의 생명과 가족의 안위를 돌보지 않은 용기 있는 행동이었다. 천하대란이 일어나 한나라 황실의 위엄이 땅에 떨어지자 그야말로 '달아나는 사슴을 먼저 잡는 자가 임자'인 형국이 벌어졌다.

전국에 군웅들이 우후죽순처럼 일어났다. 조조는 헌제를 영접해 무너져가는 한실을 보위하고, 천자를 참칭하고자 하는 사방의 흉악한 무리들을 쳐부쉈으며, 둔전제를 창안해 백성들의 삶을 안정시켰다. 조조는 황제를 참칭한 원술을 공격해 패망시켰고, 여포를 잡아 죽였으며, 관도대전에서 원소를 격파함으로써 북방을 평정했다. 또한 북방을 침탈해오던 삼군 오환을 정벌해 멸망시켰으며, 유표를 정벌해 형주를 병합했고, 마초와 한수 등이 일으킨 관중의 반란을 진압했다. 비록 적벽대전에서 패해 천하통일에는 실패했으나 그의 공로는 선대의 성현들인 이윤伊尹이나 주공周公에 필적한다고 평가할 만하다. 이처럼 뛰어난 위업을 이루었음에도 그가 후세 사람들에게 역적이요 악당으로만 기억되고 있는 일은 억울하다 하지 않을 수 없다.

사람들이 조조를 나쁘게만 평가하는 이유는 나관중의 《삼국지연의》의 영향 때문이다. 그러면 왜 《삼국지연의》는 조조에게 악평을 퍼부어야만 했을까. 그것은 《삼국지연의》가 형성된 시대적 배경과 관련이 있다. 《삼국지연의》는 북송 시절부터 남송을 거쳐 원나라 말기에 이르러 그 이야기의 원형이 이루어졌다. 이 시대는 송나라로 대표되는 한족 왕조가 북방민족에게 핍박을 받다가 급기야는 정복되고 만 시기였다. 이 시대의 지배계층은 북방민족의 압력에 대항하기 위해 백성들로 하여금 한족 중심의 정통 왕조에 무조건적으로 충성하게 할 지배 이데올로기가 필요했다. 비록 무능하고 부패한 왕조였지만 백성들의 절대적 지지를 얻어내기 위해서는 찬탈자에 대한 엄한 역사적 징벌과 정통 황실에 대한 미화 및 찬양이 필수적이었다. 이리하여 선과 악의 대결구도를 형성할 필요가 있었으며, 이것이 《삼국지연의》에 투영돼 유비는 정통 황실을 보위하려는 정의의 세력, 조조는 이를 뒤엎고 찬탈하려는 천하의 악당으로 그려지게 된 것이다.

물론 조조는 어떤 의미에서 찬탈자라고 할 수 있다. 그러나 조조가 이 모든 오명을 뒤집어쓴 이유는 그가 단순히 찬탈자였기 때문만은 아니다. 위와 같은 논리대로라면 역대 왕조의 창업자들은 모두 조조만큼 욕을 먹고 있어야 할 것이다. 게다가 조조는 애초에 황실을 찬탈할 뜻이 없었다. 단지 천하를 평정하는 과정에서 권력이 그의 수중에 집중돼 군주를 능가하게 된 것뿐이다. 이 상황에서 그에게는 선택의 여지가 별로 없었다. 이름뿐인 황제에게 군국의 대권을 돌려주고 일선에서 물러나거나, 대세에 따라 새로운 나라를 창건하는 일뿐이었다. 전자를 택한다면 이윤이나 주공과 같은 아름다운 이름을 얻을 수는 있어도 곽광처럼 사후에 일족이 멸망당하는 화를 면치 못할 가능성이 높았다. 후세에 성인으로 추앙받은 주공조차도 〈금등지서〉*가 없었더라면 성왕에게 죽고 말았을 것이다. 조조는 〈양현자명본지령〉에서 자신의 뜻을 분명하게 밝혔다.

"국가에 내가 없다면 얼마나 많은 자들이 칭제를 할지 또 얼마나 많은 자들이 칭왕을 할지 모른다. (…) 제군들은 내가 곧 병권을 넘겨주고 국사

---

* 주공(周公)이 주무왕(周武王)이 위독해지자 대신 죽기를 하늘에 기도한 축문(祝文). 후일 주공이 아우인 관숙 등에게 모함을 받았으나 무왕의 아들 성왕이 〈금등지서〉를 읽어보고 주공의 진심을 알게 됐다는 고사.

를 맡아 다스리는 일에서 물러나 무평후국武平侯國으로 귀향하기를 바라고 있다. 이는 실질적으로 불가능하다. 어째서인가? 진실로 내가 병권을 놓게 되면 다른 사람들에게 화를 당할 것이 두렵기 때문이다. 자손을 위한 계책으로, 또 내 몸이 패망하는 즉시 국가가 위태로운 지경에 빠질 것이므로, 허명을 사모해 실질적인 화를 부르는 것을 옳다고 할 수 없으니 그렇게 할 수는 없다."

이 글에는 '차라리 내가 세상을 배반할지언정, 세상이 나를 배반하지 못하게 하겠다!寧我負人, 毋人負我'는 조조의 입장이 잘 표현돼 있다. 얼마나 인간적인가. 후세 사람들에게 추앙받고자 현재 자신과 일족의 목숨을 담보로 내놓겠다면 그게 정상적인 사람일까?

아무튼 조조는《삼국지연의》에서 희대의 악당이자 역적으로 재탄생했다. 하필이면 왜 그가 수많은 찬탈자들 사이에서 유독 전형적인 악인의 사례가 된 것일까. '삼국시대'라는 역사적 현장의 주역이었기 때문이기도 하지만, 그의 개성이 도덕군자연하는 후대 유학자들의 체질에 맞지 않았기 때문일 것이다. 조조는 너무 솔직하고 직설적인 성격이어서 경박하다는 평가를 피하기 어려웠다. 조조가 악인의 누명을 벗지 못한 가장 큰 이유는 그가 세운 왕조가 너무 단명했기 때문일 것이다. 그가 세운 위나라가 오래 존속됐더라면 소위 '피휘避諱'라는 중국인들 고유의 역사기술 방식에 따라 그의 결점이나 악행은 모두 지워져버렸을 테니 말이다.

이런 이유로 조조는 희대의 악당이요 역적이 됐다. 그러나 인민의 삶을 도탄에 빠뜨린 한실을 중흥하겠다고 해야만 정의의 편이라고 할 수 있을까? 한 사람이 살아온 인생의 궤적을 제대로 알지 못하면 함부로 평가하지 말라는 말이 있다. 역사적 결단의 순간에 그 사람의 입장이 돼보지 않고서는 어느 누구도 함부로 가볍게 비난하거나 폄훼할 수 없는 법이다.

당대 사람들은 조조를 어떻게 평가했을까. 여기 정사《삼국지》를 쓴 진수의 평가를 들어보자.

"한나라 말기에 천하에 대란이 일어나자 영웅과 호걸 들이 일제히 일어났다. 네 개 주를 호령한 원소는 세력이 강성해 당해낼 적이 없었다. 그럼에도 조조는 꾀와 지략을 사용해 천하를 제패했다. 조조는 신불해와 상앙의 법가사상을 취하고, 한비자와 백기의 기발한 책략을 갖췄다. 사람을 쓰는 일에 있어서 재능 있는 자를 임용하고 각자 그 재목에 맞는 관직을 줬으며, 개인적 감정을 드러내지 않고 옛 원한관계에 구애받지 않았고, 치밀한 계산에 따라 마침내 천자의 권세를 완전히 장악해 대업을 완성시킬 수 있었으니 이는 오로지 그의 명석함과 책략이 가장 우수했기 때문이다. 그는 가위 비상한 인물이고 세상을 뛰어넘는 인걸이라고 할 수 있다."

| 僞 _ 거짓말 | **조조는 여백사를 죽이지 않았다**

조조는 동탁을 피해 달아나던 중 부친의 친구인 여백사의 집에 유숙했다. 이때 조조는 돼지를 잡기 위해 준비하는 소리를 자신을 습격하려는 것으로 오해해 여백사의 가족들을 몰살시켰다. 《삼국지연의》에 따르면 조조는 증거를 없애기 위해 길에서 만난 여백사마저도 죽여버렸다고 한다. 조조의 사악함을 드러내기 위한 의도적 거짓말이다. 조조는 여백사를 죽인 일이 없으며, 그의 가족을 몰살시킨 일도 수배령 때문에 극도로 긴장된 상태에서 일어난 실수였을 뿐이다.

도덕성은 따지지 않다

유재시거唯才是擧. 오직 재능에 의거해 인재를 선발한다는 뜻이다. 조조가 그랬다. 도덕성은 고려하지 않고 재능만 봤다. 조조는 건안15년210년 봄에 발표한 구현령求賢令에서 '형수와 사통하고 뇌물을 받은盜嫂受金' 진평과 같은 인물이라도 재능이 있다면 적극 천거하라고 지시했다. 그가 오직 재능에 의거해 인재를 등용한 대표적인 사례가 정비라는 사람이다.

정비는 자가 문후文侯로 원래 조조와 동향 출신이며, 일찍부터 그를 따라 종군했다. 조조는 동향인 데다가 초창기에 함께 거병했던 사람들 중 하나인 정비를 특별히 너그럽고 친밀하게 대했다. 정비는 재물을 탐해 재산을 늘리는 일에 열심이었는데, 이 과정에서 여러 번 법을 어긴 적도 있었다. 조조는 그때마다 용서를 해줬다. 법령 시행이 엄격하기로 유명한 조조로서는 극히 예외적인 일이었다.

건안建安 말기의 일이다. 정비는 동오를 정벌하러 나선 조조를 따라가게 됐다. 이때 정비는 군용 소와 비루먹은 자기 집 소를 슬쩍 바꿔치기했다. 이 일로 정비는 체포돼 옥에 갇혔다. 이번에도 조조는 정비의 관직을 삭탈하는 데 그쳤을 뿐 형벌을 가하지는 않았다. 백의종군하게 된 정비를 본 조조가 물었다.

"문후, 인수는• 어데 됐소?"

정비 역시 조조가 희롱하는 것을 알고 농담으로 대꾸했다.

"떡과 바꿔 먹었습니다."

조조가 웃으면서 좌우를 돌아보고 말했다.

"동조연 모개가 여러 차례 이 사람에 대해 말하면서 무겁게 죄를 다스리기를 주청했으므로 나는 이 사람이 맑고 어질지 않다는 것을 이미 알고 있었소. 내가 정비를 쓰는 이유는 비유하자면 인가에 쥐를 잘 잡는 도둑고양이를 두는 것과 같소. 도둑질을 해 비록 약간의 손해가 나더라도 그 덕에 내가 쌓아놓은 곡식자루가 온전히 보전되기 때문이오."

후일 정비는 조조가 동관에서 마초와 대결할 때, 조조의 목숨을 구해줌으로써 빚을 갚았다. 조조의 군대가 황하 북쪽으로 도하를 시도할 때, 마초가 만 명의 기병을 이끌고 기습에 나섰다. 조조는 후방에서 불과 수백 명의 병사만을 거느린 채 지휘를 하고 있었으므로 매우 위급한 상황이었다. 이때 조조의 막하에서 전군교위典軍校尉로 있던 정비가 일제히 군용 말과 소를 풀어놓았다. 마초의 병사들이 소와 말을 노획하기 위해 흩어지는 바람에 조조는 간신히 위기를 모면할 수 있었다.

| 역사의 裏面 | 동양의 레오나르도 다빈치

조조는 다재다능한 천재였다. '치세의 능신, 난세의 간웅.治世之能臣, 亂世之奸雄' 그가 약관의 나이에 인물 감상가로 이름이 높았던 허소로부터 이와 같은 평가를 받을 수 있었던 이유다.

조조는 매우 뛰어난 병법가였다. 그가 군대를 운용하는 능력은 손무와 오기에 필적했다. 군사 작전에 임했을 때 그는 상황에 따라 임기응변하는 것이 마치 귀신과 같았고, 늘 기이한 계책으로 적을 기만해 승리를 거

● 印綬: 신분이나 벼슬을 나타내는 관인을 몸에 찰 때 쓰는 끈.

됐다. 직접 10만여 자로 된 '병서'를 지었는데 여러 장수들은 정벌 시 다이 신서新書에 따라 일을 처리했다. 조조의 명령을 따른 자는 다 승리를 거뒀고, 지시를 위반한 자는 패배를 맞봤다.

조조는 나는 새도 활로 쏴 떨어뜨릴 정도로 무용이 뛰어났다. 한번은 남피南皮에서 사냥을 했는데 하루에 꿩을 63마리나 잡았다. 조조는 거병 초기 양주에서 병력을 얻어 돌아올 때, 반란을 일으킨 병사 수십 명을 혼자서 해치운 적도 있었다.

조조는 시문에도 탁월한 능력을 발휘했다. 먼저 그의 시구 하나를 감상해보자. 악부 형식의 시 〈호리행蒿里行〉의● 마지막 구절이다.

백골이 들판에 널려 있고, 천 리 안에 닭 울음소리 들리지 않는구나.
白骨露於野, 千里無鷄鳴
살아남은 사람은 백에 하나뿐. 이를 생각하면 단장이 끊어지는 듯하다.
生民百遺一, 念之斷人腸

전란의 상흔이 절절이 느껴지지 않는가. 조조는 한漢 대의 오언고시를 완성한 최고의 시인 중 하나였다. 그와 조비, 조식 부자를 중심으로 건안 문학建安文學이 꽃을 피우게 된 것도 우연이 아니다. 조조는 30여 년간 군대를 지휘하면서도 손수 글쓰기를 그치지 않았다. 낮에는 군사작전을 궁리하고 밤에는 경전을 사색했다. 또한 조조는 음악에도 정통해 높은 곳에 오르면 반드시 시詩와 부賦를 지었고, 이것을 다 관악기와 현악기의 운률로 옮겨 악장樂章으로 만들었다. 당시 환담桓譚과 채옹蔡邕이 음악에 일가견이 있었는데 조조 또한 그들 못지않았다.

조조는 서예가로서도 일가를 이뤘다. 한나라 후반에 초서草書가 유행했

● 蒿里行: 쑥대밭이 된 마을을 지나다.

는데, 안평 사람 최원崔瑗, 최원의 아들 최식崔寔, 홍농 사람 장지張芝, 장지의 동생 장창張昶 등과 더불어 조조는 가장 뛰어난 서예가의 한 사람이었다. 조조는 토목기술에서도 일가를 이뤄 업성에 궁전을 지을 때 자신의 뜻대로 설계했으며, 정밀하게 참호와 보루를 축조해 그에게 한번 포위되면 빠져나갈 길이 없었다.

이를 보면 조조는 르네상스적 인간이었다. 그러나 이와 같은 능력은 저절로 얻어지는 것이 아니다. 아무리 천부적 재능을 지녔다 할지라도 각고의 노력이 없었다면 이처럼 다방면에서 높은 성취를 이룰 수는 없었을 것이다. 조조는 젊은 시절 학업에는 관심이 없고 임협방탕하게 놀기를 좋아했다. 그랬던 그가 언제 이토록 다양한 능력을 키울 수가 있었을까.

이는 말 그대로 처절한 몸부림의 결과였다. 한나라 조정의 무능과 부패에 실망한 나머지 고향인 초현으로 낙향한 조조는 난세를 예감하며 시대의 변화와 자신의 행로를 깊이 고민했다. 조조는 세상을 바로잡을 실력을 축적하기 위해 치열하게 공부하고 사색했다. 그의 다재다능함은 다 이런 노력의 결과였다.

| 僞 _ 거짓말 | 서주 도륙의 진실

조조의 대표적인 악행 중 하나가 서주의 도륙이다. 이 사건은 서주목 도겸의 부장 장개가 조조의 부친 조숭 일가를 살해한 데서 시작됐다. 《삼국지연의》에서는 도겸의 의도가 조숭 일가를 안전하게 보호하려는 것이었다고 주장하고 있으나, 사실이 아니다. 도겸은 처음부터 조숭 일가를 납치해 인질로 삼으려 했다. 원술-공손찬 진영에 속했던 도겸은 이미 그 전에도 몇 차례 조조의 영역을 침범했던 적이 있었다.

손견
孫堅

소년배 두목 출신, 강동의 범

　동탁을 쳐부숴 장안으로 도주하게 한 것은 전적으로 손견의 공로였다. 산동에서 일어난 반동탁군 중에서 처음으로 동탁의 군대와 교전한 것은 조조였다. 조조는 의기 하나에 의지해 변수지전汴水之戰에● 나섰으나 서영이 이끄는 동탁의 주력부대에게 처참히 패배했다. 그다음 원소의 선봉대장인 왕광은 하양진에서 동탁의 양동작전에 걸려 참패했다. 전황은 급격히 동탁군의 우세로 돌아갔고, 산조에 모인 여러 제후군들은 감히 진격할 생각조차 하지 못했다.

　이때 장사에서 출발한 손견이 도착하자 전세가 일거에 역전됐다. 손견도 처음에는 고전을 면치 못했다. 양현 싸움에서 손견은 전승의 기세로 진격해 온 동탁군에게 대패하고 간신히 목숨만 건져 달아났다. 그러나 이어서 손견의 반격이 시작됐다. 손견은 양인에서 여포, 호진, 화웅의 부대를 대파해 전세를 역전시키고, 대곡에서 동탁을 패주시켰다. 이후 낙양 인근까지 진출해 다시 여포를 격퇴시킨 손견은 낙양에 입성하는 데 성공했다.

● 조조가 의병을 일으킨 후 최초로 동탁군과 싸운 전투. 변수는 하남군 형양에 있는 강물이다. 이 싸움에서 조조는 서영에게 대패해 거의 죽을 뻔했다.

손건이 이처럼 괄목할 만한 성과를 거둘 수 있었던 것은 그가 담력이 있고 용맹한 무장이었을 뿐 아니라 대부분 탁상물림의 백면서생이었던 산동의 다른 의군 장수들과 달리 그가 풍부한 전투 경험의 소유자였기 때문이다. 손건은 젊은 나이에 출사한 이래 수많은 전장을 누볐다. 소년배 우두머리였던 손건은 이들로 구성된 의용병을 이끌고 다니며 허창의 난과 황건적의 난을 토벌했고, 서량반군과의 싸움에도 참전했다. 산동기의가 일어나기 직전에도 그는 장사 태수가 돼 구성의 난을 진압하며 장강 이남의 3개 군을 누비고 다녔다. 손건은 전투 경험이 풍부했을 뿐 아니라 소년배들로 구성된 용맹하고 충성심이 강한 군대를 지니고 있었다. 상승의 비결이었다.

손건이 산동반군에 가담한 이유는 순전히 동탁에 대한 사적 감정 때문이었다. 손건은 장온의 참군사가 돼 서량반란 진압에 종군한 적이 있었다. 당시 장온은 진격을 명했으나 동탁이 이를 무시했다. 장온이 여러 차례 소환하자 동탁이 마지못해 장온의 군막을 찾아왔다. 이때 동탁의 응대가 심히 불손했으므로, 손건이 나서 동탁을 군법에 따라 참수할 것을 주장했다.

"동탁은 죄를 짓고도 참회하기는커녕 오히려 큰소리를 치고 있습니다. 소환을 받고도 제때에 도착하지 못했으니, 마땅히 군법에 따라 참해야 합니다."

장온은 동탁의 위명을 의식해 감히 이 말을 받아들이지 못했다. 이로 인해 동탁과 손건은 철천지원수가 됐다.

이런 동탁이 쿠데타를 통해 집권했으니 손건에게는 단순히 감정의 문제가 아니라 사활의 문제였을 것이다. 동탁 정권이 그대로 안정된다면 손건은 목숨을 부지하기 어려운 형편이었다. 때마침 동탁이 원외와 원봉 등 원씨 일가를 몰살시키자 전국적으로 원씨의 문생고리門生故吏들이 원씨를 위해 원수를 갚겠다는 명분으로 군대를 일으켰다. 손건은 기다렸다는 듯이 병사를 일으켜 원술과 합류했다.

손견은 삼국시대 초기의 인물들 중 최강의 무장이었다. 그러나 그는 자신의 용맹만을 믿고 경거망동하는 경향이 있었다. 손견은 형주의 유표를 공격하다가 일개 병사가 쏜 화살에 맞아 죽었다. 일군의 대장이 됐으면서도 용력만 믿고 선봉에 서서 적을 추격하다가 매복에 걸린 결과였다. 불과 서른일곱의 젊은 나이였다. 그가 조금만 자신의 몸을 아꼈더라면 역사는 크게 달라졌을 것이다.

이렇듯 대담무쌍하면서도 스스로를 과신하는 손견의 태도는 그의 아들 손책에게도 이어졌다. 손책 역시 담력과 무용으로 소패왕이라는 칭송을 들을 정도로 뛰어난 무장이었다. 그러나 그 역시 경호도 안 붙이고 혼자 산야를 달리다가 일개 자객의 손에 목숨을 잃었다. 부자 모두 빼어난 용장이었으나 한 나라를 건국할 창업군주로서 자질은 부족했다. 손견의 둘째 아들 손권은 비교적 신중한 성격이었기에 손견 부자의 세력을 이어받아 한 나라를 세울 수 있었다.

| 역사의 裏面 | **오부인, 정권의 구심점이 되다**

손견은 조폭 두목 출신답게 결혼도 위력을 행사해서 뜻을 이뤘다. 그는 젊은 시절에 고향인 오군에서 아름답고 재주가 뛰어난 것으로 소문이 자자했던 오씨를 부인으로 맞아들였다. 당시 오부인은 조실부모해 동생 오경과 함께 살고 있었다. 손견이 혼담을 넣자 오부인의 후견인 역할을 하던 오씨의 친척들이 반대했다. 손견의 사람됨이 경박하고 사납다는 이유였다. 손견은 이에 몹시 불쾌해하며 오씨들에게 깊은 원한을 품었다. 손견은 성격이 거칠었을 뿐 아니라 이미 그 지역의 소년배 우두머리로 행세했으므로 오씨 집안 사람들에게 큰 걱정거리가 됐다.

오씨가 친척들을 찾아가 말했다.

"어찌 여자 하나를 아껴 화를 부르려 하십니까? 일이 이렇게 된 것도 다 운명인가 합니다."

이윽고 집안 어른들의 허락을 받아낸 오씨는 손견과 인연을 맺게 됐다. 모두 사남 일녀를 낳았는데, 손책이 첫째이고 손권이 둘째다.

손견과의 결혼 일화에서 볼 수 있듯이 오부인은 매우 굳건한 성격의 소유자였다. 소패왕이라 불릴 정도로 기세가 맹렬했던 손책조차도 그녀에게만은 꼼짝하지 못했다.

손책이 강동을 평정한 후 어떤 일로 의견이 대립돼 공조 위등을 죽이려 한 일이 있었다. 아무도 손책을 말릴 수 없었다. 그때 오부인이 손책을 후정으로 불렀다. 오부인은 후정의 큰 우물을 붙잡은 채 손책을 꾸짖었다.

"너는 이제 막 강동으로 와 아직 큰 공을 이루지 못했으니 마땅히 어진 선비를 잘 대접하고 과거의 허물은 묻지 말며 공만 포상해야 한다. 위공조는 너를 위해 자신의 직무를 다한 사람인데 오늘 네가 그를 죽이면 사람들이 다 너를 버리고 떠날 것이 아니냐. 나는 화가 집안에 미치는 것을 볼 수 없으니 지금 당장 이 우물에 뛰어들고 말겠다."

손책이 깜짝 놀라 사과하고 바로 위등을 풀어줬다.

오부인의 영향력이 이와 같으니 강동의 여러 장수와 관리들은 평소에 부인을 어려워하고 크게 의지했다. 오부인은 손권이 소년의 나이에 강동 정권을 계승하자 정권이 안정되도록 중심을 잡는 역할을 했다. 직접 장소 등 신료들을 불러 모아 강동 정권을 안전하게 보전하는 방안을 논의하는 회의를 주재하기도 했다.

손권 집권 초기에 정권의 구심점 역할을 하면서 정권 안정에 기여했던 오부인은 손권의 위치가 공고해진 건안7년202년 세상을 떠났다.

그런데 《삼국지연의》를 보면 유비가 손권의 누이동생에게 장가가기 위해 오나라를 방문한 장면에서 오대부인이 등장한다. 이 사건은 적벽대전 이후의 일이므로 손권의 모친인 오부인은 이미 죽은 지 오래된 시점에 일어난 일이다. 그래서 오대부인은 오부인의 동생, 그리고 손권의 이모이자 계모로 등장하게 된다. 또 이 장면에는 오대부인과 사돈관계로서 그녀에게 혼사와 관련해 여러 가지 자문을 하는 교국로라는 사람도 등장한다. 성이 교씨고 오대부인의 사돈이라는 것으로 볼 때 아마도 교현을 표현한 것으로 추정된다. 교현의 딸 중 하나가 손책의 첩이 됐기 때문이다. 그러나 이 둘은 실존인물이 아니다. 그저 유비의 결혼사건을 재미있는 통속극처럼 꾸미기 위해 가공된 인물들이다. 정사에서는 손견의 계모 역할을 한 오대부인을 발견할 수 없고, 교현 역시 '이교'라 불리는 두 딸大교와 소교을 남긴 채 일찌감치 환성에서 죽었다. 후일 손책이 환성을 도륙하고 이교를 잡아 주유와 함께 한 명씩 나눠 취했다.

| 僞 _ 거짓말 | 손견이 장사로 회군한 까닭

《삼국지연의》에 따르면 손견은 낙양의 궁전 우물에서 전국옥새를 찾아낸 후, 황제가 되고자 하는 흑심을 품었다. 그래서 옥새를 가지고 본거지인 장사로 돌아가려던 중 원술의 사주를 받은 유표와 싸우다가 전사했다. 역사적 사실과 약간 다르다. 손견이 낙양에서 전국옥새를 되찾은 것은 사실이나, 손견이 회군한 것은 산동반군의 내분 때문이었다. 산동반군은 곧 하북의 원소, 하남의 원술로 대표되는 양대 진영으로 갈려 서로 싸우기 시작했다. 하북군의 맹주인 원소가 예주자사로 임명한 주옹이 손견의 근거지인 양성을 점령해 군량 공급을 끊었으므로 손견은 군대를 돌릴 수밖에 없었다. 손견이 유표를 공격하게 된 것도 유표가 원술의 사주를 받았기 때문이 아니고, 조정에서 형주목으로 임명한 유표가 원술-손견 연합의 근거지였던 형주를 빼앗았기 때문에 되찾으려 한 것이다.

유비
劉備

네 번이나 처자식 버린 마초

유비는 마초 성향이었다. 그에게는 야망이 우선이었지 아내를 비롯한 가족은 아무런 의미가 없었다. 유비는 네 번이나 처자식을 버렸다. 유비의 가족은 서주에서 여포에게 두 번 포로가 됐고, 조조에게도 한 번 사로잡혔다. 이 와중에서 살아남은 감부인과 미부인은 또다시 당양 장판 싸움에서 유비에게 버림을 받았다. 조자룡의 맹활약으로 감부인과 아두는 구조됐으나 미부인은 진중에서 죽었다. 감부인은 유비가 예주목이 돼 소패에 둔병하던 시절 얻은 첩이었고, 미부인은 유비가 서주목이 되고 나서 첩실로 맞이한 미축의 누이동생이었다.

유비가 익주를 차지한 후, 다시 정실부인으로 맞이한 여인이 장군 오일의 여동생 오부인이었다. 오부인은 일찍이 유언의 아들 유모와 결혼했으나 유모가 일찍 죽어 과부가 됐다. 유비가 허다한 미인과 명문가의 여식들을 두고 굳이 집안의 과부를 맞이한 까닭은 그녀가 황후가 될 관상을 지녔다는 소문이 돌았기 때문이다. 황제가 되고픈 시커먼 마음에 유비는 한 주의 패권을 차지했음에도 굳이 과부와 결혼한 것이다.

이쯤 되면 그가 그토록 닮기를 바랐던 한고조 유방의 풍모와 방불하다고나 할까. 유방은 팽성彭城에서 항우에게 패해 달아날 때, 마차의 무게를 가볍게 해 적의 추적을 따돌리고자 함께 타고 있던 두 자녀를 수레 밖으로 던져버렸다. 또 항우가 유방의 부친을 잡아 가마솥에 삶겠다고 위협하자 유방은 이렇게 대답했다 한다.

"국 다 끓이면 내게도 한 그릇 보내줘라."

호걸답다고? 거의 사이코패스 수준이다. 지극히 반인륜적인 행위를 하면서도 전혀 죄책감을 느끼지 않는다. 유비의 행태도 이에 못지않았다.

한데 천하의 유비도 쩔쩔매게 만든 여인이 있었으니 그녀는 바로 손상향이다. 손상향은 손권의 여동생으로 오빠들을 닮아 성격이 강맹했다. 유비와 정략결혼을 했는데 늘 100여 명의 시녀들에게 칼을 차고 시중들게 했다. 유비가 내심 겁이나 조운의 경호 없이는 그녀의 방에 출입하지 않았다고 한다. 두 사람 사이에 정이 있을 턱이 없었다. 《삼국지연의》를 보면 유비가 이릉대전에서 패하자 손상향이 장강에 몸을 던져 자결하는 것으로 나오는데 터무니없는 이야기다.

| 역사의 裏面 | **조폭 출신의 야심가**

유비는 찬역을 꿈꿔온 야심가였다. 유비는 소싯적부터 황제가 되겠다는 야망이 있었다. 유비는 어릴 적 동네 어린아이들과 놀다가 '커서 황제가 타는 수레를 타고야 말겠다'고 말했다가 숙부로부터 '집안을 망칠 놈'이라는 질책을 들은 적도 있었다. 왕조체제에서 황제의 친아들이 아닌 자가 황제를 꿈꿨다면 이는 곧 역심을 품은 것이 아니고 무엇이었겠는가.

유비는 조폭 출신이었다. 촉한정통론에 입각한 《삼국지연의》가 유비를 미화했던 까닭에 많은 사람들은 유비가 젊은 시절에 돗자리와 짚신을 삼아 생계를 유지하며 모친을 봉양한 효성스런 소년이었다고 기억한다. 그러나 돗자리와 짚신을 삼아서 생계를 유지했던 것은 유비의 모친이었지 그가 아니었다. 유비는 열다섯 살에 친척의 도움으로 노식의 문하로 유학을 떠났다. 소년 가장 노릇할 시간이 없었다.

유학에서 돌아온 후에도 유비는 동네 건달들과 어울리기를 좋아했지 생업을 위해 노력하지 않았다. 그는 공손찬이라는 배경을 등에 업고 탁현 일대의 조폭 두목이 됐다. 그의 주수입원은 군납업자의 뒤를 봐주는 일이었다. 유주 지방의 가장 큰 이권은 선비, 오환 등 북방민족에게서 말을 사서 군대와 관청에 납품하는 일이었다. 이권이 크다 보니 상인들 간에 경쟁이 극심했다. 유비가 나서서 탁현의 이권사업을 그 지역의 대상인인 장세평과 소쌍이 독점할 수 있도록 양분해줬다. 그 대가로 유비는 이들에게서 상납을 받아 조직을 유지했다. 그 시절 가장 두드러진 조직원들이 관우와 장비, 간옹 등이었다.

유비는 야망이 컸다. 유비를 일컬어 '효웅梟雄'이라 하는데, 이는 매우 사납다는 뜻도 있지만 결코 남에게 길들여지지 않는다는 의미이기도 하다. 유비는 비교적 후발주자였음에도 장수나 유훈 등 그보다 더 유력한 군벌들조차 원소나 원술, 조조 등 대군벌들에게 무릎 꿇고 들어가는 상황에서 끝내 남에게 굴복하지 않았다. 다른 군소군벌들과 달리 유비가 끝내 남의 부하가 되지 않았던 까닭은 그의 흉중에 언젠가 황제가 되고야 말겠다는 원대한 야망이 꿈틀대고 있었기 때문이다. 유비는 늘 한실 중흥을 자신의 명분으로 내세웠다. 그러나 그가 꿈꾸는 중흥된 한나라는 헌제의 것이 아니었다. 바로 자기 자신이 창건할 새로운 한나라였다. 하지만 세계世系조차 불분명한 유씨의 먼 지파인 그에게 과연 한나라를 계승할 자격이 있었을까?

유비가 끝까지 살아남아 비록 한구석 땅덩이라도 차지해 황제가 된 것은 야망만으로 가능한 일이 아니었다. 그는 나름대로 상당한 강점이 있었다. 첫째, 유비는 다른 사람의 마음을 사는 탁월한 능력이 있었다. 아무 세력이 없었던 그를 관우, 장비, 조운 등이 끝까지 따라다닌 것도 바로 그 때문이다. 둘째, 유비는 민심의 중요성을 알았고 이를 사기 위해 노력했다. 당시 무한수탈을 반복하던 다른 군벌들과는 달리 유비는 관할 구역 내에서 비교적 선정을 펼쳤다. 또 그는 여론 주도층인 사족계급의 호의를 사기 위해 노력했다. 그가 공융을 구하고 도겸을 도운 이유다. 셋째, 유비는 인재를 알아보는 능력이 탁월했다. 그는 초야에 묻혀 있던 제갈량을 영입했을뿐더러 위연, 마충, 이회, 등지 등 실무형 인재들을 발굴해 냈다. 넷째, 유비는 스스로를 잘 포장할 줄 아는 홍보의 귀재였다. 조조가 난폭한 행동을 일삼아 민심을 잃게 되자 유비는 그와 반대로 행동하는 전략을 취한다.

"지금 나와 물과 불의 관계를 이루고 있는 자는 조조요. 조조가 급하면 나는 느슨해야 하고, 조조가 난폭하면 나는 어질어야 하며, 조조가 속이고 기만하면 나는 충성스럽고 신의 있게 행동해야 하오. 매번 조조와 반대로 처신하였기에 마침내 대업을 이룰 수 있었소."

마지막으로 유비는 지피지기知彼知己하는 능력이 탁월했다. 유비는 자신의 재능이 조조에 미치지 못함을 잘 알고 있었다. 임기응변이나 권모술수 등 책략 면에서도 상대가 되지 않았기에 유비는 감히 조조에게 맞서려 하지 않았다. 그는 조조의 깃발만 보고도 놀란 토끼처럼 달아났다. 조조와 정면대결을 피하고 틈새 전략을 취했기에 그나마 살아남아 촉한의 황제가 될 수 있었다.

| 僞 _ 거짓말 | 황건적의 난 때 제일가는 공을 세웠다?

《삼국지연의》는 촉한정통론에 입각해 유비가 세운 촉한이 한나라를 계승한 정통왕조라고 본다. 그렇다 보니 유비에 대해서는 한없이 좋은 점만 강조하고, 없던 이야기들도 꾸며냈다. 《삼국지연의》에서 가장 허구와 왜곡이 많은 부분이 바로 유비에 관한 기사들이다. 《삼국지연의》가 만들어낸 유비에 관한 거짓된 신화들을 벗겨보자.

첫째, 유비가 의병을 일으켜 황건적의 난을 토멸하는 데 제일가는 공을 세웠다고 한다. 《삼국지연의》에 따르면 황건적의 난이 일어나자 의병을 일으킨 유비는 유주의 황건적을 격파한 후, 청주, 광종, 영천, 곡양, 양성, 완성을 돌아다니면서 황건적을 모조리 무찌른 것으로 나온다. 새빨간 거짓말이다. 황건적의 난을 진압한 것은 황보숭과 주전이었다. 조조와 손건도 일익을 담당했지만, 유비는 중평원년¹⁸⁴년에 일어난 1차 황건적의 난 때는 참전조차 하지 못했다. 그가 의병을 일으킨 것은 장순, 장거의 난 때가 처음이었고, 그와 싸운 황건적은 청주와 서주에서 봉기한 2차 황건적이었다.

둘째, 유비가 동탁에 대항에 일어난 산동반군에 가담해 결정적인 공을 세웠다는 주장이다. 유비의 장수 관우가 화웅을 참수했고, 유비, 관우, 장비 삼형제가 호뢰관 싸움에서 여포를 패주시켰다고 한다. 다 거짓말이다. 화웅을 죽이고 여포와 동탁을 격파해 패주시킨 것은 다 손건이 한 일이다. 사실 유비는 이때 산동반군에 가담하지 않았다. 《삼국지연의》에서는 유비가 공손찬의 부장 신분으로 이러 제후들과 함께 산조의 회맹에 참여하는 것으로 나오는데, 공손찬은 오히려 산동반군과 대립각을 세웠지 행보를 같이하지 않았다. 유비는 당시 청주에서 고당현령으로 있었는데, 청주 역시 산동반군에 참여하지 않았다. 유비가 조조와 함께 산동반군에 가담해 활약했다는 이야기는 여러 사료들 중 오직 《영웅기英雄記》에만• 나오는데, 이 책은 매우 신빙성이 떨어진다는 평가를 받고 있다.

셋째, 유비가 '유황숙'이란 호칭으로 불렸다는 주장이다. 《삼국지연의》에 따르면 유비가 조조에게 투항해 헌제를 알현하자 헌제가 족보를 참고해 그를 황숙으로 불렀다는 것이다. 전혀 근거 없는 이야기다. 유비

• 배송지의 주에 인용된 여러 야사 중 하나. 주로 조조, 원소 등 삼국시대의 군벌들에 대한 과장된 일화들을 기술.

는 전한의 4대 황제인 효경제의 아들 중산정왕의 후손이라고 한다. 후한 황실과는 거리가 멀어도 한참 먼 셈이다. 게다가 세계가 끊어져 헌제와 촌수가 어떻게 되는지, 심지어 항렬이 위인지 아래인지조차도 정확하지 않다. 또 당시의 유력 군벌이나 대신들 중에는 유우나 유표, 유언처럼 유비보다도 촌수가 더 가깝거나 유력한 인물들이 수두룩했다. 유독 헌제가 유비를 황숙이라 대접했을 리가 없다. 다 후세에 유비의 정통성을 강조하고자 지어낸 이야기일 뿐이다.

장각
張角

신흥 종교 지도자에서 역적으로

장각은 꿈꾸는 사람이었다. 장각의 꿈은 단순했다. 더 나은 세상, 고통과 굶주림이 없는 세상을 만들어보고 싶다는 것이 그의 꿈이었다. 장각은 거록鉅鹿군 출신의 평범한 백성이었다. 그가 어떻게 태평교단에 가입하게 됐는지는 아무도 모른다. 다만 당시 우길의 태평도가 크게 흥성해 포교가 활발하게 이루어졌던 만큼 장각이 그 가르침을 쉽게 접할 수 있었으리라 추측할 따름이다.

장각은 입도 후 얼마 지나지 않아 스스로 포교에 나섰다. 가시밭길과도 같은 고생길이었다. 따르는 신자가 없어 탁발로 연명하기도 했다. 그러나 장각은 어려운 사람을 보면 정성껏 돌봤다. 세상은 도움을 필요로 하는 사람들로 가득 차 있었다. 흉년이 겹쳐 먹고살기가 힘들어진 백성들은 고향을 등지고 유랑민이 됐다. 게다가 도적이 판을 치자 선량한 사람들은 더욱 먹고살기가 힘들어졌다. 수많은 사람들이 굶어 죽고 역병이 창궐했다. 인심도 각박해졌다.

장각은 남을 도왔다. 굶주리면서도 탁발한 음식을 거리의 사람들에게 나눠주고 아픈 사람을 돌봤다. 약초를 캐어 환약과 약물도 만들어주고 정성껏 치료했다. 주변에 친척이 없어 상을 치를 능력이 없는 고아들이나 과부들을 위해 상례를 치러줬다. 순수한 마음이었다. 그 역시 누구보다도 혹심한 고난 속에 있었기에 고통 받는 이들에게 따스한 눈길을 보냈다.

점차 따르는 사람들이 늘어나기 시작했다. 경제적으로 여유가 생기자 장각은 남는 물질을 굶주린 백성들에게 나눠주었고, 병든 환자들을 무료로 돌봐주었다. 장각이 배운 태평도에는 심신을 다스리는 법과 질병을 치료하는 방법에 대한 많은 지식이 담겨 있었다. 어느덧 장각의 도가 용하다는 소문이 나기 시작했다. 아무리 중한 질병에 걸려도 장각의 교당에 가서 기도하고 약을 먹으면 낫는다는 소문이 퍼졌다. 환자들이 모여들었다. 또한 많은 환자들이 장각의 치료를 받고 기적처럼 나았다. 장각의 신통력에 대한 소문이 널리 퍼지자 신도들이 구름처럼 몰려들었고 자연히 교세가 확장됐다.

태평교단은 무섭게 성장했다. 날마다 수천 명씩 교도가 늘어났다. 전국에 신도가 수십만에 달해 하나의 조직으로는 관리할 수가 없게 되자 주와 군 단위로 대방과 소방을 둬 교단을 관리하게 했다. 대방은 신도가 만 명에 달했고, 소방은 수천 명에 이르렀다. 각 방의 우두머리들은 방주 또는 거수라 했다. 전국에 방이 36개로 신도가 수십만에 달했다. 장각이 득도한 후, '태평도'라는 독자 교단으로 포교를 한 지 불과 십수 년 만이었다.

장각의 교세가 너무 커지자 본의 아니게 조정과 지방의 관원들에게 의심을 받기 시작했다. 사도 양사楊賜가 소란이 일어날 것을 우려해 장각의 태평도를 해산할 것을 주청했다. 사도부의 관리 유도劉陶도 장각이 혹세무민惑世誣民한다며 비난하고 그의 무리를 처벌할 것을 상주했다. 가만히 앉아 당할 수밖에 없는 형국이 되자 교단 내에서는 봉기할 것을 주장하는 목소리가 힘을 얻기 시작했다. 교단 확장은 불가피한 일이었지만, 그 와중에 권력과 재물 욕심에 눈이 먼 기회주의자들이 너무 많이 조직에 들어와 있었다. 이들 중 간이 큰 자들은 방대해진 교단 세력에 편승해 세상의 권력을 훔치는 일에까지 서슴없이 나서고자 했다. 민중의 고통을 더이상 보고 있을 수만은 없으니 확 갈아엎고 새로운 세상을 만들자는 것이었다. 조정에 반기를 드는 일은 장각으로서도 더 이상 막을 수 없는 대세가 됐다.

중청원년[184년] 장각을 따르는 태평교도들은 전국적으로 여덟 개 주에서 일제히 봉기했다. 이들은 누런 수건을 표식으로 삼았으므로 세상 사람들이 황건적黃巾賊이라 불렀다. 누런 수건을 기치로 삼은 것은 '푸른 하늘이 이미 죽었으니, 누런 하늘이 일어설 것이다蒼天已死 黃天當立'라는 구호에 따른 것이다. 푸른 하늘은 한나라를 상징했다. 이를 보면 장각은 처음부터 한나라를 뒤집어엎고 새로운 나라를 창립하려 했던 것으로 보인다. 민중혁명이었다. 황건적의 난은 불과 1년도 못 돼 진압됐지만 그 파급효과는 엄청났다. 난을 진압하는 과정에서 군벌세력들이 형성됐기 때문이다. 휘청거리던 한나라는 이후 힘을 회복하지 못하고 극심한 혼란 속으로 빠져들었다. 연달아 반란과 도적떼들이 일어났고, 야심가들이 들고 일어나 상호 항쟁을 벌였다. 이 와중에 백성들은 착취당하고 죽어나가는 일이 계속됐다.

장각은 세상을 구제하려 했다. 장각의 초심은 더 좋은 세상을 만들어보는 것이었다. 하지만 세상을 구제하려던 그는 결국 세상을 더욱 혼란스럽게 만들었다. 이로 인해 백성들은 무려 100년간이나 더욱 큰 고통을 겪게 됐다. 착한 마음에서 시작한 일이었으나 결과는 참으로 참혹했다. 허영심과 욕망에 져버린 탓이었다.

| 역사의 裏面 | **장각과 태평교도단**

황건적의 난은 장각을 따르던 태평교도들이 중심이 돼 일으켰다. 많은 사람들은 태평도가 장각이 창안한 신흥종교인 줄 안다. 그러나 태평도는

장각 이전부터 존재했다. 태평도는 원래 우길于吉의 가르침에서 비롯됐다. 우길은 후한 순제順帝 시절의 사람으로서 나름대로 도를 터득해《태평청령서太平淸領書》수백 권을 저술해 가르쳤다. 세상에서 그를 따르는 무리들을 '태평도' 라 일컬은 것도 이 책에서 따온 것이다.

우길의 가르침은 산동지방에서 전해 내려온 유서 깊은 선도仙道와 방술方術에 뿌리를 둔 것이었다. 원래 선도의 뿌리는 원시 수렵·채취 부족의 지식과 기억의 총합에서 비롯됐다. '선仙' 이라는 글자는 '산山' 자와 사람 '인人' 자가 결합된 것으로 '산사람' 을 의미한다. 선도란 산악을 무대로 생활하던 원시 수렵·채취 부족이 생존을 위해 습득한 지식의 총합을 말하는 것으로, 생물의 생육을 포함해 자연에 대한 백과사전적 지식을 모두 아울렀다. 이것이 나름대로 체계화, 추상화된 것이 '선도' 로서 일종의 자연철학이었다. '방술方術' 또한 '방方' 의 뜻이 사건과 사상에 딱 들어맞는 해결 방법을 의미하고, '술術' 이 해결 방법을 찾아내는 기술을 의미하는 데서 볼 수 있듯이 자연현상에서 어떤 규칙성을 찾아내 일상에 적용하려는 일종의 자연과학적 지식이었다. 경방술經方術(의술), 방중술房中術(성생활 증진법), 신선술神仙術(불로장생의 방법) 등이 다 방술의 한 유파다.

우길은 신선술과 방술을 기반으로 태평도를 만들었다. 우길의 태평도에서 영향을 받아 장각의 태평교와 장릉의 오두미교가 갈라져 나왔다. 교단체계가 확립되기 이전에 장각과 장릉은 태평도에 입도했고, 나름대로 이를 변형해 발전시켜 새로운 교파를 창립했다. 장각의 태평교는 황건적의 난으로 절멸됐으나, 장릉의 오두미교는 그의 손자 장노로 이어져 천사교가 됐다. 천사교는 후일 사상적 체계화를 위해 황로사상을 받아들임으로써 도교로 발전하게 된다.

그런데 신선술과 방술의 원류가 되는 선도는 원래 동이의 사상체계였다. 선도와 방술이 산동성 지방에서 크게 유행했고, 태평도의 창시자인 우길도 산동성과 강회지방을 주무대로 포교활동을 펼쳤다. 이 지방들을 포괄하는 발해가 동이문화권이었고, 바로 선도의 발생지였다. 따라서 신라의 화랑도에서 말하는 국선도와 도교의 원류가 되는 선도는 뿌리가 같다. 물론 도교는 그 후 여러 교리와 사상을 흡수해 다른 형태로 변용됐지만 말이다.

| 僞 _ 거짓말 | '태평요술'로 득도했다고?

《삼국지연의》에 따르면 산에서 약초를 캐던 장각이 우연히 '남화노선'이라는 도사를 만나 '태평요술'이라는 책을 얻어 득도했다고 한다. 전설 따라 삼천 리 같은 이야기다. 재미를 위해 지어낸 것이다. 역사적 기록에는 남화노선이나 태평요술은 나오지 않는다. 장각은 우길의 태평도 무리에서 갈라져 나왔으므로 그가 읽은 책도 우길의 《태평청령서》를 요약한 내용이었을 것이다.

황보숭은 후한 말 최고의 명장이었다. 그는 황건적 토벌에 가장 큰 공을 세웠다. 함께 토벌에 나섰던 동탁과 노숙이 고전을 면치 못할 때 황보숭은 연전연승했고, 주준 역시 그의 도움과 지원을 받았기에 공을 세울 수 있었다. 황건적의 난을 평정해 천하 대권을 손에 넣을 기회를 잡았으나, 그는 끝까지 한나라 황실에 충성했다. 황보숭은 구시대 마지막 충신이었다. 그는 두 마음을 품지 않았기에 일시 동탁에게 수모를 겪는 등 어려움에 처하기도 했지만 끝내 와석종신할 수 있었다.

황건적이 평정된 후, 기주목이 된 황보숭은 굶어 죽는 사람들을 구제하기 위해 1년 동안 토지세를 면제해달라고 주청했다. 황제가 이를 승낙하자, 백성들은 노래를 지어 황보숭의 덕을 찬양했다.

"천하대란이 일어나자 도시가 텅텅 비었고, 어미는 아이를 지키지 못하고 아내는 남편을 잃었네. 황보숭을 믿고 의지하고서야 편안한 삶을 다시 찾았네."

황보숭은 늘 병사들을 먼저 생각했기에 군대 내에서 충심으로 따르는 자가 많았다. 한번은 부하장교가 뇌물을 받아 문제가 생겼는데 그가 이를 문책하지 않고 무마시킨 일이 있었다. 황보숭의 부하를 아끼는 마음이 이와 같았다. 그 장교는 몹시 부끄러워하다가 결국 자살하고 말았다.

황보숭이 황건적을 격파하자 그 위엄과 명성이 천하에 진동했다. 조정은 날이 갈수록 어지러워지고, 천하의 백성들은 더욱 곤경에 처했다. 신도현령을 지낸 서량 출신의 염충閻忠이 황보숭을 설득했다.

"지금 장군은 정말로 얻기 어려운 큰 운運을 만났습니다. 이 기회를 맞아 몸을 일으키지 않는다면 장차 어찌 장군의 대명을 보존하겠습니까?"

천하가 어지러운 가운데 백성들의 중망과 병사들의 신임을 얻었으니 이 기회에 천명을 받아 거사해 자립하라는 뜻이었다. 황보숭은 이를 거절했다.

"밤낮으로 공적인 것만 생각하며 마음에 충성을 잊지 않는다면 어찌 평안하지 않으리오."

후일 동탁이 집권한 후 어린 황제를 폐립하자 산동반군이 일제히 일어났다. 동탁은 황보숭의 동태가 가장 걱정됐다. 당시 황보숭은 전투경험이 풍부한 3만의 정예병을 거느리고 서량 변경에 주둔하고 있었다. 황보숭이 산동반군에 호응한다면 동탁은 동서 양쪽으로 협공을 받아 위기에 처할 수밖에 없었다. 그러나 동탁은 믿는 구석이 있었다. 황보숭은 한조의 충직한 신하였다. 동탁이 황제를 끼고 있는 한 황보숭은 그의 제어를 벗어날 수 없었다.

동탁은 산동반군을 피해 장안으로 천도를 추진하면서 천자의 이름으로 조명을 내려 황보숭을 성문교위로 불러들였다. 장사 양연梁衍이 황보숭에게 조명을 거부하라고 권유했다.

"동탁이 경성을 약탈하고 제멋대로 황제를 폐립했는데, 지금 장군을 불러들였으니 일이 크게 잘못되면 일신에 화를 당할 것이요, 적게 잘못된다 해도 곤욕을 면치 못할 것입니다. 지금 동탁은 낙양에 있고 천자는 서쪽을 향해 오고 있습니다. 이 틈을 노려 장군께서 병력을 이끌고 가 천자를 영접해야 합니다. 그 후에 역적을 토멸하라는 조명을 받아 전국 각지의 병사들 및 장수들과 합세해야 합니다. 원씨가 동쪽에서 압박하고 장군께서 서쪽에서 공격한다면 동탁을 사로잡을 수 있습니다.”

황보숭은 이 말을 듣지 않고 황명에 따랐다. 황보숭이 장안에 도착하자, 동탁은 담당 관리에게 지시를 내려 황보숭을 투옥했다. 황보숭은 평소에 동탁과 사이가 좋았던 그의 아들 황보견수皇甫堅壽의 간청 덕에 간신히 목숨만 건질 수 있었다.

황보숭은 기회를 만났으나 용단을 내리지 못했다. 그는 치세의 충신이었지, 난세의 영웅감은 아니었다. 그는 수모를 겪으면서도 끝내 한나라 황실에 대한 충절을 버리지 않았다.

| 역사의 裏面 | **치세의 충신이었으나 난세의 영웅은 아닌**

황보숭과 동탁은 여러 면에서 서로 대조적이다. 두 사람은 모두 서량에서 태어났다. 동탁은 한미한 가문 출신이었지만 황보숭은 량주 지역에서 제법 이름난 무장가문 출신이었다. 황보숭은 조심스럽게 본분을 다하며 매사에 원칙적이고 투명했으나, 동탁은 성정이 거칠고 용맹하면서도 임기응변과 권모술수가 뛰어났다.

장수로서의 성적은 황보숭이 훨씬 나았다. 동탁이 기주와 유주의 황건적에게 패전하자, 황보숭이 진격해 다 진압했다. 황보숭은 병사들을 따뜻하게 대했으며 매번 행군할 때마다 충분한 휴식을 취하게 했다. 또한 병사들이 숙영할 영채가 다 건립된 이후에야 휴식을 취하러 막사로 돌아왔으며, 병사들이 모두 배를 채운 것을 확인하고 나서야 밥을 먹었다. 이에 장졸들의 사기가 높았고 모두 황보숭을 믿고 따랐으므로 싸우면 늘이겼다. 두 사람이 함께 출전했던 서량반군과의 싸움에서도 황보숭이 확실한 우위를 지켰다. 병법을 상황에 맞게 해석하고 적용하는 능력에서 황보숭이 동탁보다 훨씬 뛰어났다. 황보숭이 단독으로 대승을 거둬 모든 공이 황보숭에게 돌아가자 동탁이 몹시 질시했다.

그러나 정치권력 게임에서는 동탁이 압도적으로 우세했다. 황보숭은 염충과 황보력의 권고를 받고도 천하의 대권을 잡겠다고 나서지 못했다. 반면에 동탁은 조명을 거부하면서까지 기회를 노렸다. 십상시의 난이 일어나자 동탁은 바로 낙양을 향해 진격했고, 도착 즉시 황제의 신병을 확보해 정권을 장악했다.

이러한 결과는 두 사람이 지휘하던 군대의 성격 차이에서 비롯됐을 수도 있다. 황보숭과 그의 부대는 매우 공적인 관계였다. 황보숭은 병사들을 아꼈지만 엄정하게 법규를 따르고 엄격하게 군율을 시행했다. 황보숭의 부하 장졸들은 그가 국가에 충성했기에 복종한 것이므로, 위법적인 일에는 가담할 가능성이 없었다. 동탁은 부하들을 함부로 대하면서도 휘하 장졸들과 항상 이해관계를 공유했다. 장졸들을 한솥밥을 먹는 식구들처럼 생각해 위법사항이 있어도 봐주었고, 전리품이든 관물을 횡령한 것이든 부하 장졸들에게 아낌없이 재물을 풀었다. 동탁과 부하들의 관계는 좋은 일이건 나쁜 짓이건 함께하는 사적 운명공동체였다.

그러나 근본적인 차이는 권력의지에 있었다. 동탁은 호시탐탐 대권을 잡을 기회만을 노렸지만, 황보숭은 권력의지 자체가 없었다. 결국 황보숭은 치욕스럽게도 동탁에게 무릎을 꿇을 수밖에 없었다.

| 僞 _ 거짓말 | 유비는 1차 황건적의 난에 참여하지 않았다

《삼국지연의》에서는 뭐든지 잘한 일은 다 유비가 했다고 한다. 장순의 목을 얻은 것도 유비고, 동탁과 여포를 쳐부순 것도 유비라고 한다. 마찬가지로 황건적을 쳐부순 것도 다 유비의 공이라고 한다. 전혀 사실이 아니다. 유비는 1차 황건적의 난 진압에는 참여하지도 않았다. 유비가 세상에 처음 나온 것은 장순, 장거의 난과 2차 황건적의 난 때였다. 황건적의 난을 진압한 공은 황보숭이 제일이었고, 주전이 그다음이었다.

하진
何進

누이 팔아 백정에서 대장군으로

한나라 멸망의 단초는 하진에서 시작됐다. 후한 말기 대장군이 돼 국권을 장악했으나 그는 국가를 운영할 기본 능력도 갖추지 못했다. 백정 출신으로 제대로 된 교육을 받아본 적이 없었기 때문이다. 이는 후한 시절 신분 이동이 비교적 쉬웠다는 것을 보여주는 사례이기도 하지만, 한편으론 후한 조정의 난맥상을 드러내는 한 예이기도 하다. 후한 말은 환관과 외척 간의 권력투쟁으로 얼룩진 시대였다. 아니 정확히 말하자면 환관들이 극심하게 국정을 농단하던 때였다. 환관세력의 도움으로 외척이 된 하진은 대장군이 돼 조정의 대권을 장악하자 사족세력의 대표를 자임하던 원소의 부추김을 받아 환관세력 제거에 나섰다. 하진은 외척과 환관 간의 극단적인 세력 다툼을 촉발시켰다. 이로 인해 십상시의 난, 동탁의 난, 산동반군의 봉기가 연달아 일어나고, 한나라는 멸망의 길로 들어서게 됐다.

하진은 원래 남양군 완현 출신으로 소, 돼지를 잡아 팔던 백정이었다. 그의 부친은 장사를 통해 제법 재산을 모았던 것 같다. 늘그막에 맞아들인 후처와의 사이에서 딸을 하나 낳았는데 용모가 몹시 아름다웠다. 일찌감치 장사에 뛰어든 하진은 나름대로 세상의 이치에 문리가 텄다. 황실과 어떤 식으로든 연관을 맺게 된다면 일반 백성들은 상상도 할 수 없는 특혜와 특권을 누릴 수 있었다. 하진은 용모가 뛰어난 배다른 누이동생을 이용해 한 밑천 잡아보려 했다.

하진은 가산을 이용해 환관들에게 접근했다. 그리고 마침내 동향 출신의 중상시 곽승郭勝과 끈을 댈 수 있었다. 곽승의 주선으로 하진의 배다른 누이동생은 궁중에 입궁해 귀인貴人이 됐다. 하귀인이 영제의 총애를 받게 되자, 하진은 보상을 톡톡히 받았다. 백정 출신임에도 낭중에 임명됐고, 곧이어 호분중랑장을 역임하고 외직으로 나가 영천태수가 됐다. 하귀인이 황후가 되자 하진은 내직으로 들어와 시중, 장작대장을 거쳐 하남윤이 됐다.

황건적의 난이 일어나자 영제는 가장 믿을 수 있는 사람에게 군권을 맡겼다. 하진은 대장군이 돼 도성을 방어했다. 그는 이 공으로 열후의 신분에 올랐다. 배다른 동생 하묘何苗는 거기장군이 돼 형제가 나란히 군권을 장악했다.

공고하던 하진의 권력은 영제가 후사 문제에 의심을 품었을 때 잠시 흔들렸다. 영제는 당연히 장남을 태자로 책립할 생각이었으나, 유변을 몇 번 본 후에는 생각이 달라졌다. 유변은 사람됨이 경박하고 위엄이 없어 황제로서의 자격이 부족해 보인 반면, 궁중에서 자란 유협은 나이가 어림에도 총기가 있고 행동거지가 신중했다. 동태후가 여러 차례 영제에게 유협을 태자로 삼을 것을 권유했다. 영제는 아직 젊었으므로 급하게 결정할 필요를 느끼지 못했다.

궁중은 장남 유변을 지지하는 하태후와 차남 유협을 미는 동태후의 양파로 나뉘었다. 유변과 하태후에게는 대장군 하진이란 든든한 후원자가 있었다. 영제는 만일에 대비해 동태후의 조카인 동중董重을 표기장군에 임명해 상호 견제하게 했고, 친위부대인 서원8교위를 창설하면서 소황문 건석蹇碩으로 하여금 하진을 감독하게 했다.

황제의 의도를 간파한 건석은 여러 환관들과 함께 하진을 서량으로 보내 반란을 토벌하게 하자고 건의했다. 하진은 황건적의 난 이래로 군권을 장악해 기반이 탄탄했다. 게다가 하진은 사족의 대표를 자처하며 호시탐탐 환관세력 제거를 노리고 있는 원소와 작당했으므로 매우 위험한 인물이었다. 영제는 건석의 건의를 받아들여 하진에게 서진西進을 명령했다. 하진은 먼저 원소를 동쪽으로 보내 서주와 연주의 병사를 징발한 후에야 출병할 수 있다고 핑계를 대며 출정시기를 연기했다. 이런 분위기였기에 동탁도 군대의 지휘권을 놓지 못하겠다고 버틸 수 있었던 것이다.

그러던 중 영제가 급서했다. 하진에게는 다행스러운 일이었다. 그는 드디어 천하의 대권을 쥐게 됐다. 백정 출신으로서 대단한 성공이었다. 그러나 하진은 장삿속에만 밝았을 뿐 국정을 운영할 능력은 없었다. 자신의 정권을 공고히 하기 위해 사족세력과 손을 잡기 원했던 하진은 원소의 사주를 받아 환관세력 주멸에 나서게 된다. 무모한 원소의 손에 놀아나던 어리석은 하진은 결국 자신은 패망하고 국가를 위기에 빠뜨리는 불행한 결과를 불러오고 만다.

| 역사의 裏面 | **라이벌을 전부 죽인 누이동생 하황후**

영제靈帝 유굉劉宏에게는 아들이 둘 있었다. 첫째 아들은 유변劉辯으로 영제의 두 번째 황후인 하황후 소생이었다. 둘째 아들은 유협劉協으로 왕미인王美人의 아들이었는데 훗날 헌제獻帝가 됐다.

하황후는 하진의 배다른 동생으로 키가 크고 늘씬한 미인이었다. 하황후와 그녀의 모친 무양군舞陽君은 천한 백정 출신이었으므로 미신에 약했다. 하황후는 황자皇子 유변이 궁중에서 자라면 횡액을 당할 것이라는 도사들의 말에 넘어가 유변을 도사 사자묘의 집에서 양육하게 했다. 이런 이유로 사람들은 그를 사후史侯라고 불렀다. 유변은 도사의 집에서 제멋대로 자라 사람됨이 경박하고 제위 계승자로서 기본적 소양을 갖추지 못했다.

유협을 낳은 왕미인은 조부가 오관중랑장을 지낸 양가집 규수 출신이었다. 매우 아름다운 미인인 데다가 총명하고 재능이 뛰어났으므로 영제의 총애를 받아 임신을 했다. 하황후는 질투심이 지나칠 정도로 강했으므로 평소에 다른 후궁들이 몹시 두려워했다. 왕미인 역시 하황후의 보복이 두려워 자발적으로 약을 먹고 낙태를 시도했으나 효과를 보지 못했다. 왕미인이 황자 유협을 낳자, 질투심에 눈이 먼 하황후는 왕미인을 독살했다. 영제가 분노해 하황후를 폐출하려 했으나 왕보, 조절 등 하진과 가까운 환관들이 거금의 재물을 바쳐 위기를 모면하게 해주었다. 영제는 왕미인이 비명횡사하자 노래를 지어 그리움을 표현하기까지 했지만 재물 욕심이 앞섰던 모양이다. 태어나자마자 고아가 된 유협은 동태후가 맡아 키웠으므로 동후董侯라 했다. 동태후는 영제의 친모였다. 재물을 몹시 밝혀 영제가 매관매직을 공식화하도록 사주했다고 한다.

하황후와 동태후는 서로 사후와 동후를 태자로 삼으려고 암투를 벌였다. 영제가 갑자기 죽자 사후 유변이 제위에 올랐고 하황후는 태후의 자격으로 임조청정하게 됐다. 동태후가 정사에 참견하려 들 때마다 하태후가 매번 이를 제지했다. 이에 동태후가 성을 내며 욕설을 퍼부었다.

"네가 지금 기고만장해 뵈는 것이 없는 모양이구나. 네가 오라비를 믿고 그러는 모양인데, 내가 당장 표기장군 동중을 시켜 하진의 목을 베어 오라 해야겠다."

하태후는 분을 삭이지 못한 채 물러 나와 이 말을 하진에게 전했다. 하진은 즉시 동중을 죽이고 동태후를 폐출했다. 얼마 후 동태후는 의문의 죽음을 맞았다.

| 僞 _ 거짓말 | **조조, 하진과 원소의 모의에 가담 안 해**

《삼국지연의》를 보면 하진이 환관들을 전멸시키려는 계획을 세울 때 조조가 원소와 함께 그의 참모로 활약하고 있다. 심지어 조조는 옥리 몇 명을 시켜 환관의 우두머리만 제거할 것을 권유하기도 한다. 사실 조조는 하진과 원소의 모의에 전혀 가담하지 않았다. 조조가 환관 집안 출신이었다는 점을 감안한다면 당연한 일이다. 조조는 하진의 무모한 계획을 냉소했다.

동탁
董卓

동탁의 정변, 준비된 쿠데타

　　동탁이 처음 어린 황제 일행을 만난 것은 낙양성 북쪽 북망산^{北邙山} 인근의 벌판에서였다. 조정 대신들이 이미 환관들에게 납치됐다 구출된 어린 황제와 합류한 이후였다. 낙양 인근에 도착해 있던 동탁은 성중에 화광이 충천하자 변란이 일어난 것을 직감하고 군대를 이끌고 달려오던 참이었다.

　　생전 치음 유혈이 낭자한 변란을 겪은 어린 황제는 또다시 군대가 나타나자 무서워 울기 시작했다. 이를 본 조정 고관들이 나서 동탁군의 접근을 제지하려 했다.

　　"군대를 뒤로 물려라! 퇴병하라는 조명이 내렸다."

　　동탁이 눈 하나 깜짝하지 않고 대답했다.

　　"공들은 국가의 대신으로서 왕실을 바로잡지는 못하고 국가가 파탄에 이르게 했으면서 어찌 나보고 병사를 물리라 하는가!"

　　보다 못한 전 태위 최열이 동탁을 꾸짖었다.

　　"감히 황명을 거역하려는가?"

　　동탁이 최열에게 욕을 하며 말했다.

　　"주야로 삼백 리를 달려왔는데 어찌 물러가라 하는가? 내가 차마 경의 목을 못 벨 줄 아는가?"

동탁이 칼을 어루만지며 눈을 부릅뜨자 기세에 밀린 공경대신들은 더이상 제지하지 못했다. 동탁은 휘하 병사들에게 명을 내려 조정 대신들을 내치고 황제 주변을 호위하게 했다.

동탁은 일개 병주목이라는 지방관 신분이었다. 전 태위 최열 등 조정고관의 명령에 복종하는 것이 당연한 일이었음에도 그는 제 맘대로 행동했다. 고관들을 물리치고 황제의 신병을 확보한 일은 엄연한 쿠데타였다.

보통 사람이라면 감히 이같이 행동할 수 없었을 것이다. 예를 들자면 임진왜란 당시 선조가 평양으로 피난했을 때 평안관찰사 송언신이 동탁처럼 행동할 수 있었을까? 사전에 마음의 준비를 하지 않았다면 불가능한 일이었다.

동탁은 하진의 부름을 받고 군대를 진격시킬 당시부터 정변을 일으킬 속심이 있었다. 아니 그 이전부터 적당한 때를 노려 정권을 장악하려는 의도가 있었을 것이다. 그렇지 않고서야 어떻게 조명까지 거부하며 군대 지휘권 포기를 거부할 수 있었겠는가. 그 후 동탁의 행동을 보면 그가 처음부터 정변을 일으킬 생각을 품고 있었다는 것이 확연히 드러난다. 그는 권력을 독점하자마자 어린 황제를 폐립했다. 동탁은 이미 이전부터 기회만 생기면 황실을 뒤엎고 권력을 장악하려는 흉계를 가지고 있었음이 틀림없다.

| 역사의 裏面 | **기회 포착에 능한 동물적 감각의 소유자**

동탁은 의리와 호기, 대담성 하나로 자수성가한 인물이었다. 그의 고향인 서량은 후한 광무제 시절 이래로 호족과 한족이 잡거했으므로, 주민들도 거칠었고 무력을 숭상했다. 동탁은 이 황량한 변방의 한미한 가문 출신이었다. 동탁은 소년 시절부터 호협하게 놀기를 좋아했다. 그는 항상 강족 수령들, 지방의 호걸들과 어울려 지내며 서로 결의관계를 맺었

다. 결혼해 성가한 후 동탁은 개척민이 돼 들판에서 농사를 짓고 살았다. 하루는 예전에 함께 어울리던 강족 수령들이 그를 찾아왔다. 밭일에서 돌아온 동탁은 즉시 밭 갈던 소를 잡아 잔치를 베풀었다. 동탁의 의리와 환대에 감명을 받은 강족 수령들은 돌아간 후 각자 추렴해 천여 마리의 가축을 동탁에게 선물로 보내줬다. 이 일로 동탁의 의리와 호기가 서량에 널리 알려지게 됐다.

동탁은 서량에서 무관으로 복무하며 크고 작은 공을 세웠다. 동탁은 체력이 보통 사람보다 월등했고, 양쪽에 화살통을 차고 말을 달리며 좌우 어느 쪽으로든 마음대로 활을 쏠 수 있었다. 후한 말기에는 서량의 6개 군 출신 양갓집 자제들 중에서 무용이 뛰어난 자를 선발해 황제의 호위병인 우림랑으로 임명하는 전통이 있었다. 외척인 대장군 양기가 서량 안정군 출신이었기 때문이다. 동탁은 환제 말년에 우림랑羽林郎으로 선발돼 중앙에 진출했다. 동탁이 협행으로 이름이 높았을 뿐만 아니라 강족과 호족들도 두려워하며 떨 정도의 뛰어난 무술 실력을 갖춘 덕이었다. 동탁은 중랑장 장환을 따라 강족 반란을 토벌해 비단 구천 필을 상으로 받은 적이 있었다. 동탁은 이를 모두 아낌없이 휘하 장졸들에게 나눠주었다. 동탁에게 이처럼 사람의 마음을 사는 능력이 있었으므로 어디에 가든 항상 무리들이 그를 추종했다.

황건적의 난이 일어났을 때, 동탁은 광종에서 패전했다. 이때의 패전이 전적으로 그의 책임만은 아니었다. 광종의 황건적은 최정예였고 사지에 몰려 있었다. 이런 적을 상대로 빨리 공격하라고 재촉한 조정의 책임이 더 컸다. 어쨌든 동탁은 패전의 책임을 지고 면직됐다. 그러나 동탁은 운이 좋았다. 불과 수개월 후 서량 지역에서 반란이 거세게 일어나자 그는 다시 재기의 발판을 마련할 수 있었다. 이때 동탁은 사공 장온의 부장이 돼 참전했는데, 일전에 서량 반군을 대파하는 큰 공을 세웠다. 동탁의 위명이 서량 지역에 자자했다. 그 후 작전 실패로 장온 휘하의 6개 군단이 모두 궤멸돼 흩어졌으나, 동탁이 지휘하는 부대만은 온전히 돌아올 수 있었다. 그의 탁월한 기략과 지휘능력 덕분이었다. 이로 인해 동탁군의 장졸들은 오로지 동탁만을 믿고 따랐다. 동탁과 휘하의 장졸들은 서량에서의 반란을 진압하면서 오랜 기간 동고동락했다. 동탁의 군대는 좋은 일이건 나쁜 짓이건 함께하는 사적 운명공동체의 성격이 강했으며, 동탁의 사병이나 마찬가지였다.

사병집단화한 군대의 뒷받침이 있었기에 동탁은 상관인 장온에게도 저항할 수 있었고, 병사들의 반대를 핑계로 감히 조정의 명령도 거부할 수 있었다. 동탁은 본능적으로 한나라 황실이 오래 버티지 못할 것이라는 감이 있었다. 조만간 천하가 크게 소란해질 것이고, 그때가 되면 의지할 것은 무력뿐이라는 것을 그는 잘 알고 있었다. 동탁은 끝까지 군대를 포기하지 않았다. 십상시의 난이 일어날 때까지 버틴 그는 결국 천하를 움켜쥘 기회를 잡았다. 동탁은 무력을 기반으로 황제를 옹위함으로써 국가 권력도 수중에 넣었다.

동탁은 세력을 얻고 기회를 포착하는 일에 능했다. 그러나 거기까지였다. 그는 국정운영 능력이 부족했고 장기적 비전도 없었다. 그는 무모하게도 황제를 폐립하는 만행을 저질러 한나라에 충성하는 사인계급의 이반을 가져왔다. 동탁은 공포정치로 일관하다가 결국은 측근의 배신으로 비참한 최후를 맞았다. 권력은 기회를 얻었다고 무조건 잡을 수 있는 것이 아니다. 다수의 지지 없이 꼼수를 써서 권력을 잡아봐야 결국은 패가망신에 이를 뿐이다.

| 僞 _ 거짓말 | 동탁, 유비와 만난 적도 없다

《삼국지연의》에서 동탁은 황건적을 치다가 패전을 겪게 되는데 유비, 관우, 장비가 나타나 구해준다. 동탁이 벼슬 없는 이 세 사람을 무시하자 장비가 그를 죽이려 했다고도 한다. 터무니없는 얘기다. 유비는 평생 동탁을 만날 기회조차 없었다. 동탁이 패전에도 불구하고 환관들에게 뇌물을 써서 서량의 20만 대군을 통솔하게 됐다는데 이 또한 사실이 아니다. 동탁은 서량 반군 진압에 혁혁한 공을 세운 이름 있는 무장이었다.

영제 유지

靈帝 劉志

탐욕으로 나라를 망하게 한 망국의 군주

영제는 망국의 군주다. 그의 사후 한나라의 제위는 소제와 헌제에게 계승됐지만 이는 아무런 의미가 없다. 영제가 죽자 바로 십상시의 난과 동탁의 난이 이어지면서 황제는 허깨비가 되고, 어린 나이의 소제와 헌제는 권신들에게 살해당하거나 핍박받았다. 사실상 영제의 죽음과 함께 한나라는 망한 것이다. 우리가 우왕, 창왕, 공양왕이 있음에도 공민왕을 고려의 망국 군주라고 부르는 것과 같다.

보통 망국의 군주는 어둡고 우매했을 것이라고 생각하기 쉽다. 그러나 영제의 행적을 살펴보면 그가 매우 총명했다는 것을 알 수 있다. 매우 총명한 군주가 어찌해 수백 년 동안 계승돼온 왕조를 패망의 길로 몰아넣게 됐을까?

영제 집권 당시 한나라는 환관 전성시대였다. 조절, 왕보 등 십상시를 중심으로 한 환관세력이 국가 권력을 좌지우지했다. 세습적 관료집단인 사족들조차 환관들에게 아첨해야만 가문과 지위를 보전할 수 있었다. 환관 지배의 폐해는 이루 말할 수 없었다. 이들은 백성들에게 무슨 억하심정이라도 있었는지 그들을 끊임없이 착취했다. 그러나 환관들의 전횡을 두고 영제에게 책임을 물을 수는 없다. 영제는 환제가 후사 없이 죽자 사후 입양돼 불과 열둘 나이에 제위에 올랐다. 그에게는 아무런 실권이 없었다. 그가 즉위한 해에 진번과 두무의 난이 일어났다. 이는 조절, 왕보를 중심으로 한 환관세력이 영제를 대신해 권력을 장악한 외척세력을 궁정 쿠데타를 통해 제거해버린 사건이다. 이 사건은 이전에 환관들이 권력을 장악해오던 방식과는 엄청난 차이가 있다. 환관들은 외척들을 등에 업고 어린 나이에 즉위한 황제가 성년이 돼 권력을 되찾고자 할 때 환관세력에 의지하게 함으로써 권력의 실세가 될 수 있었던 것이다. 그런데 조절과 왕보는 황제가 아직 미성년자일 때 실권자인 황후와 그 주변의 외척세력을 숙청해버렸다. 황제의 뜻과는 아무 상관 없이 그야말로 자신들의 힘으로만 국권을 장악했다. 이것이 가능했던 것은 환제 시절부터 조정과 군부 내에 환관세력이 깊이 뿌리내려 있었기 때문이다. 조절과 왕보가 환관 중 비교적 무략이 있는 건석을 시켜 두무를 체포하게 하자, 군부와 도성 내의 군인들은 대장군의 편을 들기는커녕 환관들의 위세를 두려워해 경쟁적으로 투항했다. 두무와 진번은 체포돼 살해됐고, 황태후는 유폐됐다. 이 사건을 계기로 국가 권력은 완전히 환관들의 수중에 떨어졌다. 황제는 완전히 꼭두각시에 불과했다. 환관들이 나라를 망친 책임을 영제에게 물을 수 없는 까닭이다.

영제는 도와줄 사람 하나 없는 상황에서 환관들로부터 서서히 권력을 되찾아오기 시작했다. 영제가 친정을 시작하자마자 처음으로 취한 조치는 매관매직이었다. 매관매직은 이미 공공연한 비밀이었다. 영제는 매관매직을 제도화함으로써 환관들의 음성적 수입이던 관직 매매대금을 자신이 취해 재정적 기반을 마련할 수 있었다. 재정권이 넘어오자 황제의 권력이 크게 강화됐다. 황제의 권력이 완전히 회복된 것은 아이러니하게도 황건적의 난을 통해서였다. 황건적의 난이 사전에 발각되자 영제는 신속하고도 적절하게 대처했다. 영제는 난을 계기로 자신이 가장 믿을 수 있는 처남 하진을 파격적으로 대장군에 임명해 군권을 장악했다. 영제는 이어서 황보숭, 주준, 동탁, 노식 등 유능한 장수들을 활용해 황건적의 난을 진압하는 데 성공했다. 이후 하진의 세력이 너무 강해지는 듯하자 별안간 직할부대인 서원8교위를 창설해 자신이 직접 군권을 장악해버렸다.

장성한 황제가 군권과 재정권을 완전히 장악하자 그동안 환관 중심의 정권에 비판적이던 사족계급들조차 영제의 통치에 기대감을 품기 시작했다. 군권을 장악한 영제가 평락관에서 열병식을 열어 서원8교위를 사열했을 때, 충의로 명성이 높았던 서량 출신 개훈이 함께 참관했다. 영제가 군대를 사열하고 나서 개훈에게 물었다.

"내가 이처럼 직접 군대를 훈련시킨 것에 대해 그대는 어떻게 생각하는가?"

개훈이 직언을 했다.

"신은 선왕들이 관병을 하지 않음으로써 덕을 쌓았다고 들었습니다. 지금 도적들은 멀리 있는데 가까운 곳에 진을 쳤으니 무를 연습한 것이 아니라 더럽힌 것입니다!"

"그대 말이 맞다. 그대와 같은 사람을 이제야 만난 것이 한이로구나! 일찍이 여러 신하들 중 내 앞에서 이와 같이 말한 자가 없었느니라."

감격한 개훈이 행사가 끝난 후 원소에게 이렇게 말했다 한다.

"폐하께서는 매우 총명하십니다. 단지 측근들이 잘못 모셔서 그 총명을 가리고 있소이다."

그런데 젊은 황제는 그해 4월 갑자기 병이 들어 죽고 말았다. 서른일곱의 젊은 나이였다. 영제가 갑자기 죽지 않았더라면 한나라는 다시 전성기의 성세를 회복할 수 있었을까? 그렇지는 않을 것이다. 영제가 총명했던 것은 사실이다. 그러나 그에게는 치명적인 결함이 있었다. 재물에 대한 탐심이었다. 국가지도자는 국가라는 정치적 공동체를 잘 관리해 국민적 통합을 이루고 그 안에서 백성들이 안심하고 생업을 영위할 수 있게 해줘야 한다. 국가지도자는 이 사명을 수행하기 위해 개인의 이해관계를 희생할 줄 알아야 한다. 영제에게는 그런 면이 없었다. 영제는 개인적 탐욕을 채우기 위해 매관매직을 제도화했고, 환관과 관리 들이 백성들을 수탈해도 눈감아줬다. 이 때문에 백성들이 난을 일으키거나 생업을 버리고 유랑했다. 영제는 국가의 기본적 기능인 국가안보와 사회질서 유지에 완전히 실패했다. 그는 개인적으로 총명했으나 국가적으로는 매우 무능한 군주였다. 모든 것이 욕심 때문이었다.

| 역사의 裏面 | 매관매직을 제도화하다

영제는 성인이 돼 직접 국정을 담당하게 되자 그동안 암암리에 이루어지던 매관매직을 공식적으로 제도화했다. 태수 등 이천석급의 지방관은 이천만 전, 현령 등 사백석급의 지방관은 사백만 전에 거래됐으며, 중앙정부의 최고위직인 삼공은 천만 전, 구경은 오백만 전이 공정가였다. 지방관직에 상대적으로 높은 가격이 책정된 것은 그만큼 백성들을 직접 착취할 기회가 많았기 때문이다. 이렇게 되자 황제, 환관, 조정 고관, 지방관, 백성으로 이어지는 먹이사슬이 형성됐다. 벼슬아치들은 거액의 금전을 바치고 관직에 취임했음에도 임기를 보장받지 못했기에 단기간 내에 본전을 뽑을 필요가 있었다. 지방관들은 제멋대로 세금과 부역, 공물을 신설해 백성들을 착취했다. 매관매직은 가렴주구로 이어졌다.

이렇게 되자 청렴한 인사들은 관직에 오르려 하지 않았다. 조정에서는 반값 할인제도를 신설한 뒤 청렴하다고 이름난 명사들에게 벼슬을 받도록 강요하기에 이르렀다. 당시 청렴한 인사로 이름이 난 하내 출신의 사마직司馬直이 거록태수에 임명됐다. 조정에서는 공정가 이천만 전의 자리를 특별히 삼백만 전으로 감액해주기까지 했다. 사마직은 임명조서를 받자 관직을 거부할 수도 없음을 한탄했다.

"관원이 되는 것은 백성을 위해 부모 노릇을 하라는 것인데, 요즘 세상은 오히려 백성의 껍질을 벗기라 하니 참을 수가 없구나."

사마직은 질병을 핑계로 사직을 청했으나 허락받지 못하자 결국 자결하고 말았다.

심지어 이런 일도 있었다. 당대의 명사 최열崔烈이 삼공의 하나인 사도司徒에 임명됐는데 뒷말이 무성했다. 최열이 영제의 유모를 통해서 오백만 전만 바치고 공정가 천만 전의 지위에 올랐기 때문이다. 최열이 임명장을 받는 날, 영제가 아쉬운 듯 가까이에 있는 환관들을 돌아보고 말했다.

"좀 더 짜게 굴걸 그랬소. 천만 전은 너끈히 받아낼 수 있었는데…."

옆자리에 배석했던 유모 정부인程夫人이 당황한 나머지 말대꾸를 했다.

"최공은 기주冀州의 명사인데 어찌 돈을 주고 관직을 사겠습니까? 저에게 부탁해 관직을 얻게 된 것인데 그걸 모르셨나요?"

이 일을 들은 사람들은 일개 아낙네에게 부탁해 버슬을 얻었다면 차라리 돈을 주고 산 것만 못하지 않느냐며 비아냥거렸다고 한다.

| 僞 _ 거짓말 | 푸른 뱀이 옥좌에 떨어진 사건

《삼국지연의》에는 영제가 온덕전에 오르자 갑자기 푸른 뱀이 대들보에서 옥좌로 떨어져 영제가 혼절하는 사건이 나온다. 무관들이 뱀을 잡으려 했으나 신비하게도 구렁이는 온데간데없고 갑자기 천둥과 번개가 천지를 뒤흔들며 태풍이 불고 우박이 떨어져 전각과 집들이 무너졌다고 한다. 사실과 다르다. 《후한서》 '영제기' 건녕 2년 4월의 기사에 보면 큰 바람이 불고 우박이 비처럼 내렸다는 기록은 분명히 있으나 푸른 구렁이 이야기는 없다.

십상시
十常侍

후한 말 최고 권력 실세 집단

십상시란 후한 영제 시절 조정의 권력을 장악한 중상시 10명을 이르는 말이다. 조충, 장양, 하운, 곽승, 단규, 송전, 건석, 후람, 봉서 등이 바로 그들이다. 이들은 궁중 내 환관들의 최고위직인 중상시들 중 소위 '이너 서클'에 속한 자들이라 할 수 있다. 중상시란 환관들의 우두머리로서 구경九卿에 준하는 비이천석比二千石급 직책이었다. 황제를 늘 좌우에서 시위하고 내궁內宮까지 따라다니며 궁궐 내의 여러 일을 관장했으며, 황제의 업무상 질문에 대답하는 등 자문 역할도 함께 수행했다. 전제 권력일수록 실제 직급이 권력의 우열을 나타내는 것이 아니라 절대 권력자와의 거리가 이를 결정한다. 그런 면에서 늘 황제를 수행하며 궁궐 깊숙한 곳에서 모든 일을 처리하는 환관들이야말로 권력의 실세가 되기 가장 좋은 조건을 갖췄다고 볼 수 있다.

외척과 사족계급의 연합세력인 두무와 진번이 조절과 왕보를 중심으로 한 환관세력의 쿠데타로 실각한 이후, 천하는 완전히 환관들의 세상이었다. 태후마저도 유폐된 상황에서 어린 황제는 십상시의 우두머리인 장양과 조충을 부모처럼 섬겼다.

"장상시는 내 아버지고, 조상시는 내 어머니다."

황제가 이렇게 말하는 판이니 세상에는 환관세력에 대적할 자가 아무도 없었다.

　그런데 환관세력이 집권했다는 것 자체는 문제될 것이 없었다. 제대로만 한다면 누가 나라를 다스린들 무슨 상관이 있겠는가. 문제는 환관세력의 무능·부패한 행태였다. 원래 환관세력들은 탐욕이 많았다. 달리 추구할 만한 가치나 목표가 없었기 때문일 것이다. 게다가 궁중생활만 하다 보니 백성들의 삶에 대해서는 현실감각이 없었다. 그저 쥐어짜면 돈이 나오는 기계 정도로 여겼다. 환관들은 권력을 독점하게 되자 백성들을 끊임없이 수탈해 자신들의 뱃속을 채우려 했다. 외척과 환관의 기나긴 정쟁으로 조정은 선비, 오환, 강족 등 외적이 침입해 와도 적절하게 대처하지 못한 지 오래됐다. 국내에서도 도적들의 반란이 끊이지 않았다. 가뜩이나 안팎의 도적에 시달리던 백성들은 환관들이 과도하게 수탈과 착취를 가하자 이윽고 생업을 포기하고 유랑하거나 도적떼의 일원이 되기도 했다. 그 결과가 바로 황건적의 난이었다. 황건적의 난은 십상시들의 통치가 총체적으로 실패했음을 보여주는 증거였다. 환관들은 국가안보와 사회질서 유지라는 가장 기본적인 국가 기능마저도 유지할 능력이 없었다.

　뜻있는 선비들은 더 이상 환관들의 통치를 보고만 있을 수는 없었다. 이들 중 원소나 원술, 오광처럼 혈기왕성하고 협기 있는 인사들은 환관들을 다 죽여 없애야만 나라를 구할 수 있다는 극단적인 생각을 하게 됐다. 이들이 외척인 하진과 손잡고 환관들을 몰살시키려 하자 자위적 차원에서 선수를 친 것이 바로 십상시의 난이다. 결과적으로 십상시의 난은 실패로 끝났다. 이 무렵에는 진번과 두무의 사건이 있었던 영제 초기보다 환관세력에 불만을 품은 사족계급의 적대감과 응집력이 훨씬 커져 있었기 때문이다. 그러나 십상시의 난을 진압하기 위한 수단으로 전국의 군벌들을 중앙 정쟁에 끌어들였고, 이로 인해 한나라는 멸망하게 된다.

　한나라 멸망의 원인 제공자는 황제 자신을 비롯해 무수히 많겠지만 십상시를 중심으로 한 환관계급의 부패와 무능이 가장 중요한 원인이었다는 점은 절대로 무시할 수 없다. 통치 계급이 국가의 가장 기본적 기능마저도 충족시키지 못할 때, 민중은 무섭게 들고 일어나 자기가 탄 배를 뒤집어엎고 만다는 사실을 명심할 필요가 있다.

| 역사의 裏面 | 사인을 업신여긴 환관들

환관과 외척의 권력투쟁에서 최종 승자는 환관이었다. 이들은 황제를 끼고 국권을 농단하면서 이응, 진번 등을 중심으로 하는 사족 명사들을 숙청했고 두무, 하진 등의 외척을 주살했다. 환관들은 명실 공히 국가의 최고 권력자로서 사인들은 물론 조정의 중신들조차 능멸했다. 이를 증명해주는 사례가 있다.

환제 시절 양기가 사례교위가 돼 환관의 우두머리인 왕보를 처형했다. 조절, 장양 등 고위직 환관들이 황제를 수행해 교외에서 제사를 지내고 돌아오던 중 시로 이 문제에 대해 논의했다. 환관들은 이렇게 말했다.

"우리끼리 서로 죽이거나 상하게 하는 것은 있을 수 있지만, 우리 개들이 우리들의 살과 피를 뜯어 먹게 할 수는 없다."

환관들이 사인 출신의 조정 관료들을 얼마나 경멸하고 있었는지 보여주는 좋은 사례다. 그도 그럴 것이 일부 청류명사들을 제외한 대부분의 사족 출신들은 오히려 환관세력에 줄을 대 출세하고 권력을 잡는 일에만 관심이 있었다. 사족이란 관직이 유일한 직업인 계층이었다. 이들은 관직에 출사해 가문의 영예를 드높이고 가산을 축적해야 하는데, 사실상 관직의 임용권은 환관세력이 독점하고 있었으니 아부를 안 하려 해도 안 할 수 없었다. 사족 계급 출신 중에서도 환관세력에 대해 비판적 입장을 보이는 이응, 순익 등 청류명사들보다는 실세인 십상시에게 줄을 대 개인의 영달을 꾀하려는 맹타와 같은 자들이 오히려 다수에 속했다. 환관세력의 집권이 장기화되다 보니 환관들은 자신들이 당연히 권력의 주체라는 의식을 가지게 됐고, 사대부들을 자신들의 개나 종 정도로 여기게 된 것이다.

| 僞 _ 거짓말 | **환관들은 모두 사악한 자들이었다?**

《삼국지연의》에서는 환관들이 모두 나쁘고 사악할뿐더러 모두 응집력 있게 뭉쳐 있는 것처럼 묘사한다. 꼭 그렇지만은 않았다. 환관 중에도 이름난 사족들을 추천해 조정중신이 될 수 있게 도왔던 조등과 같은 인물도 있었고, 두무, 진번과 협력해 왕보, 조절 등 실세 환관들을 처치하려 했던 정삽과 같은 인물도 있었다. 황건적의 난이 일어났을 때 당고명사들을 사면하고 황제 측근의 환관들을 숙청하라고 건의한 여강과 같은 환관도 있었다. 또 황건적과 결탁하려 했던 봉서와 같은 인물도 있었다.

2장

군웅쟁패의 시대

《삼국지》에 등장하는 제후들이란

《삼국지》를 보면 많은 제후들이 등장한다. 원소, 조조, 원술, 공손찬, 유표, 손권 등 핵심 인물 외에도 유대, 왕충, 교모, 포신, 한복, 도겸 등 그 주변 인물과 유장, 공손강, 한수, 마등과 같은 변방의 반독립적 세력들도 다 제후라 지칭된다. 제후란 무엇일까? 그리고 과연 이들이 제후일까?

'제후'라는 것은 봉건제도하에서 일정한 영지와 관할권을 가진 세습 영주들을 말한다. 제후들은 '왕' 또는 '황제'라는 절대군주의 영토와 주권 내에서 충성과 군역, 조공 등의 일정한 의무를 이행하는 것을 전제조건으로 봉토를 수여받고 그 봉토 내에서는 사실상 입법, 행정, 사법의 모든 권한을 행사하는 소군주와 같은 존재다. 이들은 반역과 같은 중대한 범죄를 저지르지 않는 한 봉토와 그 속민에 대한 지배권을 박탈당하지 않을 권리를 갖고 있다.

중국의 봉건제도는 종법제를 근간으로 하므로 군주와 제후 간의 쌍무적 계약관계를 바탕으로 한 중세 유럽의 봉건제도와는 다르다고 주장하는 이들도 있으나, 이는 봉건제 발생의 본질을 모른 채 외견상 차이만을 피상적으로 본 것에 불과하다. 봉건제도는 절대군주가 출현하기 전 방대한 지역에서 안정적인 정치질서를 구축하기 위해 생긴 조직원리로서, 여러 정치·군사적 세력 간의 세력 연합 방법 가운데 하나다. 처음부터 독립적으로 존재했던 다수의 권력집단 간에 통합과 안정을 이루기 위해 조직된 경우도 있고, 하나의 정치군사 집단으로 시작했으나 관할 구역과 속민의 규모가 단일 집단이 관할하기 어려울 정도로 커졌을 때 지역 단위 분할 통치를 위한 수단으로 발생한 경우도 있다. 어느 경우든 중앙집권제적 통치기술이나 이를 뒷받침할 실력이 충분히 성장하지 못한 상태에서 영역 내의 정치질서를 안정적으로 유지하기 위한 수단으로 발생했다는 점에서 본질은 같다. 그리고 일단 봉건제가 성립되면 동서양 어느 경우든 왕과 같은 군주는 봉신에 대해 절대적 권력을 갖는 것이 아니라 일정한 규칙과 명시적·묵시적 계약하에서 권력을 분점하게 된다. 사실상 군주는 봉건제후들로 조직되는 정치질서의 한 구성원으로서 그들을 대표하는 성격을 띠게 되는 것이다.

중국의 봉건제도는 엄밀한 의미에서 진시황의 통일로 사실상 끝났다. 봉건제도는 주나라의 종법제도에서 시작된 것이 아니고 하·은·주 등 중국 고대의 전형적인 정치질서였다. 주나라의 경우에도 동성제후와 이성제후의 비율이 반반 정도여서 종법제도만으로 봉건제를 규율했다고 보기도 어렵다. 춘추전국시대의 혼란이 종식된 후 진시황이 전국시대 말기부터 나타나기 시작한 강력한 '중앙관료제'와 중앙에서 임명한 지방관이 통치하는 방식인 '군현제'를 전면적으로 실시함에 따라 중국에서 봉건제도는 정치통합을 위한 정치원리로서의 기능을 실질적으로 상실했다. 물론 한나라의 경우 진시황의 과격한 개혁에 대한 반발과 후유증을 의식해 봉건제와 군현제의 혼합형인 군국제를 채택해 일부 지역에서 동성제후를 봉건 영주로 임명하기도 했다. 하지만 오초칠국의 난 이후에는 봉건영주 아래 실질적으로 통치권을 행사하는 국상을 중앙정부에서 직접 파견해 사실상 군현제나 다름없이 운영하기에 이르렀다. 서진이 황족들을 지방 왕으로 봉해 봉건제 부활을 꾀했으나, 이 때문에 사실상 멸망의 길을 재촉하게 됐고 그 이후로 중국에서는 더 이상 봉건제적 정치질서가 나타나지 않았다. 그럼에도 봉건제가 동아시아에서 오래 지속됐다고 착각하는 이유는 정치질서로서의 봉건제와 봉건제적 가치관 및 문화를 혼동하기 때문이다.

후한 말 군웅할거는 서기 189년 십상시의 난에서 시작됐다. 삼국이 정립된 것을 220년 전후로 본다면 군웅할거의 혼란기는 불과 30년 정도다. 십상시의 난이 일어난 이유는 어리석은 대장군 하진이 원소의 말을 듣고 환관세력을 발본색원하기 위해 전국의 제후들을 장안으로 불러 모았기 때문이다. 《삼국지연의》에 나오는 내용이다. 그러나 이때 불러들인 무장들은 봉건제후들이 아니었다.

후한 말 군웅들의 성격을 파악하기 위해서는 당시의 지방관제에 대한 이해가 필요하다. 후한시대에 일부 황족들에게 군 단위의 봉지를 주고 왕에 봉하기는 했지만, 그 밑에 승상 격인 국상을 중앙정부에서 임명해두었고 이들의 권한은 사실상 군 태수와 다름이 없었다. 군과 국은 동급의 행정기관이었다. 원래 '군'이라는 지방행정조직의 기원은 진시황의 천하통일까지 올라간다. 진시황은 전국시대 열국의 난립을 하나의 정치질서로 통합한 후, 전에 국가가 있던 곳을 군으로 편성하고 지방관을 파견해 중앙집권적 행정체제를 구축했다. 전한시대에는 전국을 군과 국으로 나누고 군국 밑에 하부행정기관으로 현을 두었다. 후한시대에 들어와 자사를 파견해 군 태수 또는 국 국상들을 감시·감독하기 시작했다. 초기에는 자사가 군 상위의 행정기관이 아니었으나 후기에 여러 개의 군을 묶어 주를 설치하면서 주가 군의 상급 지방행정조직으로, 자사가 태수의 상급행정기관으로 자리 잡게 됐다. 주가 설치되면서 자사의 치소^{治所}를 정하게 됐는데 일반적으로 그 주 내에서 가장 큰 도시를 치소로 삼았다. 자사의 치소를 관장하는 행정관을 '목'이라고 칭했는데, 군의 태수와 마찬가지로 주목은 그 관할 지역 내의 군 지휘권도 함께 가지고 있었다. 일반적으로 자사가 주목을 겸했는데, 그렇지 않은 경우도 있었다. 후한 말기로 오면서 군사권을 지닌 주목이 자사보다 더 비중 있는 자리로 취급됐다. 주목 또는 자사는 군사지휘권을 포함해 태수에 대한 통제권을 가지고 있었고, 자사의 군 지휘권은 중앙정부 장군들의 지휘를 받게 돼 있었다.

하진이 불러들이려 한 주의 자사나 군 태수들은 정부에서 임명한 지방관이지 봉토를 지닌 제후가 아니다. 실제로 이들은 매우 자주 교체됐다. 십상시의 난 때 가장 먼저 출동해 중앙정부를 장악한 동탁은 당시 병주자사였는데, 그에게 살해된 정원이 바로 그의 전임자였다. 《삼국지연의》에는 동탁이 량주자사로서 서량병을 이끌며 입경한 것으로 나오고, 그에게 대항한 정원은 형주자사로 나오는데 모두 잘못된 내용이다. 동탁은 량주 출신으로 정원의 뒤를 이어 병주자사가 됐고, 정원은 병주 출신으로 병주 자사를 지낸 후 기도위로 임명돼 하내에 주둔하다가 십상시의 난이 일어나자 장안에 입경해 집금오가 된 자다. '집금오'란 지금으로 치면 경호실 장쯤 되는 자리다. 정원의 측근이었다가 그를 배신하고 동탁의 최측근이 된 여포는 원래 병주 출신으로 젊어서 무용이 뛰어나 병주에서 명성이 자자했으므로 정원이 발탁해 주부로 삼았다. 여포가 동탁을 살해한 후 난을 일으킨 이각, 곽사, 가후 등은 다 서량 출신으로 동탁이 집권 후 자파의 세력을 강화하기 위해 장안으로 불러들인 자들이다. 동탁이나 이각, 곽사 이외에 마등이나 한수 같은 자들도 다 서량 사람들로서 본디 당시에 소년 또는 악소년으로 불리던 호협 출신으로서 한나라의 서북 변경이던 서량을 무대 삼아 무장으로 입신출세한 군벌들이라는 공통점이 있다.

동탁이 장안성에 입성해 정권을 장악하자, 원소, 조조, 포신 등이 반발해 관동으로 달아났다. 이때 동탁은 이부상서 주비와 성문교위 오경 등을 신임했는데, 이들은 이를 이용해 기주자사 한복, 연주자사 유대, 예주자사 공주, 남양태수 장자, 진류태수 장막 등 뜻을 같이하는 사람들을 지방관들로 파견했다. 이들은 모두 관할 지역에 부임하자마자 원소, 조조 등과 합세해 반란을 일으켰다. 격노한 동탁이 주비와 오경을 살해한 것은 물론이다. 당시 주비 밑에서 상서랑으로 실무를 담당한 사람이 후에 제갈량의 뒤를 이어 촉나라의 승상이 되는 허정이다. 원소가 동탁의 황제 폐립을 반대하다 기주로 도망쳤을 때, 그를 발해태수로 제수하도록 동탁을 설득한 것도 이들이다.

원소를 중심으로 18로의 제후들이 관동에서 기의한 것은 190년이다. 손견에게 패한 동탁이 낙양을 불사르고 자신의 본거지인 서량에 가까운 장안으로 천도하자, 내분으로 추동력을 잃은 연합군은 해산하게 된다. 그다음 해인 191년부터는 원소가 한복에게서 기주를 빼앗고, 공손찬이 유주자사 유우를 살해하고, 원술의 사주를 받은 유표가 손견을 죽이는 등 군웅들 간의 쟁패가 일어난다. 정통성 없는 중앙정부에 대항해 반란을 일으킨 지방관들이 군벌화해 각기 세력 다툼을 벌이게 된 것이다.

이들의 입장에서 보면 자신들과 같은 일개 자사에 불과했던 동탁이 무력을 바탕으로 정권을 장악하고 공포정치를 실시하는 데 당연히 반발할 수밖에 없었을 것이다. 이들은 일단 반란군이 되자 지방관료로서의 합리적 권위는 상실한 채 오로지 자신의 실력과 세력에만 의지할 수밖에 없게 됐다. 따라서 이들이 서로 세력 다툼을 벌이게 된 것은 당연한 수순이었다. 비록 불법적으로 취득한 정권이지만 황제를 끼고 외견상 정통성을 보이던 동탁정권은 반란을 일으킨 지방관들을 해임한 뒤 그 자리에 다른 중앙관료들을 파견했고, 반란을 일으킨 지방관들은 동탁이 파견한 관리들을 실력으로 쫓아낸 뒤 자신의 근거지와 세력을 유지했다. 뺏고 빼앗기는 이 과정에서 일부 세력가들은 심지어 지방관을 마음대로 임명하기도 했다. 예를 들면 동탁이 임명한 태수와 원술이 임명한 태수가 서로 실력대결을 벌여 이긴 자가 태수가 되는 것이다. 전국적으로 이런 현상이 일어나자 반란에 가담하지 않은 지방관들도 군대를 모집해 각자 주와 군을 지키기 시작했다. 바야흐로 군웅할거의 시대가 시작된 것이다.

이러한 전개과정을 볼 때, 삼국지의 군웅들은 결코 봉건제후가 아니다. 그들의 성격을 정확하게 표현한다면 군벌집단들이다. 이 군벌집단의 수뇌부를 차지한 자들의 배경을 보면 참으로 다양하다. 한복이나 유대처럼 자사나 태수로서 동탁에 대항해 반란을 일으킨 자들도 있고, 원소나 조조처럼 의병을 일으켜 반란에 가담한 자들도 있고, 유요나 유우처럼 지방관 자사로 있다가 주군을 지키기 위해 군벌화한 자도 있고, 유표나 유언처럼 동탁정부에서 파견된 관리였으나 독립한 경우도 있고, 장노나 작융 같은 사이비 종교 지도자에 장연이나 장패 등과 같은 녹림 출신 등 다

종다양한 부류들이 있었다. 하지만 이들 중 그 누구도 제후는 아니었다. 아무런 정통성 없이 혼란기를 이용해 세력을 구축한 군벌들이지 전통적 권위에 입각한 봉건제후들은 아니었던 것이다.

군벌체제의 성립

천하대란 이후 난세에 돌입하자 전국에서 우후죽순처럼 소위 제후라는 자들이 할거하면서 대립 항쟁을 벌였다. 이들은 주목이나 군태수들로서 동탁이 장악한 중앙정부에 대항했던 사람들이었다. 《삼국지연의》에 나오는 소위 18로의 제후군이 바로 이들인데, 이들은 엄밀한 의미에서 제후가 아니라 조정에 반기를 든 지방관들 내지 반군 수령들이었다. 원래 제후라 함은 하·은·주 시대와 춘추전국시대의 군주계급을 말하는 것으로서 공·후·백이라고 불리는 봉건영주들이었다.

다시 한 번 말하지만 《삼국지》에 등장하는 제후들은 본질적으로 군벌Warlord들이며 국가 형성 과정을 설명하며 말한 바 있는 지역강도단local bandit들이다. 《삼국지》 시대에는 국가가 완전히 해체되고 국내 질서와 안보가 전혀 보장되지 않았으므로, 개인들은 강도짓을 하거나 강도로부터 스스로를 보호하기 위해 무장집단을 결성했다. 소위 주와 군, 현들이 각자 무장해 스스로를 지켰다는 내용이 바로 이 현상을 지칭한 것이다. 그런데 이러한 군벌들은 소위 제후가 다스리던 주, 군 단위에서만 결성된 것이 아니다. 오히려 향촌사회나 씨족집단처럼 사회의 최소단위부터 결성됐다. 국가의 보호가 사라지자 사람들은 주로 씨족집단이나 향촌조직 등을 기반 삼아 그 지역의 유력인사를 중심으로 무장집단을 결성했다. 이들이 바로 종적宗敵 또는 향당鄕黨들인데, 이들의 우두머리를 종수宗帥, 호족豪族, 호강豪强이라 했다.

이렇게 씨족, 향촌 단위로 결성된 소규모 군벌들의 지도자나 구성원들은 소년이나 악소년 출신들이 주력을 이뤘다. 허저와 초정강, 진란과 뇌박, 조랑, 엄백호 등이 다 이러한 무리였다. 씨족과 향촌 단위의 소규모 군벌들은 독자 생존할 능력이 없었으므로 성읍이 있는 현을 중심으로 현장 또는 현의 유력자를 공통 우두머리로 추대하고 연합했는데 이것이 현 단위 군벌이었다. 또 현 단위 군벌들이 연합해서 군 단위 군벌을 이뤘으며, 군 단위 군벌이 연합해 주 단위 군벌을 이뤘다.

이 시대의 제후들은 주 단위든 군 단위든 해당 지역 내의 여러 세력을 확실하게 실효적으로 지배하고 있다기보다는 그 하위에 있는 여러 군소 군벌집단을 연합한 것에 불과했다. 따라서 상위 군벌이 충분한 실력을 지니고 있을 때는 하위 군벌들이 복종하고 협력했지만, 상위 군벌이 더 실력 있는 다른 군벌에게 패했다거나 하위 군벌들에게 보호망을 제공해줄 능력이 없다고 판명 났을 경우에는 서슴지 않고 등을 돌려 더 실력 있는 군벌에게 호응하고 귀부하는 것이 일반적인 행태였다. 소위 '망풍望風'이라는 표현처럼 바람이 부는 것을 멀리서 바라보기만 하고도 알아서 귀순하고 협력하는 현상들이 나타났다. 원소가 북방 4주의 정병을 총동원해 남하해 오자 조조의 영역이었던 연주와 예주의 여러 군, 현들이 알아서 원소에게 호응한 일, 서슬 퍼렀던 원소가 관도대전에서 패배하자 하북의 여러 군과 현 단위 군벌들이 자발적으로 조조에게 호응하고 귀부해온 일 등이 바로 이러한 현상을 보여주는 사례였다. 또 조조가 적벽에서 패전하자 북방이 크게 요동치고, 관우가 번성을 포위하자 허도 인근까지 여러 군현에서 호응하고 나선 것도 바로 이러한 현상이었다. 한마디로 뒷골목 건달들의 세상에서 강자끼리 대결해 승자가 결정되면 나머지는 알아서 기는 형국과 마찬가지였다. 삼국시대 군벌은 이처럼 향촌 단위에서 현, 군, 주 단위로 여러 군소 군벌의 연합체적 성격이 강했다. 국가가 해체되자 대·중·소 단위의 군벌들이 무장한 채 서로 할거하고 연합하고 항쟁하게 된 것이다. 이는 전국적인 현상이었다.

당시 군벌은 기존의 제국 질서가 해체된 상태에서 지역강도단이 성립된 것이고, 이들이 상호 투쟁을 통해 국가강도단을 성립시킨 것이 위·오·촉 3국이라고 할 수 있다. 《삼국지》의 시대적 배경은 바로 국가 붕괴 이후 전국 향촌 단위로 결성된 무장집단robbing bandit들이 상호 항쟁과 연합을 통해 한 정치적 공동체 내에서 단일하고 유일한 국가강도단을 형성해 나가는 과정이라고 볼 수 있다.

그런데 이렇듯 지역강도단인 군벌들이 국가강도단으로 성장하기 위한 기본 요건은 무엇일까? 첫째, 국가강도단으로 발전할 수 있는 실력을 쌓으려면 다양한 세력 간의 정치적 연합coalition이 필수적이었다. 왜냐하면 연합체를 구성하고 있는 무수한 군벌집단들을 하나씩 다 정벌한다는 것은 사실상 불가능했을뿐더러 너무 소모적인 일이어서 그 스스로가 싸움에 지쳐 피폐해질 것이 분명했기 때문이다. 따라서 단기간에 세력을 최대한 구축하는 방법은 여러 대소 군벌들 간의 수직적·수평적 연합을 구성하는 일이었다. 둘째, 일단 주나 여러 주 단위에 걸친 대군벌로 성장한 이후에는 구역 내 인민의 생활을 보장함으로써 민심을 얻고, 사족·호족 집단의 이익을 보호함으로써 정치적 연합을 성립시켜야 했다. 민중과 사족·호족 집단의 지지를 얻어야만 단일한 정치권력체를 구축할 힘을 얻을 수 있었기 때문이다. 원술의 경우에는 '하남의 원술'이란 표현에서 볼 수 있듯이 황하 이남 전역을 지배하는 군벌연합체를 구성하는 데 성공했으나 인민의 생활 보장과 질서 유지에 실패함으로써 결국 군벌연합체가 해체돼 패망하기에 이르렀다.

《삼국지》 군벌들의 대립·항쟁 과정에서 결국 최종 승자는 먼저 견고한 핵심 지지기반을 구축한 후, 이를 토대로 광범위한 정치적 연합을 구축하고, 명분과 비전을 내세워 널리 민심을 얻은 자들이었다.

袁紹

서자 콤플렉스가 한나라 멸망을 부르다

천하대란의 원흉은 원소였다. 원소가 십상시의 난을 유발하지 않았다면, 동탁의 쿠데타도 없었을 것이다. 원소가 산동으로 도주하지 않았다면 그의 일족도 멸족되지 않았을 것이고, 천하대란도 일어나지 않았을 것이다. 천하대란이 일어나지 않았다면 한나라도 멸망하지 않았을 것이다. 한나라는 황건적의 난 때문에 멸망한 것이 아니다. 원소를 중심으로 한 산동반군의 거병이 한나라 멸망의 결정적 요인이었다. 소위 18로의 제후군이 반기를 들자, 기회만 노리던 천하의 야심가들이 일제히 원씨 일가에 대한 복수를 명분으로 무장반란을 일으켰으며, 이로 인해 천하대란이 일어난 것이다. 천하대란은 한 시대를 치세에서 난세로 전환시켰고, 한나라의 멸망을 촉발시켰다.

원소는 4대에 걸쳐 삼공三公의 벼슬을 지낸 후한 말 최고의 명문가 출신이다. 원소의 고조부 원안은 후한 장제章帝 시절에 사도司徒를 지냈고, 종중조부 원창은 사공司空을 역임했으며, 조부 원탕은 태위太尉를 지냈다. 원탕은 원평, 원성, 원봉, 원외 등 아들 넷을 뒀는데, 원평과 원성은 일찍 죽었으나 원봉과 원외는 다 삼공 벼슬을 지냈다. 삼공을 지내면 당시 관직임용제도인 천거제薦舉制에 따라 관직 추천권을 행사할 수 있었으므로, 집안 친척이나 문객 들을 공직에 진출시킬 기회가 많았다. 이렇게 관직에 진출한 사람들은 자신을 천거해준 문벌의 문생고리를 자임하면서 서로 '후견-피후견' 관계를 맺었다. 당시 조정관료들은 물론 전국의 지방관들이 원씨 집안의 문생고리들로 가득 찼다.

원소는 이 대단한 가문의 종손으로서 뭇사람들의 기대를 한 몸에 받았다. 그러나 그에게는 남다른 콤플렉스가 있었다. 기실 그는 첩실의 자식으로 한 집안의 후사를 이을 자격이 없는 사람이었다. 원소는 원래 원봉의 서자로 태어났다. 원봉의 적자인 원술에게는 배다른 형이었으나, 원술은 늘 원소를 '종년의 자식'이라며 깔보고 무시했다. 원봉의 형인 원성이 후사를 남기지 못하고 죽자, 원소는 원성의 아들로 입양됐다. 첩의 자식에서 원씨 집안의 적장자로 신분이 세탁된 셈이다.

원소는 태생적 열등감 때문이었는지 원씨 집안을 중심으로 한 사족계급 사람들에게 뭔가 보여주고 싶어 했다. 당시 사족들이 가장 원한 것은 환관세력을 척결하고 조정 대권을 사족계급 수중으로 되찾아오는 것이었다. 원소는 이 일이야말로 자신에게 주어진 사명이라 자임했다. 사족을 대표해 집권세력인 환관을 주멸하고자 한 원소의 야심 찬 계획에서 모든 비극이 시작됐다.

원소의 시도는 제대로 성공한 것이 하나도 없었다. 원소는 작당과 모의를 좋아했으나 주도면밀함이 부족했기 때문이다. 원소는 겉만 그럴듯했지 과단성이 없었고, 꾀를 내기는 좋아했으나 실행력이 없었으며, 혼자잘난 척할 뿐 남들의 의견을 진심으로 경청하지 않는다는 단점이 있었다.

그러나 원소는 사세오공四世五公을 배출한 가문의 후광에 힘입어 산동반군의 맹주가 될 수 있었다. 그는 맹주가 된 후에도 오로지 패권주의로 일관했다. 그는 일찍이 함께 기병한 조조에게 자신의 포부를 말했다.

"나는 남쪽으로 황하에 거하면서 북쪽으로 연燕과 대代의 땅에 근거해 융적의 병력을 겸병하고 난 후, 남쪽을 향해 천하의 패권을 다툴 것이오. 아마도 성공을 거둘 수 있지 않겠소?"

조조가 응대했다.

"나는 천하의 지혜로운 사람의 능력을 활용하고 도리로서 다스리면 이루지 못할 일이 없다고 생각하오."

원소는 자신의 뜻대로 공손찬을 격파하고 북방의 패권을 쥐었다. 그러나 결국 관도대전에서 열 배의 우세한 전력을 지니고도 조조에게 패해 몰락의 길로 들어서게 된다. 오로지 힘에 의존해 패권을 추구함으로써 천하의 민심을 잃었기 때문이다. 그의 라이벌이었던 조조가 천자를 허도에 영접해 천하 사민들의 지지를 이끌어낸 것과 대조적이었다. 원소는 야망을 위해 천하대란을 일으켰으나, 결국 그 난으로 패망했다.

| 역사의 裏面 | **원소의 부인 유씨**

원소는 정실부인 유씨와의 사이에서 원담, 원희, 원상 3형제를 낳았다. 유씨는 세 명의 아들 모두 자신이 낳았으나 유독 원상을 예뻐했다. 아마도 원상이 원소를 닮아 풍채도 좋고 인물이 훤칠했기 때문인 것 같다. 하지만 이것이 원씨 집안을 패망으로 이끄는 원인이 됐다. 원소와 유씨는 장자인 원담을 내치고 셋째인 원상을 후계자로 삼기로 했다. 장남과 차남인 원담과 원희를 각기 청주와 유주로 내려보낸 것은 다 이런 계획의 일환이었다. 원소가 죽은 후 유씨는 심배, 봉기와 손잡고 원상에게 원소의 지위를 계승하게 했다. 이로 인해 자중지란이 일어났다.

원소의 처 유씨는 성격이 독하고 질투심이 강했다. 원소가 죽고 아들 원상이 권력을 이어받자마자 유씨는 원소가 생전에 총애하던 다섯 명의 첩을 다 죽여버렸다. 원소의 시신이 안장되기도 전이었다. 유씨는 그것도 모자라 원소가 저세상에서 그의 애첩들을 알아보지 못하도록 머리카락을 자르고 얼굴에는 입묵을 해 시신을 훼손했다. 한편 원상은 복수를 사전에 예방한다는 구실로 애첩들의 집안사람들을 다 멸족시켰다. 유씨

의 행태는 한고조의 부인 여후가 유방의 총희였던 척부인을 '인체'로●
만든 것 못지않게 잔인했다.

원소의 세력이 멸망한 것에 원상을 편애한 유씨의 책임이 없다고 할
수 없다. 그러나 원씨 집안이 멸족을 면케 된 것도 유씨의 동물적 본능 덕
이었다. 업성이 함락됐을 때, 유씨는 재빨리 원희의 처 견씨를 조조의 장
남 조비에게 바쳤다. 원소의 저택에 난입한 조비가 견씨의 미모를 보고
한눈에 반하자 유씨가 이렇게 말했다고 한다.

"이제 죽을 걱정은 하지 않아도 되겠구나!"

조비는 조조에게 간청해 원희의 처를 부인으로 맞아들였다. 이 때문이
었는지는 모르겠지만 조조는 원소의 일족을 후하게 대접했다.

조조가 업성에서 뒷수습을 마쳤을 때 공융이 편지를 한 통 보냈다. 원
씨 집안에 대한 조조의 관대한 처분을 칭송하는 내용이었지만, 그 말미에
다음과 같은 구절이 있었다.

"무왕이 은나라 주왕을 토벌한 후, 달기를 주공에게 하사했습니다."

조조가 후일 공융에게 이 구절의 출전을 물어봤다. 공융이 답했다.

"지금 이루어진 일로 볼 때, 아마 그랬을 것이 틀림없다는 생각이 들었
소이다!"

조비가 원희의 부인을 빼앗았음에도 조조가 이를 추인한 것을 비꼰 것
이었다.

| 僞 _ 거짓말 | **원소가 산동반군의 구심점이었다고?**

《삼국지연의》에 따르면 18로의 제후군이 의병을 일으켰고, 이들이 모

● 고조가 죽자 여후는 척부인을 감옥에 가둔 뒤 손발을 자르고 눈알을 뽑았으며, 벙어리 약을 먹
여 변소에 던져두었다. 그리고 이를 '사람 돼지', 즉 '인체'라 불렀다.

두 한곳에 모여 원소의 지휘하에 동탁군을 무찌르고 낙양까지 입성했다고 한다. 사실이 아니다. 정사에 따르면, 10여 명의 주목과 자사, 태수들이 의병을 일으킨 것은 사실이나 이들이 모두 원소를 맹주로 삼아 하나의 세력으로 통합한 것은 아니었다. 반군은 황하를 경계로 하북의 원소, 하남의 원술 2개 진영으로 나뉘었다. 이들은 각자 다른 곳에 주둔했으며, 낙양에 입성한 것도 손견군뿐이었다.

여포
呂布

명분 없는 배신을 일삼은 욕망덩어리

　여포는 거대한 욕망덩어리였다. 변방에서 비천하게 자란 그는 입신출세를 위해서라면 물불을 가리지 않을 준비가 돼 있었다. 여포의 고향은 변방인 병주에서도 오지인 오원군 구원현이었다. 오원군은 초원지대로서 본시 유목민들의 거주지였고, 장성이 쌓인 이후에도 한족과 호족이 잡거했다. 한족은 주로 변방에서 수자리하는 병사들, 호족을 상대로 교역하는 상인들, 일부 개척민들, 심지어는 강제노역에 끌려온 죄수들로 대부분 빈천했다. 여포는 이 삭막한 변방에서도 한미한 가문에서 출생했다. 일찍이 부모를 여의어 몸뚱이 하나가 전 재산이었다.

　그러나 여포는 야망이 컸다. 워낙 출중한 용모와 무용으로 소싯적부터 늘 주변 사람들에게 최고라는 칭송을 받았다. 여포의 허영심을 자극하기에 충분한 조건이었다. 이런 환경은 그의 열등감과 결합해 여포를 출세와 영달을 위해서라면 수단과 방법을 가리지 않을 욕망덩어리로 키워냈다.

　여포는 잘생긴 남자였다. 게다가 온몸이 근육질로 덮여 있어 우람한데다가 번개같이 빨랐다. 그가 말을 달리며 화극을 휘두르면 마치 하늘에서 신장神將이 내려온 듯했다. 변방의 거친 사내들조차 여포 앞에서는 고개를 숙였다. '사람 중에서는 여포가 제일이고, 말 중에서는 적토마가 최고다人中有呂布 · 馬中有赤兎'라는 명성은 먼 훗날 흑산에서 장연의 무리들과 격투를 벌이면서 얻게 된 것이지만, 여포는 젊은 시절부터 이미 신장이라는 칭송을 들었다.

잘난 몸뚱이 하나가 여포의 밑천이었다. 병주에서는 말 잘 타고 활 잘 쏘는, 무용이 뛰어난 무사들이 많이 배출됐다. 병주자사 정원이나 하내 태수 장양처럼 아무 배경 없이 무술 실력으로 입신출세한 자들이 제법 많았다. 다른 사람과 비교를 불허할 정도로 무공이 뛰어났던 여포 역시 큰 야망을 품을 만했다.

여포는 병주자사 정원에게 부름을 받아 그의 주부로서 처음 출사했다. 정원은 그에게 필생의 은인과도 같은 존재였다. 그러나 여포는 더 큰 출세를 위해 그에게는 아버지와도 같았던 정원을 배신하고 그의 목을 벤 뒤 동탁에게 투신했다. 처음에는 동탁에게 귀한 대접을 받았으나, 동탁의 시비와 사통한 것을 계기로 서로 사이가 틀어진 후 사도 왕윤의 꾐을 받아 동탁을 척살했다. 이를 통해 높은 지위를 얻었을 뿐 아니라 한실 중흥의 영웅으로 변신하기까지 했으니 그의 허영심은 충족되고도 남음이 있었다.

그러나 그는 곧 나락으로 떨어져 배신의 대명사로 낙인찍히게 된다. 동탁의 부장들인 이각, 곽사에게 패퇴해 관동으로 나온 후 그는 그때그때의 이익에 따라 원술, 원소, 장막, 유비 등 여러 군벌의 진영을 옮겨 다녔기 때문이다. 요즘으로 치면 전형적인 철새 정치인의 행태였다. 당시 주군을 배신하거나 동맹을 번복하는 행위를 반복한 것은 여포뿐만이 아니었다. 전국에 널린 무수한 대소 군벌들의 행태도 다 이와 유사했다. 예를 들어 늘 정의의 편으로 인정받아온 유비의 경우에도 반복무상함이 더 심하면 심했지 결코 덜하지 않았다. 유비는 공손찬의 부장으로 시작해, 서주의 도겸으로 주인을 바꿨고, 한때 여포에게 의탁했다가 다시 조조와 손을 잡고 여포를 쳤다. 이후 다시 조조를 배신하고 원소에게 달아났다가 유표를 거쳐 손권에게 의지했으며, 최후에는 유장의 신뢰를 배신하고 그의 기업을 빼앗았다. 변절의 횟수로만 본다면 여포나 유비나 마찬가지였다.

그럼에도 어찌하여 유비는 충절의 표상이자 정의의 화신으로 추앙되고, 여포는 배반과 변절의 상징으로 매도되게 됐을까? 명분과 홍보력이라는 두 가지 면에서 차이가 있었기 때문이다. 첫째, 유비는 늘 한실 중흥이라는 대의명분을 내세웠다. 여포는 주인을 배신할 때 뚜렷한 명분이 없었고, 그저 눈앞의 이익을 보고 움직였다. 본심이었든 아니든 유비는 손해를 보더라도 대의를 위해 움직였고, 여포는 이익을 위해 의리를 저버렸다. 둘째, 유비는 자신을 그럴듯하게 포장하는 홍보의 대가였다. 겸손하게 몸을 낮추고 예의로 대해 사람들의 마음을 얻었고, 스스로 황숙임을 표방해 사람들에게서 충성을 유도했으며, 군대 증강을 위해 약탈을 일삼던 여포와 달리 백성들을 보호하고 선정을 펼쳤다. 여포는 남들의 평가를 무시하고 그저 본능적으로 자신의 세력에 이롭다고 판단되면 무슨 짓이든 했다. 결국 여포는 측근들에게마저 배신당해 패망했다.

| 역사의 裏面 | 초선, 실체 없는 중국의 4대 미녀

여포는 출중한 용모에 최강의 무사였으므로 뭇 여성들에게 흠모의 대상이었다. 이런 여포도 의외로 여성들에게는 여린 면을 보였다. 딸을 원술에게 시집보낼 때, 여포는 어린 딸이 행여 다칠까 봐 비단으로 제 몸과 한 몸이 되게 칭칭 감은 후 직접 호송에 나섰다. 딸을 끔찍이 아꼈던 것이 분명하다. 또 여포는 하비성에서 성을 나가 조조와 결전을 치르려 했다가 처첩들의 반대로 계획을 포기하기도 했다. 처첩들의 안위가 걱정됐기 때문이다.

여포가 의부였던 동탁과 갈라선 결정적 계기는 한 여성과 관련된 갈등 때문이었다. 정사에 따르면 여포가 동탁의 시비와 사통하자 동탁이 이를 의심해 서로 틈이 생겼고, 왕윤이 이를 이용해 여포를 동탁 제거에 끌어들였다고 한다. 후세 작가들은 여포의 순정적 태도와 이 짤막한 기사를 씨줄과 날줄로 엮어 많은 연애 이야기를 창작해냈다. 《삼국지연의》에 따르면 이 시비의 이름은 '초선'으로 왕윤의 가기였으며, 달도 부끄러워 얼굴을 가릴 정도의 미인이었다고 한다. 왕윤이 초선을 동탁과 여포에게 동시에 바쳐 두 사람 사이에 불화를 야기했다는 이야기다. 원래 이 이야기의 원형은 원나라 때의 잡극인 《연환계連環計》에서 시작됐다. 《연환계》에서는 초선의 원 이름이 임홍창이었고, 원래 여포와 혼인했으나 전란 통에 헤어져 서로 애타게 그리던 사이로 나온다.

흔히 중국 역사상 4대 미녀로 서시, 왕소군, 양귀비, 초선 네 사람을 꼽지만, 초선만은 실재했던 사람이 아니라 《삼국지연의》가 창조해낸 인물이다. 원래 초선이란 명칭은 고유명사도 아니다. 한나라 시대 고관들은 담비 꼬리와 매미 날개로 장식된 관모를 썼는데, 이 모자를 초선관이라 했다. 초선이란 궁중의 궁녀로서 이 초선관을 관리하는 직책의 명칭이었다고 한다.

동탁 제거 후, 초선의 운명은 어떻게 됐을까? 이 궁금증을 풀어주기 위해 다양한 이야기들이 창작됐다. 그중 하나가 〈관공월하참초선〉이라는 원곡元曲의 줄거리다. 여포의 첩이 된 초선은 여포가 하비성에서 붙잡혔을 때 함께 포로가 됐다. 그런데 초선이 얼마나 미인이었던지 철썩같이 결의를 맺었던 유비, 관우, 장비 삼형제조차도 서로 초선을 차지하려고 은밀히 경쟁했다. 조조가 이를 이용해 유·관·장 삼형제를 이간시키려 하자, 의리의 화신인 관우가 사모하던 정인을 달빛 아래에서 눈물을 흘리며 참수했다는 이야기다.

| 僞 _ 거짓말 | **호뢰관 싸움의 실체**

《삼국지연의》에는 관우가 동탁의 도독 화웅을 벤 후 유비, 관우, 장비
가 호뢰관에서 여포와 3 대 1 격투를 벌이는 것으로 나온다. 지금 중국에
가면 호뢰관을 재현해놓고 관광 상품화하고 있다. 그러나 실제로 호뢰관
싸움은 존재하지 않았다. 화웅을 벤 것, 여포와 동탁을 패주시킨 것은 다
손견이 한 일이었다. 유·관·장 3형제는 산동의군에 가담조차 하지 않
았다.

공손찬
公孫瓚

스스로를 과신한 자의 비참한 최후

공손찬은 지극히 자기중심적이었다. 지나치게 자신의 실력을 과신했을뿐더러 세상일이 다 자기를 중심으로 돌아간다고 생각했다. 공손찬이 이렇듯 편집증적인 자기 신뢰를 갖게 된 것은 그가 키 크고 매우 잘생겼을뿐더러 목소리도 우렁차고 미성이어서 보는 사람마다 흠모의 감정을 나타냈기 때문이다. 공손찬은 대단한 미남이어서 여자들은 물론 남자들까지도 그에게 반하곤 했다. 유비도 그런 사람들 중 하나였다. 유비는 노식의 수하에서 동문수학할 때 공손찬을 만난 후 그를 형님으로 모시며 따랐다.

공손찬이 출세의 길을 걷게 된 것도 그의 잘난 용모 덕분이었다. 공손찬은 출신성분이 그다지 좋지 않았다. 아버지는 요서군 영지현에서 제일가는 부호였지만, 어머니가 기생 출신의 천첩이었다. 당시 자식은 어머니의 신분을 따르게 돼 있었으므로 공손찬은 정상적으로는 출세할 길이 없었다. 태수에게 뇌물을 바치고 나서야 겨우 군의 하급관리가 될 수 있었다. 얼마 지나지 않아 공손찬은 요서태수의 눈에 들어 그의 사위가 됐다. 문벌이 지배하는 사회 풍조로 볼 때 거의 파격적인 일이었다. 아마도 태수의 딸이 그에게 반했기 때문 아니었을까. 태수는 공손찬을 키워주기 위해 노식 문하에 유학을 보내기까지 했다.

고대에도 오늘날과 마찬가지로 인물이 출세에 큰 영향을 미치기는 마찬가지였던 모양이다. 그런데 이런 유형의 사람들은 자기가 잘나서 사람들이 무조건 따를 것이라고 착각하는 경향이 있다. 잘난 인물에 능력까지 뒷받침됐다면 좋았겠지만, 공손찬은 능력이 부족했다. 공손찬은 제 생각대로만 일을 처리했으며, 과거의 성공 경험에만 의지했다.

공손찬이 요동속국遼東屬國의 장사長史가 됐을 때의 일이다. 공손찬은 수십의 기병을 거느리고 요새 밖을 순찰하러 나갔다가 갑자기 나타난 선비족 기병 수백 명에게 포위당했다. 버려진 관사의 담벼락에 의지해 버티던 공손찬은 사졸들을 모아놓고 결의를 다졌다.

"오늘 중으로 이 포위망을 뚫지 못하면 우리는 다 죽은 목숨이다. 내가 앞장서서 돌파를 시도할 테니 귀관들은 죽음을 무릅쓰고 나와 함께 싸우겠는가?"

병사들은 모두 목숨을 걸고 싸우겠다고 맹세했다. 결사적으로 싸워 포위를 돌파하는 데 성공했다. 공손찬이 이 싸움에서 이기고 돌아오자 그의 이름이 처음으로 널리 알려졌다. 공손찬은 변방에서의 공적을 인정받아 탁현 현령으로 승진했다.

공손찬의 이 경험은 후일 몇 번의 싸움을 통해 더욱 강화됐다. 공손찬이 장순과 오환족의 연합군을 추격해 적진 깊숙이 들어갔다가 요서遼西 관자성管子城에서 고립된 일이 있었다. 이때 공손찬은 2백여 일간 농성하며 버티다가 적이 해이해진 틈을 타서 포위를 뚫고 돌아왔다. 유우가 10만 대병으로 역경을 포위했을 때도 공손찬은 성에 의지해 방어하다가 유우군이 방심한 틈을 노려 반격을 가해 대승을 거둘 수 있었다.

이때부터 고립된 성에서 농성하다가 적이 해이해진 틈을 타 반격을 가하는 전술이 그의 주특기가 됐다. 공손찬은 창의력이 부족했으므로 늘 이 전술을 들고 나왔다. 이 전술은 그 후에도 몇 번 더 성공을 거뒀지만, 결국은 이 답답한 전술이 패망의 원인이 되고 만다. 유주의 반군과 국의

가 이끄는 원소군이 역경에서 공손찬을 포위했을 때도 공손찬은 농성전술을 다시 들고 나와 승리를 거뒀다. 농성전이 해를 넘기자 군량이 떨어진 원소군과 유주 반군의 연합군 병사들이 흩어져 달아났기 때문이다. 그러나 이것이 마지막이었다.

원소가 대대적으로 군대를 동원해 공격에 나서자 공손찬은 다시 역경에 틀어박혔다. 공손찬은 끝까지 농성했으나 원소는 단단히 준비를 마친 후였다. 원소는 해를 넘기면서까지 계속 공격해 결국 열 겹의 성으로 이뤄진 역경을 함락시켰다. 최후의 순간에 공손찬은 처자식들을 다 목매어 죽인 후 누각에 불을 질러 자살했다. 비참한 최후였다.

| 역사의 裏面 | 그의 패망을 막아주지 못한 성채, 역경

공손찬은 원소와의 싸움에서 연전연패한 후 역경이라는 거대한 성채를 수축하고 그곳에 틀어박혔다. 역경이 소재한 역현은 역하易河를 통해 발해와 연결돼 각종 물자의 수송과 운반이 용이했다.

역경의 규모는 말 그대로 어마어마했다. 열 겹의 성채와 열 겹의 참호로 이뤄졌다. 각 성채 위에는 누각과 누대를● 세웠는데, 그 높이가 대여섯 장이나 됐고, 한가운데에 있는 누각은 높이가 열 장이나 됐다. 당시 도량형을 요즘 기준으로 환산해볼 때, 중앙 누각 높이는 약 22.3미터에 달했으니 지금으로 쳐도 10층 건물 높이에 해당한다. 공손찬은 이 성 안에 3백만 석의 곡식을 쌓아놓았다.

공손찬은 휘하의 여러 장수들에게 성벽과 누각을 구역별로 할당해주고, 가족들과 함께 그곳에 거주하면서 각자 책임하에 성을 방어하게 했다. 이러한 누각과 누대의 수가 천 개나 됐다.

● 누각은 높은 보루 위에 지붕이 달린 전각을 지은 것이고, 누대는 전각이 없는 것.

엄청난 규모의 성곽과 누각을 축조하고 3백만 석의 곡식을 쌓아놓기 위해 어마어마한 물자와 인력이 동원됐다. 공손찬이 유주 백성들을 무한대로 수탈했기에 가능한 일이었다. 전술상의 이점만 생각했지 백성들의 삶에는 아무 관심도 없는 것이 공손찬의 특성이었다.

역경 수축이 완료된 후 공손찬은 큰소리를 쳤다.

"예전에 나는 손가락을 한번 휘저으면 천하를 평정할 수 있다고 생각했소. 지금 보니 그것은 내 맘대로 되는 일이 아니었소. 힘써 농사를 지으면서 양곡을 축적하고 병사를 휴식하게 하는 것보다 나은 것이 없소. 병법에 의하면 누각이 100개면 공격이 불가능하다 했소. 지금 우리는 누각과 망루가 천 개나 되오. 이 곡식들이 다 떨어질 때쯤이면 천하의 대사가 결정될 수 있을 것이오."

그러나 이 거대한 성곽도 공손찬의 패망을 막아주지는 못했다. 원소군이 진격해 들어오자 공손찬은 휘하의 부장들을 지원해주지 않았다. 자꾸 지원해주면 대장의 지원만 기다리며 스스로 살아남을 방도를 찾지 않게 될 것이라는 이유 때문이었다. 이렇게 되자 공손찬의 부장들은 일단 포위를 당하면 바로 성문을 열고 항복했다. 어차피 버텨봐야 구원병은 오지 않을 것이 분명했기 때문이다. 공손찬의 별장들이 연이어 원소군에 항복하자 순식간에 포위망이 역경으로 좁혀졌다.

이제 공손찬은 처첩들 이외에는 아무도 믿을 수 없게 됐다. 공손찬은 자신이 거주하는 중앙의 높은 누각에 철문을 만들어 달아 안팎의 출입을 차단하고, 그 안에는 가족을 비롯해 비첩과 여종들만 거주하게 했다. 밖에서 보고할 일이 있으면 성문 밖에 달아놓은 바구니에 문서를 넣어두게한 후, 성 안의 비첩들이 물 긷듯이 끌어올렸다. 공손찬은 또 처첩과 여종들에게 큰 소리로 말하는 법을 연습시키고는 지시할 일이 있으면 이들에게 고함을 질러 명을 전달하게 했는데, 그 소리가 수백 보 거리까지 들렸다 한다.

| 僞 _ 거짓말 | 조자룡은 공손찬을 구해준 적이 없다

공손찬이 계교싸움에서 원소군의 선봉장 국의에게 대패했을 때, 조자룡이 나타나 그를 구해준다. 이 싸움에서 국의는 조자룡에게 살해된다. 전혀 사실이 아니다. 국의는 원소군의 맹장으로 원소의 하북 제패에 지대한 공헌을 했다. 그는 자신의 공적을 과시해 교만하게 행동했기 때문에 원소에게 살해됐다.

유표
劉表

서주백을 자처한 황족 출신 명사

유표는 노공왕魯恭王의 후손으로 당당한 황족이었으며, 젊어서 팔준八俊의 하나로 꼽힌 명사였다. 십상시의 난 이후 유언이 자사제도를 주목제도로 개편할 것을 건의했을 때, 유표 역시 황친이자 조정의 중신이었으므로 형주목에 임명됐다. 그러나 산동의군이 일어난 상태였으므로 형주는 무정부 상태였다. 손견이 장사에서 거병해 북상하면서 형주자사 왕예, 남양태수 장자 등을 죽여버렸기 때문에 형주는 사실상 유력한 통치자가 없는 상태에서 50여 개에 달하는 종적과 종수들이 할거했다. 유표는 필마단기로 형주에 입성했다. 원래 자사의 치소가 있던 장사군 한수현은 도적의 소굴이 됐으므로, 유표는 남군 의성에 입성했다. 의성은 양양과 강릉 사이에 위치했다. 유표는 양양의 명문가인 채풍 일가와 남군의 괴량, 괴월 형제의 도움으로 형주를 일거에 장악할 수 있었다.

유표는 비록 8척 신장에 위엄 있는 풍모였지만 무략이 없었다. 그는 형주를 방어하고 세력을 확장할 때 황조, 장수, 유비 등 번장을 번갈아 활용하는 방법에 의존했다. 유표는 어차피 영웅호걸 기질이 없었으므로 천하를 놓고 군웅들과 쟁패를 벌이는 일에는 자신이 없었다. 그는 우연히 굴러 들어온 형주라는 복을 잘 지키면서 형세를 관망하고자 했다. 이각, 곽사의 조정과 산동의군의 맹주 원소, 나중에는 허도의 조정과 늘 양다리

외교를 하면서 스스로를 유능하다 자부했다. 관도대전 시 원소와 조조 양 진영은 경쟁적으로 유표에게 사자를 보내 지원을 요청했다. 당시 유 표는 3대 세력의 하나였으므로 그가 어느 편을 드느냐에 따라 형세가 일 변하게 돼 있었다. 하지만 유표는 원소에게 약속만 하고 출병하지 않았 다. 중원의 패자가 정해지면 형주의 패망은 불을 보듯 뻔한 상황이었음 에도 그는 관망만 했다. 그에게 천하를 쟁패할 뜻이 없음을 안 많은 사람 들은 그를 떠나갔다.

후세 사람들은 이를 보고 유표에 대해 허우대만 멀쩡한 바보라고 혹평 하기도 한다. 그러나 그렇게 볼 일만도 아니다. 그는 전형적인 문관이었 다. 그가 잘할 수 있는 것은 백성들을 잘 보살피고, 문교와 예악을 진흥하 는 일이었다. 치세에 태어났더라면 훌륭한 관리가 될 자격이 충분했다. 사람들은 그가 '서주백'을 자칭하며 익은 감이 떨어지기만을 바랐다고 혹평했지만, 애초에 그에게는 감이 떨어지기를 바라는 마음조차 없었는 지도 모른다. 그저 맡은 구역을 잘 다스리며 형세를 관망하는 일이 그가 할 수 있는 일의 전부였다. 서주백 운운한 것은 다른 사람들이 붙여줬거 나 내부 결속을 위해 겉으로만 표방한 것일 수도 있다. 그로서는 나름대 로 최선의 처신을 한 셈이었다.

그 덕에 천하대란의 와중에도 형주는 장기간 안정을 취할 수 있었다. 백성들은 안심하고 생업에 종사했으며, 예악과 학문이 크게 일어났다. 전란으로 유실된 학문과 전적들이 정리돼 후세에 전해지게 된 것은 다 유표의 공이었다. 유표가 통치하던 20년 동안 형주는 풍요했고, 백성들 은 행복했다. 유표가 죽고 형주가 소위 천하 영웅들이 패권 다툼을 벌이 는 아수라장으로 변하자 백성들은 혹심한 고통을 겪었다. 수십만 인구들 이 유랑하다가 굶어 죽거나 살해당했으며, 풍요로웠던 형주의 중심지 양 양군 일대는 후일 사람이 살지 않는 무인지경이 됐다. 유표에게 문제가 있었다면, 그것은 그가 때를 잘못 만난 것이었다.

| 역사의 裏面 | **채부인과 유기**

유표는 형주목에 부임했을 당시 마흔을 훌쩍 넘긴 나이였다. 처자가 있었지만 전란 중이었으므로 그는 단신으로 부임했다. 형주에 자리를 잡은 유표는 양양의 최대 세력가인 채풍의 딸을 후처로 맞아들였다. 유표에게는 이미 유기, 유종이라는 두 명의 아들이 있었다. 유표는 형주가 안정된 후 몰래 그들을 불러들였다. 채부인은 아직 어렸던 차남 유종을 맡아 키웠으므로 그를 편애했고, 장남 유기와는 사이가 소원했다. 유표가 늙자 채부인은 유종을 후사로 삼기 원했다. 유표의 측근들인 채모와 장윤도 이를 지지했다. 채모는 채부인의 오라비였고, 장윤은 외종조카였다. 채부인의 간청과 측근들의 권유에도 유표는 우물쭈물하며 결단을 내리지 못했다. 채부인은 채모 및 장윤과 함께 틈만 나면 유종을 모해하려 했다.

신변이 불안해진 유기는 현명하기로 이름난 제갈량과 이 문제를 논의하고자 했다. 채부인의 언니가 제갈량의 아내 황씨의 모친이었다. 제갈량은 유씨 집안일에 개입하기를 원치 않았으므로, 번번이 유기의 요청을 거절하고 계책을 일러주지 않았다.

하루는 유기가 제갈량을 자신의 아름다운 후원으로 초대했다. 유기가 제갈량을 높은 정자 위로 데리고 올라간 후, 사다리를 치워 아무도 접근할 수 없게 하고는 간절히 부탁했다.

"오늘 우리가 나눈 말은 위로 하늘에 닿지 못하고, 아래로 땅에 이르지 못할 것이오. 그대의 입에서 나온 말은 오로지 나의 귀로만 들어갈 뿐이오. 이래도 얘기해주지 못하겠소?"

제갈량도 더 이상 거절할 수 없어 넌지시 대책을 일러주었다.

"그대는 신생申生이 안에 머물러 위해를 당했고, 중이重耳가 바깥으로 나가 안전할 수 있었던 고사를 알지 못하는가?"

신생은 춘추시대 진晉 나라 헌공獻公의 태자였고, 중이는 둘째 아들이었다. 헌공의 새 부인이 자신의 소생을 후계자로 세우고자 음해를 가하자 신생은 자살할 수밖에 없었다. 중이는 국외로 도망쳐 무려 19년의 망명 생활을 보냈다. 나중에 돌아와 즉위했는데, 그이가 춘추오패의 하나로 유명한 진 문공文公이다.

유기는 공명의 말뜻을 알아들었다. 때마침 강하태수 황조가 손권의 손에 죽자, 유기는 자청해 강하태수로 나섰다. 이 사건은 당대 역사의 큰 흐름을 바꾸게 된다. 유표의 사후 유기와 유종의 대립으로 형주 세력은 몰락하게 되고, 유비는 유기의 세력에 의지해 재기의 발판을 마련할 수 있었다.

| 僞 _ 거짓말 | 원술이 유표를 시켜 손견의 길을 막았다?

《삼국지연의》에서는 손견이 낙양에서 옥새를 찾은 후 근거지인 장사로 돌아가는 장면에 유표가 처음 등장한다. 옥새를 탐낸 원술이 갑자기 등장한 형주자사 유표에게 편지해 손견의 길을 막게 한다는 내용이다. 사실 손견이 형주의 유표를 공격한 것은 옥새와는 아무런 상관이 없다. 형주는 손견과 원술 연합의 가장 중요한 근거지였다. 유표가 별안간 나타나 형주를 접수해버렸으므로 손견이 이를 되찾고자 유표를 공격하게 된 것이다. 손견과 원술은 끝까지 좋은 동맹관계를 유지했다.

원술
袁術

자기만 아는 귀공자 출신의 맹주

하북의 원소, 하남의 원술. 반反동탁을 기치로 일어선 산동반군은 한번도 하나의 세력으로 통합된 적이 없었다. 원소가 맹주로 추대되자 원술이 바로 반발했기 때문이다.

"나쁜 놈들 같으니. 나를 두고 종놈의 자식을 맹주로 추대하다니!"

이 비방은 후일 공손찬이 원소를 공격할 때 좋은 빌미가 됐다.

천하대란이 일어난 까닭은 동탁이 원봉, 원외를 비롯한 원씨 집안을 멸족시켜 천하의 공분을 샀기 때문이었다. 세상은 원씨 집안과 그 문생고리들로 가득 차 있었다. 이들은 원씨 집안에 대한 복수를 명분으로 기병했다. 산동반군의 우두머리들은 전선의 통일을 위해 원씨 가문의 일원을 맹주로 추대하려 했다. 원술은 적통이었으므로 당연히 자신이 맹주 자리를 차지할 것으로 생각했다. 그러나 산조에서 회동한 여러 반군 수령들이 원소를 맹주로 뽑아버리자 원술이 강하게 반발했다.

원술의 반발은 곧바로 산동반군의 분열을 가져왔다. 처음에 원술의 세력은 미약했으나 강남에서 올라온 손견의 군대가 합류하자 단번에 강대해졌다. 황하 이남 각지에서 일어난 대소 군벌과 종적, 향당들은 이때부터 모두 원술을 맹주로 삼기 시작했다. 한동안 조정에서도 반란 수괴가 원소인지 원술인지 헷갈릴 정도로 양쪽의 세력은 팽팽했다.

맹주로 추대된 원술은 명망과 권력, 풍부한 자원을 모두 얻었지만, 이를 지키고 관리할 능력이 없었다. 원술은 손아귀에 쥔 부와 권력과 명성을 마치 장난감처럼 즐기고 누리기만 할 뿐, 그것들이 커다란 책임을 수반한다는 사실을 전혀 몰랐다.

하남의 맹주가 된 원술은 곧 본말을 잊어버렸다. 그가 기병한 이유는 역적 동탁을 타도해 밖으로는 한나라 황실을 바로 세우고, 안으로는 원씨 집안의 원수를 갚는 것이었다. 그러나 허영심이 충족된 원술은 이제 자신의 욕심부터 채우려 들었다. 원술은 사치스럽고 방탕한 성품을 지니고 있었고 욕심이 끝이 없었다. 한나라 황실이 이각·곽사의 난을 겪으면서 그 권위가 땅에 떨어지자, 원술은 급기야 황제가 되고자 하는 참람한 마음을 품게 됐다.

당시 '대한자당도고代漢者當塗高'란• 참언이 크게 유행했는데 원술은 '당도고'가 바로 자신을 의미한다고 해석했다. 전국새傳國璽를 얻은 것도 그의 참람한 생각을 부채질했다. 원술은 손견이 죽자 그의 부인을 협박해 전국새를 빼앗았다. 원술은 양주의 풍부한 인력과 물자를 소유한 자신의 손에 전국새가 들어오자 그야말로 명실이 부합됐다고 믿고 황제를 참칭했다. 원술이 칭제하자 하루아침에 온 천하가 그의 적이 됐다. 결국 그는 조조, 여포, 유비 등의 연합 세력에 처참하게 패할 수밖에 없었다.

원술은 허명만 높았지 그에 상부하는 실력이 없었다. 원술의 군대 지휘 능력은 형편없었다. 조조와 여포에게 일방적으로 두들겨 맞았을 뿐만 아니라, 가장 능력이 허약했던 유비마저도 손쉽게 제압하지 못했다. 게다가 변덕이 죽 끓듯 하고 신뢰가 없었다. 여포와 손책이 결국 그에게 등을 돌린 이유였다.

무엇보다도 그는 국가 운영의 핵심이 무엇인지 몰랐다. 국가는 일방적

• 한나라를 대신할 자는 '당도고'라는 뜻.

으로 세금과 노역을 수탈해서는 존립할 수 없다. 국가는 안보와 질서 유지를 통해 백성들이 안심하고 생업에 종사할 수 있게 해줘야만 한다. 그래야만 확대재생산이 가능해져 국가가 필요로 하는 인력과 물자의 지속적 공급이 가능하다. 원술은 군사적 실력이 없었으니 외부의 침탈을 막아줄 수 없었고, 스스로 절제할 줄 모르니 백성들을 무한 수탈했다. 어려서부터 대가 없이 원하는 것을 얻는 일에만 익숙해져 있었기 때문이다. 남양, 예주, 양주 등 그가 거쳐 가는 곳마다 유랑민이 생기고 토지는 황폐해졌다. 마치 메뚜기떼가 훑고 지나간 것처럼 남아난 것이 없었다.

결과는 참담한 실패였다. 아랫사람들을 돌보지 않는 수탈행위는 민심의 이반을 가져왔고, 의지할 데가 없어진 원술은 더운 여름 꿀물 한 그릇 못 얻어먹고 피를 토하며 죽었다. 부족한 것이 없었던 부잣집 도련님치고는 참으로 비참한 최후였다. 자신의 능력과 주제를 파악하지 못한 죄, 타인의 삶과 이익을 고려하지 못한 죄 탓이었다.

| 역사의 裏面 | **조조의 미인들을 탐하다**

원술은 욕심이 많았다. 돈, 재물, 여자, 권력, 명성 그 무엇이든 원하면 반드시 가져야만 했다. 사세삼공 집안에서 하나밖에 없는 적자로 태어난 그는 어린 시절부터 원하는 것을 얻지 못한 적이 없었다. 뭐든지 소망하면 당연히 저절로 생기는 것으로 알았다. 그것을 준비하고 마련해주는 사람들의 수고와 노력은 전혀 생각하지 않았다.

원술이 한때 협객 행세를 한 것도 배다른 형인 원소나 조조가 낙양 소년배들 사이에서 얻고 있던 명망에 대한 시기심 때문이었다. 원술은 소싯적에 낙양의 무뢰배들을 모아 짐짓 협의를 행한답시고 설치며 다녔다. 이를 본 조조가 아무하고나 어울려 다니며 못된 짓이나 하는 것이 무슨 협행이냐고 비웃었다.

원술이 조조를 부러워했던 것은 협객으로서의 명성만은 아니었다. 원술은 미모와 재능이 뛰어난 조조의 처첩들을 탐냈다. 재력이 풍부했던 원술은 양 면에서 타의 추종을 불허할 정도로 많은 미인들을 거느렸지만, 질 면에서는 조조를 따라갈 수 없었다. 이것은 돈이나 권세로 해결할 수 있는 문제가 아니었다. 안목과 취향의 차이였다.

원술은 호시탐탐 조조의 미인들을 빼앗을 기회를 노렸다. 조조가 동탁을 피해 동쪽으로 달아나자 드디어 기회가 찾아왔다. 당시 조조는 급히 달아나느라 가족들에게 기별도 하지 못했다. 협객 세계에서 명망이 높던 원소와 조조가 동쪽으로 달아나자 원술도 이를 흉내 내기로 했다. 딱히 동탁이 붙잡으려 한 것도 아닌데 후장군 직책을 내던지고 낙향을 결심한 것이다. 이 와중에도 그에게는 꼭 챙겨야 할 것이 있었다. 그는 행장을 차린 후 바로 조조의 집을 찾아갔다. 원술은 조조의 처첩들에게 은근히 겁을 줬다.

"조조가 달아나다 이미 동탁에게 붙잡혀 죽었으니, 너희들도 각자 도생해야 할 것이다."

조조의 처첩들이 놀라 어쩔 줄 몰랐다. 많은 여인들이 짐을 꾸려 고향으로 돌아갈 차비를 했다. 원술은 바로 이것을 노렸다. 각자 낙향하는 조조의 처첩들 중 평소에 눈여겨봤던 미인들을 거둬 챙겨보려는 속셈이었다. 이때 창가 출신의 변부인이 나서서 적극 만류하는 바람에 원술의 음험한 시도는 실패로 돌아갔다. 나중에 이 소식을 들은 조조는 원술의 치졸함을 비웃었다. 조조가 늘 원술에 대해서만은 지나칠 정도로 각박하게 대한 이유가 여기에 있었다.

| 僞 _ 거짓말 | 손책의 출병과 옥새의 연관성은?

손책이 강동을 정벌하러 가려고 원술에게 군사를 빌려달라 하면서 전국옥새를 담보로 맡겼다는 일화가 있다. 마치 원술이 옥새에 눈이 멀어 병사를 내준 것처럼 보인다. 하지만 손책의 출병과 옥새는 아무 관련이 없다. 원술은 강동에 자리 잡고 자신을 견제하던 유요를 격파하기 위해 손책을 장수로 파견했을 뿐이다. 손책은 장성한 후 원술의 번장이 돼 구강군을 함락시켰고, 여강태수 육강을 토멸했다.

유우
劉祐

치세의 현신, 난세의 무능력자

　유우는 평화로운 시대에 태어났더라면 매우 훌륭한 관리가 됐을 것이다. 그는 어진 지방관이었고, 유능한 외교가였으며, 끝까지 나라를 배신하지 않은 충신이었다. 그러나 그는 '역적의 수괴'라는 누명을 쓰고 저잣거리에서 참수됐다. 그는 자신의 능력 안에서 최선을 다한 것 외에는 아무런 잘못도 저지르지 않았다. 그저 시대를 잘못 만났을 뿐이었다.

　유우는 후한 황실 가문의 일원으로, 조부 유가가 광록훈을 지낸 명문가 출신이다. 젊어서 오경五經에 통달해 사대부 사이에서 명성이 높아 이응, 순익 등과 함께 팔준八俊으로 꼽혔다. '팔준'이란 당시 가장 이름난 명사들을 일컫는 명칭이었다. 벼슬길도 순탄해서 일찍이 유주자사를 지냈다.

　장순, 장거가 난을 일으켜 오환족 수령 구력거와 연합하자 유주는 일시에 혼란 상태에 빠졌다. 조정에서는 유주자사 시절에 선정을 베풀어 변방의 백성들과 이민족들에게 깊은 신뢰를 얻고 있던 유우를 유주목에 임명했다. 유우는 임지에 도착한 후 오환족 수령들에게 사자를 보내 협상을 개시했다. 또 한편으론 장순의 목에 거액의 현상금을 걸어 오환족을 회유하고 설득했다.

　그런데 오환족이라면 이를 갈던 공손찬이 이를 방해하고 나섰다. 반군들과 힘들게 싸워왔지만 별 성과를 거두지 못하고 있던 공손찬은 유우가 협상으로 문제를 해결해 쉽게 공을 세우는 것이 배가 아프기도 했지만, 무엇보다도 유우의 행위가 자신의 야심에 방해가 된다고 생각했다. 공손 찬은 이민족과의 싸움을 핑계로 자신의 군세를 키우는 일에만 관심이 있었다. 그러나 유우는 공손찬의 집요한 방해에도 불구하고 오환족과의 화해를 성사시켰다. 그 결과 난을 일으킨 장본인인 장순은 피살돼 그 목이 유우에게 보내졌다. 유우는 이 공으로 3공의 최고 직위인 태위에 임명됐다.

난이 진압된 후 유우는 유주를 안정시키기 위해 노력했다. 스스로 근검절약하며 농사와 양잠을 장려하고 호족과 교역하는 등 경제를 진흥시키니 곧 백성들의 삶이 풍족해졌다. 마침 청주와 서주에서 2차 황건적의 난이 일어나자 그 지방 백성들이 유주로 피난을 와 인구도 크게 늘었다. 유우가 이들을 다 수용해 안심하고 생업에 종사할 수 있게 해줬다. 천하 혼란의 와중에 보기 드문 선정이었다.

그런데 공손찬과의 관계가 문제였다. 두 사람은 생각이 전혀 달랐다. 유우는 오환족 등 이민족들과 화해와 협력을 추구했으나, 공손찬은 무력으로 격멸하려 했다. 유우는 백성들의 생활 안정에 해가 될까 봐 조세를 거둬 군대를 양성하기를 꺼렸으나, 공손찬은 그가 군대 증강을 위해 대폭적 지원을 해주지 않는 것이 불만이었다. 조정에 대해서도 유우는 변함없는 충성을 표했으나, 공손찬은 형세를 관망하며 자신의 세를 키우는 일에만 열중했다. 원칙적으로는 공손찬이 상관인 유우의 명령을 들어야만 했지만, 청주와 서주의 황건적을 무찔러 위세가 크게 오른 공손찬은 사실상 독자적 군벌 행세를 했으므로 통제가 되질 않았다. 두 사람 사이의 불화는 날이 갈수록 심해졌다.

결국 인내심이 한계에 이른 유우는 먼저 선공을 취했으나 오히려 패배해 잡혀 죽고 만다. 훌륭한 유학자, 유능한 외교관, 존경받는 지방관으로 우수한 실적을 낸 유우는 이렇게 어처구니없이 죽었다. 유우가 난세에 적합하지 않은 유형의 인물이었기 때문이다. 치세의 재능과 난세의 능력은 전혀 성격이 다르다. 현대 정치에서 유능한 관료가 선거판에서는 무용지물이 된다거나 뛰어난 정치 참모가 국가 통치에는 별 도움이 되지 못하는 경우가 많은 것과 같다.

| 역사의 裏面 | 공손찬 체포에 실패한 이유

공손찬이 군대를 증강하고자 백성들을 제멋대로 약탈하자 유우의 인내심은 한계에 달했다. 유우가 은밀히 유주 전역에서 10만 병력을 동원해 공손찬의 거성을 포위했다. 당시 공손찬의 주력 군단은 외지에 파견돼 있었고 남아 있는 병력은 수백 명에 불과했다. 그러나 결과는 공손찬의 승리였다. 압도적 병력을 동원했음에도 유우가 패배한 이유는 무엇일까?

첫째, 병력만 많았지 군심이 통일되지 않았기 때문이다. 당시 유주의 지배적 여론은 공손찬과의 문제를 평화적으로 해결하기를 원하고 있었다. 특히 유우의 장수들은 청주와 서주의 황건적을 격파한 공손찬의 위명을 두려워했다. 정서라는 장수는 유우가 막 출병하려는 순간까지 이를 만류했고, 공손기라는 자는 공손찬에게 달려가 이 계획을 밀고하기까지 했다. 의론이 통일되지 않은 상태에서 독단적으로 이뤄진 작전으로는 장졸들의 행동을 일사분란하게 지휘하기 어려웠다. 둘째, 유우의 자질이 전장에 나선 장수로서는 자격 미달이었다. 성 주변의 피난민촌을 불살라 화공을 취하자는 건의에 유우는 피난민들의 생활을 걱정하며 거절했다. 그날 밤 풍향이 바뀌자 공손찬은 주저하지 않고 피난민촌에 불을 질러 유우 군영을 일시에 혼란에 빠뜨렸다. 싸움이란 목숨을 내놓고 하는 것이다. 일단 시작하면 수단과 방법을 가리지 않아야 하는 것이 싸움의 속성이다. 유우의 점잖은 성품은 난세에 벌어지는 이전투구에는 적합하지 않았다.

처음부터 이길 수 없는 싸움이었음에도 유우가 무력 해결에 나선 이유는 그의 성격적 결함 때문일 것이다. 유학자적 수양을 닦아온 유우는 감정을 쉽게 표출하지 않고 화가 나도 안으로 꾹꾹 눌러 참는 성격이었다. 이런 사람들은 대체로 감정의 한계치를 넘게 되면 순간적으로 폭발하는 경향이 있다. 한번 감정이 폭발하면 스스로도 통제가 불가능해지곤 한다. 수양이 부족해 감정 조절에 실패하면 그동안 겉으로 보여주던 위선이 한순간에 벗겨져 버리기 때문이다. 어찌 보면 상당히 위험한 성격적 결함일 수도 있다. 이런 사람에게는 한 국가나 지역의 통치자로서 낙제점을 줄 수밖에 없다. 우리는 비현실적으로 늘 착한 척, 올바른 척하는 사람들을 조심해야 한다. 비열해 보이거나 그때그때 직설적으로 화를 내는 사람보다 더 나쁜 결과를 초래할 수 있기 때문이다.

| 僞 _ 거짓말 | **유비가 가까운 황실의 일원이었다고?**

《삼국지연의》에 따르면 유비가 꽤 가까운 황실의 일원인 것처럼 나온다. 실제로 촌수를 따진다면 여러 군웅들 중 헌제의 가장 가까운 친족은 유우였다. 전한의 6대 황제 효경제의 후손들인 유비, 유표, 유언, 유대, 유요 등과 달리 유우는 후한 광무제 유수의 장남인 동해공왕 유강의 후손이기 때문이다. 《삼국지》에 등장하는 유씨들 중 유우를 제외하면 후한 황실의 후손은 광무제의 아들 부릉왕의 후손인 유엽 정도다.

공손도
公孫度

난세를 틈타 제위를 참칭하다

공손도는 요동의 왕이었다. 정사인 진수의 《삼국지》에는 공손도가 '요동후, 평주목'을 자칭했다고 나온다. 그러나 공손도는 사실 왕을 참칭했음이 분명하다. 그가 대외적으로 '요동후, 평주목'이란 칭호를 쓴 것은 아직 세가 약했기 때문에 눈치를 본 것일 뿐이다. 조정에서 사자를 보내 그를 '분위장군, 영녕향후'에 임명했을 때, 공손도가 이렇게 말했다 한다.

"내가 이미 요동의 왕인데 무슨 놈의 영녕향후란 말인가!"

그는 조정에서 준 인수를 창고에 던져버렸다. 이뿐이 아니었다. 사료에 따르면 공손도는 한고조와 광무제를 위한 종묘를 세우고, 양평성 남쪽에서 하늘과 땅에 제사를 지내고 적전^{籍田} 행사를 했으며, 천자용 수레를 타고 아홉 줄 면류관을 쓴 채 천자의 의장대와 호위병을 거느렸다고 한다. 이런 것들은 왕이 아니라 황제만이 할 수 있는 의식과 행태였다. 그러므로 공손도는 왕이 아니라 아예 황제 행세를 했을지도 모른다. 진수가 공손도를 두고 스스로 요동후가 됐다고 기록한 것은 그의 참람한 행위를 차마 인정할 수 없어서였을 것이다.

요동에서 왕 또는 황제 행세까지 한 공손도였지만 그의 출신 배경은 그다지 좋지 않았다. 그의 부친은 원래 요동군 양평현 출신이었으나 죄를 짓고 현도군으로 도망쳐 살았다. 공손도는 나이 열여덟에 현도군의 아전이 됐는데, 이때부터 그의 운이 트이기 시작했다. 현도태수가 이른 나이에 죽은 자신의 아들과 공손도가 동갑인 데다가 아명이 같다는 점 때문에 그를 친아들처럼 아낀 것이다. 태수는 공손도가 공부할 수 있게 뒷받침해주고 장가까지 보내줬으며 조정에 천거해 관직에 임용될 수 있게 해줬다. 그 후 공손도는 여러 관직을 거쳐 기주자사가 됐다.

공손도는 기주자사 시절 평판이 나빴으므로 면직이 됐다. 이때 또 한 번의 행운이 찾아왔다. 산동에서 반동탁연합군이 일어나자 요동군은 조정과의 연락이 두절됐다. 동탁은 요동태수에 자기 사람을 심어 산동반군을 견제하고자 했다. 동탁의 부장 서영이 공손도를 추천했다. 서영 역시 요동군 출신이었다.

공손도는 도처에 반군들이 날뛰었으므로 샛길을 찾아 단기필마로 요동에 부임했다. 고향에 금의환향한 셈이었으나 요동군의 호족들은 아전 출신인 그를 경시했다. 공손도는 요동군 내의 유력한 호족들 중 공손소, 전소 등 자신에게 복종하지 않는 자들을 모조리 잡아 죽였다. 멸문지화를 당한 집안이 100여 곳이나 됐으므로 군 내의 모든 사람들이 두려워하며 떨었다. 반대 세력들을 제압해 군을 완전히 장악한 공손도는 차차 동쪽의 고구려와 서쪽의 오환을 공격해 발해 연안까지 세력을 확장하면서 위세를 떨쳤다.

공손도가 요동지방을 평정했을 때 중원은 혼란이 극심했다. 청주와 기주 지방에서 난을 피해 바다를 건너 요동으로 이주해 오는 사람들이 많았다. 요동은 원래 땅은 넓었지만 인구가 적었다. 중원에서 사람들이 피난해 오자 인구가 늘어 토지가 개척되고 유능한 인재들이 풍부해졌다. 공손도의 세력은 요동군을 넘어 요동속국, 현도군, 낙랑군과 바다 건너 청주의 동래군과 인근의 여러 현들까지 아우르게 됐다.

그는 요동군을 분할해 요서군과 중료군을 신설하고 평주를 설치했으며, 산동반도 일대에는 영주를 만들었다. 2개 주와 여러 개의 군을 지배하는 사실상의 군주가 된 것이다. 이로써 요동은 사실상 독립국가가 됐다. 또한 공손도는 일개 아전에서 출발해 요동의 군주가 됐다. 그가 세운 나라는 아들과 손자 등 무려 4대 50여 년에 걸쳐 유지됐다. 공손도는 세상이 혼란한 틈에 (비록 요동이라는 궁벽한 곳이긴 했지만) 한 나라를 세웠으니 참으로 자수성가한 입지전적 인물이라 할 수 있다.

| 역사의 裏面 | 공손씨 정권의 운명

공손도가 죽자 그의 아들 공손강이 그의 지위를 이어받았다. 공손강 역시 조정에 복종하지 않고 자립해 왕 노릇을 했다. 원소의 두 아들 원상과 원희가 요동으로 도망쳐 온 것은 공손강 재위 시절이었다. 원상은 귀순하는 척하고 기회를 엿보다 요동을 빼앗을 생각이었다. 원래 원씨 집안과 공손씨는 서로 대립관계였다. 생전에 원소는 기회만 있으면 요동을 병탄하려 했다. 공손도가 드러내놓고 황제 행세를 하지 못한 것도 원소가 두려웠기 때문이다.

공손강은 일단 원상 형제의 귀순을 받아들이기로 했다. 조조가 요동까지 진격해 온다면 원씨 잔여 세력의 힘을 빌릴 필요가 있었기 때문이다. 그러나 조조가 유성에서 바로 회군해버리자 공손강은 원상과 원희를 죽여 조정과 관계를 개선하고자 했다. 원상과 원희가 면담장소에 나타나자 공손강은 즉시 복병들을 불러 원씨 형제를 붙잡았다. 원씨 형제를 밧줄로 묶은 채 언 땅 위에 앉혔는데, 때는 겨울이라 땅바닥이 너무 찼다. 원상이 공손강을 보고 말했다.

"땅바닥이 차가워 견딜 수 없으니 의자를 내주시오."

공손강이 말했다.

"경의 머리가 바로 만 리 길을 떠날 참인데 의자는 무슨 의자요!"

공손강이 바로 원씨 형제의 목을 베어 조조에게 보냈다. 천하를 주름

잡던 원씨 일가의 종말이었다. 조정에서는 이 공로로 공손강의 지위를 '양평후, 좌장군'으로 높여주었다.

공손강이 죽자 그의 동생 공손공이 권력을 물려받았다. 공손강의 아들 공손황과 공손연 등이 다 어렸기 때문이다. 조비가 황제에 오른 후 공손 공의 지위를 '거기장군, 평곽후'로 높여주었다. 그러나 공손공은 병약하고 무능해 나라를 제대로 다스릴 능력이 없었다. 공손공이 질병으로 인해 고자가 됐다는 말도 있다.

태화2년²²⁸년 장성한 공손연이 쿠데타를 일으켜 권력을 장악했다. 공손연 은 선대의 공손강이나 공손공과는 달리 야심만만한 인물이었다. 그는 자 신의 세력을 중원으로 확장하고자 했다. 공손연은 위나라를 견제하고자 오나라 손권과 우호관계를 맺었다. 이후 그는 형세에 따라 위와 오 사이에 서 줄타기를 하며 실리만을 취했다. 꽃놀이패였다. 그러나 장난이 심해지 면 사고가 나는 법이다. 공손연의 행태를 증오한 위나라는 본격적으로 요 동공략에 나서기 시작했다. 그가 드러내놓고 연왕燕王을 참칭하자 위나라 에서는 경초2년²³⁸년 사마의를 보내 요동을 급습했다. 공손연은 결국 사마 의에게 사로잡혀 죽었다. 이로써 공손씨 정권은 종말을 고했다.

| 僞 _ 거짓말 | 공손연이 15만 대군을 일으켰다?

《삼국지연의》에 따르면 공손연이 15만 대군을 일으켜 중원을 공격했 기에 위나라에서 사마의에게 명해 요동을 정벌하게 했다고 한다. 너무 심한 과장이다. 요동은 원래 1개 군이었다. 중원에서 많은 난민들이 이주 해 갔다고는 하지만 그렇게 대병력을 동원할 능력이 없었다. 공손연이 연왕을 참칭하고 위나라와 오나라 사이에서 줄타기를 하면서 위나라의 신경을 건드렸으므로 위나라에서 선공을 취한 것이다. 사마의가 정벌하 기 전에도 전예, 관구검 등이 두 차례 정벌을 시도했다.

[본의 아니게 40년간 서량 반란을 이끌다]

한수가 조정에 반기를 든 것은 본의가 아니었다. 상황이 그랬기 때문이었다. 그러나 한수는 반란에서 빠져나올 기회를 놓쳤다. 자신을 따르던 여러 반군 인사들과의 의리 때문이었을 것이다. 한수는 계속해서 서량 반군을 이끌다가 나이 일흔에 죽었다. 대의와 사적인 의리를 구별하지 못한 탓이다.

한수의 본명은 한약韓約으로 금성군金城郡의 오래된 호족 집안 출신이었다. 그의 부친은 군에서 관리 노릇을 하다가 늦은 나이에 효렴으로 추천돼 중앙에 진출했다. 이 때문에 한수는 젊은 시절을 낙양에서 보냈다. 그는 성격이 조용하고 차분했지만 지혜와 담력이 있어 비슷한 또래의 낙양 호걸들과 두루 사귀었다. 이때 함께 어울린 사람들이 원소, 원술, 조조, 장막 등이었다. 한수는 고향으로 돌아와 주와 군의 관리가 됐다.

황건적의 난이 일어난 직후 서량에서 반란이 일어났다. 서량은 토착화한 한족이 강족, 호족 등 이민족과 섞여 살던 땅이었으므로 분리·독립적 경향이 강했다. 이전에도 변방을 떠돌아다니던 이민족들과 도적떼들이 수시로 난을 일으키던 곳이었다. 연이은 난으로 중앙 조정의 통제력이 약화되자 도적떼가 일어나 약탈을 일삼았다. 북지군에서 황중의종의 호족 수령 북궁백옥과 이문후가 반란을 일으킨 사건을 계기로 반란이 서량

전역에 확산됐다. 반란군 수령인 송건과 왕국이 금성군을 점령하고, 이 지역에서 두루 명망이 높던 전 신안현령 변윤과 량주종사 한약에게 여러 잡다한 세력으로 구성된 서량 반란 세력을 이끌어줄 것을 강요했다. 변 윤과 한약은 처음에 이를 거부했으나 외부에서 구원해줄 기미가 보이지 않자 하는 수 없이 이 임무를 떠맡게 됐다. 변윤과 한약은 조정까지 이름이 알려진 인물들이었다. 따라서 반란의 우두머리가 되자 변윤은 변장으로, 한약은 한수로 이름을 바꿨다.

변장과 한수는 무려 40개 가까운 잡다한 세력으로 형성된 반란군들 간의 마찰을 중재하고 조정하면서 40년 가깝게 서량 반란을 이끌었다. 조정에서는 이를 '변장, 한수의 난'이라고 불렀다. 이때 한수의 나이는 불과 서른 남짓했다. 얼마 지나지 않아 반란 세력 간에 알력이 생겨 서로 죽이고 죽는 일이 빈번해졌다. 이 와중에 초기의 반란 지도자들인 북궁백옥, 이문후, 변장, 왕국이 모두 죽었다.

이렇게 분열돼 서로 의심하는 반군 세력들을 다시 하나로 묶은 것이 한수였다. 그는 잡다한 세력들 간의 이해관계를 거중·조정하는 데 능했으므로 자연스럽게 여러 세력들이 그를 중심으로 뭉치게 됐다. 세력을 회복한 서량 반란은 장온, 동탁, 황보숭 등의 대대적 토벌에도 불구하고 쉽게 진압되지 않은 채 산발적으로 계속돼 두고두고 조정의 골칫거리가 됐다.

관중에서 이각, 곽사의 세력이 제거된 후 조조는 종요와 장기를 보내 서량 반군의 장수들을 회유했다. 서량의 여러 장수들은 일시 조정에 복종하는 태도를 취했으나 조조가 군대를 관중으로 들여보내자 다시 일제히 반란을 일으켰다. 저 유명한 동관 싸움이 일어난 배경이었다. 동관에서 패전한 한수는 다시 서량으로 돌아왔다. 하후연이 서량 평정에 나서자 한수가 서량의 반군들을 대표해 이를 막으러 나섰다. 하후연에게 대패한 한수는 본거지였던 금성을 버리고 서평으로 달아났는데, 얼마 지나지 않아 서평과 금성의 반군 세력인 국연과 장석이 배신해 한수를 죽였다. 그때 한수의 나이 일흔이었다. 참으로 파란만장한 일생이었다.

서량 반군은 반란의 명확한 목표가 없었다. 서량을 중원으로부터 항구적으로 독립시킨다거나, 중원을 정복하겠다거나, 아니면 한나라 황실을 보위하겠다는 식의 확실한 의지가 없었다. 뚜렷한 지향점이 없다 보니 잡다한 세력들이 그때그때의 이해관계에 따라 이합집산을 거듭할 뿐 성공 가능성이 없었다. 이런 상황에서는 유리한 기회에 중앙정부에 투항해 자신과 자손들의 지위를 보장받는 것이 최선이었다. 그러나 한수는 그렇게 하지 않았다. 그것은 그동안 그를 믿고 따른 사람들을 배신하는 일이었기 때문이다. 그 결과 한수는 자신은 물론 일족이 다 살해당하는 운명을 받아들일 수밖에 없었다.

| 역사의 裏面 | 염행과 성공영

한수가 이토록 서량에서 오래 버틸 수 있었던 것이 그의 탁월한 조정 능력 덕분만은 아니었다. 염행과 성공영처럼 용맹하고 충성스러운 동지들이 있었기에 40년 동안 버텨낼 수 있었던 것이다. 그러나 한수가 마지막 순간 일개 지방 군벌들에게 쉽게 당한 것은 내부의 분열 때문이었다. 그리고 이 분열은 종요와 장기의 공작에 따라 가족들을 업성에 인질로 보낸 일에서 시작됐다.

한수가 하후연에게 패한 후 황중으로 달아났을 때, 사위로 삼을 정도로 신임했던 염행이 그를 배반하고 기습을 가했다. 이 사건으로 그때까지도 수천 명의 남녀가 따르던 한수의 세력이 급격히 약화됐다.

염행은 한수의 군중에서 최강의 용사였다. 어쩌면 서량 최고의 용장이었을지도 모른다. 한때 한수와 마등이 서로 공격하고 싸울 때, 염행이 마등의 아들 마초와 일대일로 대적한 적이 있다. 마초 역시 강건하고 용맹해 서량에서 이름을 날리던 시절이다. 염행이 말을 달리면서 창으로 마초를 찔렀는데 창대가 부러지면서 부러진 창이 마초의 목을 쳐 마초가 사망 직전에 이른 적도 있었다. 염행의 무용이 이 정도였다.

종요와 장기의 집요한 공작에 한수 등 관중의 여러 장수들은 가족들을 조정에 인질로 보냈다. 그 대신 조정으로부터 합법적인 지위를 보장받는 조건이었다. 이때 한수의 아들과 염행의 부친도 업성으로 가 조정에 입조했다.

후일 마초가 중심이 돼 관중에서 반란을 일으키면서 한수를 도독으로 추대했다. 마초의 부친 마등도 이미 인질이 돼 입조해 있는 상태였다. 마초가 말했다.

"이제 저는 제 부친을 포기하고 장군을 부친으로 삼겠소. 장군 역시 아들을 포기하고 이 마초를 아들로 삼아야만 하오."

이때 효성이 지극했던 염행은 반란에 가담하는 것을 반대했으나 한수가 듣지 않았다. 동관에서 관중의 반군들을 격파한 조조는 인질로 잡혀 있던 한수의 자손들은 죽였지만 염행의 부친은 죽이지 않았다. 그를 회유하기 위함이었다. 한수는 억지로 염행을 자신의 딸과 결혼시켰다. 배신하지 못하게 인척관계로 묶어둔 것이다. 하지만 염행은 부친의 생명을 구하고자 기회를 엿보다 한수를 습격했다.

이때 한수에게는 성공영이란 충실한 부하가 있었다. 성공영 역시 금성군 출신으로 오래도록 한수를 따르며 심복 노릇을 했다. 한수가 동관 싸움에서 패해 서량으로 돌아올 때 많은 무리가 떠나버렸음에도 성공영만은 끝까지 그를 따랐다. 한수는 이런 성공영을 신임해 아들로 삼았다. 한수가 하후연에게 패한 후 마초를 따라 촉에 귀순하려 하자 성공영이 만류했다. 어찌 남에게 의지하겠느냐는 것이었다. 한수는 성공영의 말에 따라 다시 옛 부하들을 불러들이고, 강족·호족과 연합해 세력을 회복했다. 한수가 염행을 도모하려 하자 염행은 집안사람들과 함께 동쪽으로 달아나 조조에게 귀순했다. 조조는 염행의 부친을 살려주었을 뿐만 아니라 그를 열후에 봉했다.

한수가 국연과 장석의 습격을 받아 죽게 되자 성공영 역시 조조에게 항복했다. 성공영이 귀순하자 조조가 몹시 기뻐하며 군사軍師로 삼고 열후에 봉했다. 하루는 성공영이 조조를 따라 사냥을 나갔는데 화살 세 발을 쏴 앞에 달려 나가던 사슴 세 마리를 연달아 맞혔다. 조조가 손뼉을 치며 칭찬했다.

"그대는 진작에 나를 찾아올 걸 그랬소."

성공영이 곧 말에서 내려 절을 올리며 말했다.

"만약 본 주인이 살아 계셨다면 저는 이곳에 오지 않았을 것입니다."

성공영의 의리가 이와 같았다. 조비의 즉위 직후 성공영은 량주자사 장기를 도와 하서의 반란을 평정하는 데 공을 세웠다.

| 僞 _ 거짓말 | **한수는 조조에게 투항하지 않았다**

《삼국지연의》에서는 가후의 이간책에 넘어간 마초와 한수가 서로 싸우는 장면이 나온다. 마초가 자신을 제거하려고 모의하는 장소를 습격해 한수의 한쪽 팔을 자르자 한수는 달아나 조조에게 투항한다. 사실과 무척 다르다. 한수는 동관 싸움의 패배 이후에도 10년 이상을 더 서량에 머물며 반군생활을 했다. 그는 죽는 날까지 조조에게 항복하지 않았다.

장노
張魯

종교왕국을 세운 오두미교 교주

　사회질서가 무너지고 세상이 혼란스러워지자 종교집단들도 무장세력화하기 시작했다. 대부분은 자위적 차원이었지만 개중에는 종교를 발판삼아 세속적 권력을 키우려 한 사이비 종교가들도 있었다. 오두미교의 교주 장노는 종교를 기반으로 한 군벌집단의 대표적 인물이었다. 장노는 오두미교도를 중심으로 한중에 강력한 종교왕국을 세웠다. 그는 익주의 유장과 대립하기도 했지만 천하의 향배가 정해지자 조조에게 쉽게 항복했다. 종교집단으로서 존속과 세력 유지가 더 중요했기 때문이다. 이런 집단들은 투항 후에도 비교적 우대를 받는 경향이 있었다. 지지세력 확보에 도움이 될뿐더러 정권에 위협이 되지 않았기 때문이다.

　오두미교는 장노의 조부 장릉이 창시했다. 장릉은 서촉의 곡명산 산중에서 도를 닦고 깨달음을 얻은 후 포교에 나섰다. 새로 입교하는 신자에게 쌀 다섯 말을 바치게 했으므로 '오두미교五斗米敎'라는 이름이 생겼다. 난에 가담한 이후에는 '미적米賊'이라는 이름으로도 불렸다. 원래 오두미교는 장각의 태평교와 함께 황로사상을 기반으로 하는 도교 계열이었다. 아니 도교의 일파라기보다는 도교의 원류라고 표현하는 것이 정확할 것이다. 산동지방에 전래돼오던 선도와 방술에 도가 사상이 결합돼 형성된 것이 도교의 원형인데, 후한 말 우길이《태평청령서》를 지어 포교한 것에서 태평교가 나왔고, 거의 비슷한 시기에 장릉의 오두미교가 발생했다. 그런데 태평교는 황건적의 난을 일으킨 후 탄압을 받아 거의 그 뿌리가 단절됐으므로 현대의 도교는 오두미교에서 발전된 것이라고 볼 수 있다.

장릉의 아들 장형이 그 도를 이어받았고, 장형의 아들이 바로 장노였다. 황건적의 난이 일어나자 장노는 오두미교를 기반으로 난을 일으켜 한중을 장악했다. 장노는 한중을 지배하면서 스스로 '사군師君'이라 칭했으며, 별도로 관리를 두지 않고 교단을 통해 백성들을 통치했다. 신도들을 '귀졸鬼卒'이라고 불렀고, 그 위에 좨주를 두어 교도들을 관리하게 했다. 거느리고 있는 신도가 많은 자는 '치두대좨주治頭大祭酒'라 했다. 여러 좨주들은 관부를 대신해 '의사義舍'라는 건물에서 백성들을 다스렸는데, 여기에 늘 쌀과 고기를 두어 길을 가던 사람들이 필요한 만큼 꺼내 먹게 했다. 만약 과다하게 가져가면 '귀도鬼道'에 의해 반드시 병에 걸린다고 했다. 통치방식은 매우 단순해서 법을 어기면 세 번까지는 용서하고 그 후에는 바로 처형했다. 오두미교의 세력이 파군과 한중에 뿌리내리기 시작한 지 30년 지나자 이 지역이 다 장노의 세력권이 됐다. 조정은 혼란한 가운데 오두미교를 토벌할 능력이 없었으므로 장노를 진민중랑장 겸 한녕태수로 임명해 그의 지위를 추인해줬다.

한편 조조가 서촉에 자리 잡은 유비를 공격하기에 앞서 한중에서 길을 막고 있던 장노를 정벌했다. 장노의 병사들이 험한 산악에 의지해 성을 쌓고 방어했으므로 조조의 군대는 매우 고전했다. 조조는 하는 수 없이 회군하려 했으나, 병사들이 산중에서 길을 잃고 헤매다가 순전히 행운으로 한중을 점령할 수 있었다. 이때 장노는 파군으로 달아나면서 창고에 쌓아두었던 보화와 양곡을 모두 봉해놓았다. 조조의 굶주린 군대는 이 식량에 의지해 붕괴를 면할 수 있었다.

장노는 처음부터 조조에게 끝까지 대항할 생각이 없었다. 그는 단지 유리한 협상조건을 이끌어내고자 했고, 이 전략은 멋지게 성공했다. 조조는 장노에게 '진남장군, 낭중후'에 식읍 만 호를 주는 파격적인 조건으로 강화를 맺었다. 당시 조조의 장수들 중 식읍이 만 호에 달하는 이는 아무도 없었다. 조조는 장노를 귀빈으로 대접했으며 장노의 딸을 아들 조우의 배필로 삼아 사돈관계를 맺었다. 그 결과 장노는 위나라 정권하에서 교주 지위를 계속 유지할 수 있었다. 장노의 아들 장성은 강서의 용호산을 근거지로 천사도를 크게 일으켰으며, 이것이 후일 도교의 원류가 됐다.

| 역사의 裏面 | **군벌세력화한 종교집단**

후한 말 세상이 어지러워지고 백성들의 삶이 팍팍해지자 각종 사이비 종파가 기승을 부리기 시작했다. 나라에서 백성들이 안심하고 생업에 종사할 수 있도록 보호해주지 못하니 일반 민중들이 종교집단에 의지해 스스로를 보호하려 한 까닭이다. 그중 황건적의 난을 일으킨 태평교의 교세가 가장 강했으며, 장노의 오두미교가 그다음이었다. 그 외에 기록에 남은 것만도 사이비 불교에 입각해 세력을 모은 후 도적질과 약탈을 일삼았던 작융, 둔갑술을 가르친 낙요, 축지법과 신선술을 표방한 유웅 등이 있었다.

작융은 원래 단양 출신으로 도적떼 수백 명을 모아 도겸에게 의탁했다. 도겸이 그에게 광릉군과 팽성군에서 세금을 징수하는 권한을 주자, 작융은 이를 남용해 각 군에서 조달한 물자를 횡령했다. 작융은 재력을 이용해 불사를 크게 일으켰다. 황금으로 도금한 불상과 한꺼번에 3천 명을 수용할 수 있는 큰 절을 만든 후 인근 여러 군에서 불교신자들을 불러모았다. 가깝고 먼 곳에서 몰려든 사람들이 무려 5천여 호나 됐다. 작융은 일종의 사이비 종교 공동체를 만들고 추종자들에게는 불경 읽기를 의무화했다. 그가 불상을 목욕시키는 행사를 열 때마다 찾아오는 사람들의 수가 만 명이 넘었다고 한다.

유웅은 자를 웅명雄鳴이라 하고, 원래 경조 남전 사람이었다. 젊어서 약초를 캐고 수렵하는 것을 직업으로 삼았다. 복거산覆車山 아래 살면서 매일 새벽같이 구름과 안개 속을 헤치고 약초를 캐러 다녔는데, 산길을 잘 알았으므로 길을 잃어버리는 법이 없었다. 사람들은 그에게 구름과 안개를 마음대로 부리는 능력이 있다고 믿었다. 점차 그를 신선으로 생각해 추종하는 자들이 생겼는데, 이각과 곽사의 난을 피해 많은 사람들이 그의 집단에 들어왔으므로 세력이 제법 커졌다. 건안 연간에 이르러 유웅이 귀순하자 조정에서는 그에게 소장小將이라는 벼슬을 주었다. 일종의 소규모 군벌이 된 셈이었다. 마초 등이 반란을 일으키면서 합류를 권했으나, 유웅이 이를 거부했으므로 마초에게 공격을 당했다. 조조가 관중을 평정하자 유웅은 제 발로 조조를 찾아와 귀순했다. 조조가 반갑게 유웅의 손을 잡으며 말했다.

"내가 방금 입관할 때 꿈속에서 신선 한 분을 보았는데 그것이 바로 경이었구려!"

조조는 유웅을 매우 후하게 대접하고 장군 벼슬을 내렸다. 조조는 그를 풀어주고 추종자들을 불러 모아 오도록 명했으나, 그는 무리들이 항복하기를 원치 않는다는 이유로 다시 반란을 일으켰다. 도망자 무리들이 합세해 수천 명의 세력이 모이자 유웅은 무관武關 입구를 점거해 근거지로 삼았다. 관중에 주둔한 하후연이 토벌하자 유웅은 한중으로 도망쳤다. 조조가 한중을 점령하자 더 이상 피할 곳이 없어진 유웅은 다시 조조를 찾아왔다. 조조가 그의 수염을 붙잡고 말했다.

"늙은 도적놈아. 너를 다시 잡고야 말았구나!"

하지만 조조는 유웅을 재미있게 생각했던 모양이다. 그의 관직을 회복시켜주고 발해로 이주시킨 것이 그가 한 조치의 전부였다.

| 僞 _ 거짓말 | **조조가 양평관에서 거짓 퇴군을 했다?**

《삼국지연의》에 따르면 한중정벌에 나선 조조가 양평관의 수비가 철저한 것을 보고는 의도적으로 퇴군하는 척하면서 장노군의 대비를 해이하게 한 후, 그 틈을 이용해 기습적으로 성을 점령했다고 한다. 사실이 아니다. 군량이 바닥난 조조는 진짜로 철군을 하려 했으며, 후퇴 명령을 받은 장수들이 산길을 헤매다가 실수로 적진에 뛰어드는 바람에 승리를 거뒀다. 순전히 요행이었다. 또 파중으로 도망쳤던 장노가 양송의 배신으로 조조에게 사로잡히는 장면도 다 지어낸 이야기다. 장노는 조조와 협상한 끝에 유리한 조건으로 항복했지 사로잡힌 적이 없다.

도적떼 출신의 군벌

　장연은 도적떼 수령 출신이었다. 중앙정부가 무너지고 세상이 혼란에
빠지자 전국 각지의 세력들이 향촌과 씨족집단을 중심으로 무장한 채 자
체적으로 방위에 나섰다. 국가가 사회질서를 지켜주지 못하자 자위에 나
선 것이다. 자위적 차원에서 무장한 집단들과 달리 공권력이 무너진 틈
을 타 강도질을 하기 위해 무장한 세력들도 나타났다. 이들은 황건적의
난에 가담했던 농민 출신이거나 원래부터 녹림이라 불리던 산적의 무리,
먹고살 길이 없어 떠돌아다니던 유랑민 등 출신 배경이 다양했다. 이들
은 생존 수단으로 강도질을 선택한 것이었으니 가장 원시적인 형태의 강
도단에 해당했다.

　장연은 도적떼 출신 중에서 가장 성공적인 사례였다. 도적떼 출신 무
장집단들은 그날그날의 생존을 위해 약탈했을 뿐이지 특별한 목표나 방
향이 없었다. 대부분 메뚜기떼처럼 이리저리 몰려다니다가 힘이 다하면
유력 군벌들의 토벌 대상이 돼 소멸하기 일쑤였다. 그러나 장연은 '흑산
적'이라는 광범위한 도적떼의 연합체를 구성해 하나의 군벌세력으로 성
장하는 데 성공했고, 이를 바탕으로 제도권 내에 안착할 수 있었다. 보기
드문 사례였다.

　황건적의 난 이후에도 조정은 반성의 기미가 없었고 인민들에 대한 수

탈은 더욱 강화됐다. 먹고살 길이 없어진 농민들은 고향을 등지고 유랑민이 되거나 황건적 잔당 혹은 기존 녹림 무리와 결합해 도적떼가 됐다. 특히 황건적의 난 영향으로 하북 지방의 피해가 컸으므로 이 지역에 도적떼가 창궐했다. 이들은 관군을 피해 태행산맥의 깊은 계곡 속으로 숨어들었다. 수효가 100만에 육박했는데 세상에서는 이들의 무리를 통칭해 '흑산적'이라 했다.

흑산적 무리 중 가장 유력한 집단의 우두머리가 장우각과 저비연이었다. 장우각과 저비연이 세력을 합쳐 잉도를 공격하던 중 장우각이 화살에 맞아 죽었다. 장우각은 죽으면서 저비연을 자신의 후계자로 지목했다. 저비연에게 장씨 성을 물려주고 자신의 무리들에게 그를 수령으로 섬기라고 했다. '비연飛燕'은 원래 날래고 용맹하며 매우 빠르게 달려서 얻은 이름이었다. 비연은 이름을 장연張燕으로 바꾼 후 도적떼들로부터 신임을 얻었다. 중산, 상산, 조군, 상당, 하내의 여러 산간계곡에 근거를 둔 도적들이 다 그에게 의탁하기 시작했다.

장연은 세력이 호대해지자 하북 지방의 여러 군현을 약탈하기 시작했다. 그 피해가 이루 말할 수 없을 정도였다. 조정에서는 황건적 토벌의 영웅 주준을 하내태수에 임명해 장연을 치게 했으나 별로 성과가 없었다. 오히려 조정 내에서 연달아 난이 일어나니 중앙정부는 외부의 도적떼를 통제할 능력이 없었다. 장연은 이 기회에 자신의 지위를 합법화하기를 원했다. 승세를 타고 있었음에도 장연은 먼저 도성에 사절을 보내 귀순 의사를 표시했다. 조정에서는 그를 제도권 내에 묶어두고자 평난중랑장 겸 하북제산곡사에 임명했다. 사실상 태행산맥에 근거지를 둔 여러 도적떼에 대한 합법적 통제권을 위임한 것이다. 이때부터 장연은 정부의 관리로서 20년간 효렴을 선발해 조정에 천거하기도 하고 부하 관리들을 임명하면서 사실상 자치정부를 운영했다.

장연의 세력이 얼마나 강했는지는 원소와의 대결을 통해 알 수 있다.

계교에서 공손찬을 물리친 원소는 그 사이에 업성을 유린한 흑산적 무리에게 보복을 가하기 위해 서쪽으로 토벌에 나섰다. 원소는 조가현 녹장산 창암곡에서 우독 무리를 격파한 후, 태행산맥을 따라 북상하면서 흑산적의 영채들을 차례로 공략했다. 좌자장팔에 이어서 유석, 청우각, 황룡, 좌교, 곽대현, 이대목, 어저근 등이 이끄는 흑산적 무리를 모두 공파하고 도륙했다. 흑산적이 뿌리뽑힐 위기에 처하자 이들의 우두머리였던 장연이 반격에 나섰다. 장연이 북방의 기마민족들을 싸움에 끌어들였으므로 원소는 악전고투했다. 여포가 중도에 가담하지 않았다면 패했을지도 모를 지경이었다. 원소는 결국 토벌을 포기하고 휴전할 수밖에 없었다.

장연은 나름대로 세력 균형 감각이 있었다. 하북의 패권을 놓고 다투던 원소와 공손찬 사이의 세력이 원소 측으로 기울자 장연은 공손찬 지원에 나섰다. 장연은 역경에서 농성하던 공손찬을 지원하기 위해 대대적으로 출병했으나 원소의 복병에 걸려들어 대패했다. 이 패배 이후 장연은 세력을 회복하지 못했다. 세력이 약해진 장연은 조조가 하북 평정에 나섰을 때 그에게 투항했다. 장연이 그때가지 남은 10만여 명의 무리를 이끌고 업성까지 찾아가 항복하자, 조조는 그를 평북장군에 임명하고 식읍 5백 호를 주었다.

농민들의 봉기에는 일방적으로 수탈을 일삼는 기성체제를 전복하고 뭔가 새로운 세상을 만들어보겠다는 희망도 섞여 있었다. 이들을 선동하고 반란에 가담하게 한 것이 바로 우두머리들이었다. 이후 수십 년의 투쟁과정에서 세상은 더욱 혼란해지고 수백, 수천만 농민들이 생명을 잃었다. 그러나 달라진 것은 전혀 없었다. 기나긴 혼란 끝에 전과 동일한 체제가 다시 자리를 잡았을 뿐이다. 다만 난을 선동하고 부추겼던 이들 중에는 장연처럼 제도권 편입에 성공해 부귀영화의 발판을 마련하는 데 성공한 자들이 더러 있기는 했다.

황건적의 난 이후 도적떼가 벌떼같이 일어난 것은 후한 조정의 무능과 부패 때문이었다. 생존의 극한에 몰린 농민들은 유랑민이 되거나 도적떼가 되는 것 이외에 선택의 여지가 없었다. 전국적으로 무수히 많은 도적떼가 창궐한 이유다.

대표적인 도적들로 박릉의 장우각, 상산의 저비연과 황룡, 좌교, 우저근, 장백기, 유석, 좌자문팔, 평한대계, 사례의 연성, 뇌공, 부운, 백작, 양봉, 우독, 오록, 이대목, 백요, 휴고, 고추 등의 무리가 있었다. 목소리가 큰 자는 뇌공雷公, 백마를 타고 다니는 자는 장백기張白騎, 몸이 날랜 자는 비연飛燕, 콧수염이 많은 자는 우저근于氐根, 눈이 큰 자는 대목大目, 옴팡눈을 가진 자는 휴고䮠固 등으로 이름을 지었는데, 작명 방식으로 볼 때 대부분 밑바닥 천민 출신들이었다. 큰 무리는 2~3만, 적은 무리는 6~7천 명씩 됐다. 대부분 산과 골짜기에 근거지를 마련했다.

이때 일어났던 도적떼 중 흑산적 못지않게 이름을 떨친 세력이 '백파적'이다. 흑산적이 일어난 지 약 3년 후 황건적의 잔당인 곽대 등이 하서군의 백파곡을 배경으로 세력을 모았으므로 이렇게 불렸다. 백파적 무리는 10만여 명에 달했는데 태원과 하동을 유린하고 약탈했다.

백파적 세력이 하내에 이르자 조정에서는 황건적을 토벌한 영웅 주준을 하내태수로 임명해 공격을 막아내게 했다. 동탁이 집권한 후에는 사위 우보를 보내 이들을 격파하려 했지만 쉽게 제압하지 못했다. 오히려 마을마다 보루를 쌓고 수비하기에 급급한 실정이었다. 백파적 세력이 이처럼 강성했던 까닭은 흉노족의 선우 어부라가 가세했기 때문이었다. 당시 한나라 국경 내에 정착했던 남흉노인들은 세상이 혼란스러워진 틈을 타 난을 일으켰다. 흉노족의 내분 때문에 갈 곳이 없어진 어부라는 하동에서 백파적과 세를 합친 뒤 하내군 약탈에 나섰다. 백파적 출신 인물들로는 헌제의 동천 과정에서 활약상을 보인 양봉과 한섬, 이락 등이 있고, 후일 조조의 5대 장군 중 하나로 꼽히게 되는 서황도 있다.

흑산적과 백파적 이외에도 태산 자락에는 장패와 손례 등이 이끄는 태산적이 유명했고, 여강의 첨산에는 진란과 뇌박 등을 중심으로 한 도적떼가 자리 잡았다. 이 밖에도 전국의 깊은 산곡에는 난민들이나 지역 주민들을 중심으로 수없이 많은 도적떼가 조직됐다. 강남 지역으로 이주한 자들 중에는 남만족이나 산월족과 잡거하면서 도적이 된 자들이 많았다.

| 僞 _ 거짓말 | 《삼국지연의》가 장연을 소홀하게 다룬 까닭

《삼국지연의》에서는 장연의 이름이 딱 한 군데에 나온다. 원소가 원술에게 쫓겨난 여포를 받아들여 상산의 장연을 격파하게 했다는 대목이다. 정사에도 물론 장연에 대한 열전은 없다. 그러나 그가 천민 또는 도적 출신이라 해서 이처럼 소홀하게 다루어도 될까. 한때 조정의 압제와 연이은 반란으로 인해 갈 곳 없던 100만 백성들이 믿고 의지했던 사람 아닌가. 장연과 그의 무리들이야말로 압제에 저항해 스스로 살길을 개척했던 혁명적 민중 아닌가. 이를 통해서도 알 수 있듯이 《삼국지연의》는 철저하게 영웅 중심으로 쓰였다. 소위 영웅호걸들 간의 패권다툼 속에서 죽어가거나 고통 받은 수많은 민초들의 삶에는 눈곱만큼의 관심도 없다. 《삼국지연의》가 철저히 기득권 체제 옹호를 위해 쓰인 반민중적 책이라고 비판을 받는 이유다.

3장

소현배, 난세의 주역들

유협이란 무엇인가

《삼국지연의》를 보면 유독 소년少年 또는 소년배少年輩란 명칭이 자주 등장한다. 유비가 소싯적에 호협들과 교류하고 작당하기를 좋아해 소년배들이 다투어 수하에 모여들었다거나, 주준이 하비승 손견을 좌군사마로 추천하자 하비현 내 향리의 소년배들이 모두 다 종군하기를 원했다는 등 말이다. 조홍이나 마초도 소년장군으로 지칭됐는데 그들이 중년의 나이에도 계속 소년 장군이라 불린 것으로 볼 때 나이가 어린 장군이라는 뜻이라기보다는 '소년'이라는 특정 집단을 거느린 장군의 의미로 보인다. 《사기》에서도 마찬가지 사례를 볼 수 있다. 경포나 팽월 등이 봉기할 때 이들을 추대한 자들은 다 소년들이었다.

진보량의 《중국유맹사》에서는 후한과 삼국시대의 소년 및 악소년의 성격을 유맹의 일종으로 보고 있다. 유맹流氓이란 '올바른 생업에 힘쓰지 않고 나쁜 짓을 일삼는 사람'이라는 의미로, 주로 건달, 부랑자, 깡패 등을 포괄하는 사회계층이다. 선진先秦시대의 유협游俠, 삼국시대의 소년, 후대의 방시악소, 파락호, 무뢰곤도 등을 다 같은 부류라고 봤다. 결국 유맹이란 관직에는 나아가지 못하면서 생업에도 열중하지 않는 기회주의적이고 비생산적인 집단을 포괄하는 개념이라고 볼 수 있다.

이들의 발생 원인은 근대 이전 동양 사회에 직업 선택의 자유가 극히 제한적이었다는 데 있다. 전근대시대 동양사회에서 직업은 단 두 가지뿐이었다. 관리士가 되거나, 농農·공工·상商에 종사하는 백성이 되는 것이었다. 관리로서 출사하지 못하면 주로 농사나 지으며 일생을 살아야 했다. 그런데 동서고금을 막론하고 힘들여 생업에 종사하기 싫어서 쉽게 한몫 잡아보려 하는 기회주의적 집단이 존재하기 마련이다. 유협 또는 유맹은 생업에 힘쓰지 않는 유한계급이라는 공통점이 있다. 어느 시대, 어느 사회에서나 생업에 힘쓰지 않고 떠돌면서 '속이고 협박하고 때리고 빼앗는' 악행에 기대어 살아가는 부류는 있게 마련이다. 우리 현대사만 보더라도 이들은 건달, 깡패, 조직폭력배 등의 이름으로 등장한다. 이들은 기본적으로 자본주의 초기에 마르크스가 주목했던 '투쟁적이면서도 해이하고 나태한 이중성'을 지닌 룸펜프롤레타리아트 계층의 특성을 지니고 있다. 이들은 혼란 상황이 오면 기회 포착에 능하고, 생존 능력이 강하다는 특징이 있다. 난세를 만나면 이들 중 능력 있는 자들은 지역 강도단의 두목이 되고 나머지는 강도단원이 됨으로써 새로운 정치질서 창출의 주역이 되기도 한다.

그런데 진보량이 정의한 '유맹'이란 범주에는 상층의 정치권력 지망생에서부터 지역의 호강세력, 하층의 건달집단까지 다양한 사회계층이 포함돼 있다. 또한 성격상 협행을 하는 의협에서부터 중앙과 지방의 권력집단에 기생해 인민을 착취하는 악당들까지 망라하고 있어, 사회적 신분과 성격이 매우 다양한 개념이다. 그러므로 하나의 개념으로 범주화하기에는 무리가 있다.

이에 비해 유협이란 하나의 사회계층 내지 직업집단의 성격이 강하다. 원래 유협이란 말은 '유사'와 '협객'을 합한 개념이다. '유사遊士'란 자기를 등용해줄 군주를 찾아 떠돌아다니는 사족士族이다. 군주에게 등용되지 못한 실업 상태에서 유사는 자신의 능력을 알아주는 군주를 찾기 위해 이 나라 저 나라로 떠돌며 군주를 면담·설득하러 다닌다. 이들이 군주를 만나 자신의 능력과 특기를 선전하는 것이 바로 유세遊說다. 유세란 군주들을 찾아가 자신의 효용가치를 설명하는 것으로, 일종의 면접시험을 보는 것이다. 군주들을 만나기 위해 이리저리 떠돌아다니지만 아직 미고용 상태이므로 이미 특정 군주에게 고용돼 타국을 설득하러 다니는 세객說客과는 다른 신분이다.

유사란 직업 없이 떠돌아다니는 선비다. 사족의 일원인 것이다. 그러면 사인 또는 사족이란 무엇인가? 원래 선비 '사士' 자는 양손에 병장기를 든 모습이었으나 간단한 형태로 변한 것이다. 다시 말해 사인은 병기를 든 남자, 즉 무장집단의 일원을 의미하는 개념이었다. 사士는 군주와 함께 국인國人을 구성하는 존재다. 국인이란 성읍국가 내에 거주하며 그 주변 지역을 지배하는 무장집단을 말한다. 고대 중국에는 두 종류의 계급이 존재했다. 국인과 방민邦民이 그것이다. 국가의 발전단계를 살펴보면, 농업사회에서 고대 국가 성립 이전 단계는 성읍 국가였다. 지역강도단이 형성돼 성채를 쌓아 자신들을 보호하는 한편, 주변 지역 내 거주자들을 독점적으로 지배하면서 성읍국가가 탄생했다. 메소포타미아의 바빌론, 우르, 니느웨 등의 도시국가들, 이집트의 노모스, 그리스의 폴리스, 삼한과 왜의 여러 나라들이 다 이런 형태의 성읍 국가들이다. 성읍 구성원들의 본질은 무장강도단이고 그들의 우두머리가 군주가 되는 것이며, 강도단원들이 '사士'인 것이다. '사' 자의 원형이 양손에 무기를 들고 있는 형태였던 것이 이런 이유에서다. 국國도 마찬가지다. 성이나 요새 내에 무기戈를 들고 있는 사람口들이 모여 있는 모습이다. 초기 성읍 국가 단계에서 국인은 오로지 군주와 무사로만 구성됐다. 사회가 단순해 직업 분화가 이뤄지지 않았기 때문이다. 춘추전국시대로 들어오면서 사회가 다양하게 분화하기 시작하자, 성읍國 내에 거주하는 사람들의 직업도 다양하게 분화하기 시작했다. 먹줄을 들고 기계를 만들거나 토목 사업에 종사하는 기술자 집단인 묵가墨家, 형옥을 담당하는 법률전문가들로 구성된 법가法家, 관혼상제 등 의례를 담당하는 전문집단인 유가儒家, 방중술이나 연단술을 연마한 일종의 자연과학자들이었던 도가道家, 점복을 담당하던 음양가陰陽家, 전투기술 전문가들인 병가兵家 등 직업집단의 분화가 이뤄진 것이다. 이들이 춘추전국의 무한경쟁 시대를 맞이해 각국의 군주들이 타국을 포함한 각지에서 유능한 인재들을 모집하는 데 열을 올리자 자신들의 직업 윤리와 노하우를 체계적으로 정리한 것이 제자백가의 기원이다.

한편 '협객俠客'이란 협의를 행하는 것을 생명으로 하는 선비의 일종이라고 볼 수 있다. 협俠이란 한자의 형태는 사람들을 큰 품에 안고 있는 사람의 형상이다. 협객은 의義를 생명보다 중시한다. 의가 그들 집단의 정신적 지도원리인 것이다. '은혜를 알면 반드시 갚고, 원수가 있으면 반드시 보복한다知恩必報 有仇必復'가 그들의 모토다. 그런데 여기서 말하는 '의'란 우리가 일반적으로 알고 있는 것과는 다른 개념이다. 협객의 '의'는 '협의'를 말한다.

옥편에서 '의義'의 뜻을 살펴보면 두 가지 서로 다른 뜻이 있음을 알 수 있다. 하나는 '사람으로서 지켜야 할 떳떳하고 정당正當한 도리道理'이고, 다른 하나는 '남과 골육骨肉과 같은 관계關係를 맺는 것'이다. 협객에게 있어서 의란 두 의미를 모두 포함하고 있지만, 후자의 느낌이 조금 더 강하다. 즉 협객의 '의'는 사회적인 의미의 대의나 정의라기보다는 타인과 골육 같은 관계를 맺고, 이와 같은 관계를 맺은 사람들 사이에서 지켜야 할 도리를 지키는 것을 의미한다. 협객은 범법자나 국가에 죄를 지은 자라 할지라도 도움을 청하며 찾아온다면 기꺼이 돕고 보호해주는 것을 '의'로 삼는다. 국가적으로나 사회적으로는 불의할지라도 한번 의로써 관계를 맺으면 반드시 지키는 개인 간의 의리를 더 중시한다. 이러한 의는 범죄집단이나 도적들 사이에서도 존재할 수 있다. 그러나 협객이 반드시 도적이나 범죄인인 것은 아니다. 다만 의를 행하는 과정에서 범법을 행하는 것은 개의치 않는다. 공자와 비교되곤 하는 '도척'도 일종의 협객이었을 것이다. 협은 누구든지 도움을 청하는 자가 있으면 위험을 무릅쓰고 그를 돕는다. 특히 한번 약속을 했으면 그로 인해 자신이 어떠한 곤경에 처할지라도 꼭 지킨다.

'협' 또는 '협객'이 존재했던 이유는 실질적 법치주의가 확립되지 않았던 고대 사회에서 공식적인 범법 여부를 떠나 억울하거나 불쌍한 사람을 도울 필요성이 있었고, 또 이를 전문적으로 행하는 집단을 원했기 때문이다. 협은 법적 안정성보다 구체적인 적실성을 앞세우는 사람들의 집단이라고나 할까? 협행을 하는 이는 남을 돕느라 떠돌아다니는 경우가 많았으므로 협객이라고 불리곤 했다. 그런데 유사 중에도 출사의 전망이 없거나 스스로 은거하기로 결정한 이들 중 남의 어려움을 돕는 일에 열심인 자들이 나타나게 됐다. 협행을 하는 유사들이 나타난 것이다. 또한 유사와 협객은 모두 일정한 직업 없이 유랑한다는 점에서 비슷한 행태를 보이기도 했다. 유사와 협객이 명확하게 구분되지 않았으므로 이런 부류를 통칭하는 개념으로 '유협'이란 명칭이 생긴 것이다.

선진시대와 전한시대의 대표적인 유협들로《사기史記》'유협열전游俠列傳'에 나오는 주가, 곽해, 극맹 등이 있었다. 후한 시대에 이들 유협들의 계보를 잇는 부류를 소년 또는 악소년이라고 불렀다. 이들은 광의의 유맹이란 개념에 포함된다.

난세와 소년, 소년배

《삼국지》에 자주 등장하는 '소년'이란 청년과 유년 사이 연령대의 청소년을 지칭하는 용어가 아니다. 소년이란 일종의 유협 또는 유맹에 해당하는 사회적 집단으로서, 진나라와 한나라 시절에 이들을 부르던 명칭이었다. 이들 소년 계급의 무리를 소년배 또는 악소년惡少年이라고 부르기도 했다.

흔히 유맹을 하층계급이자 그 사회의 일탈집단으로 취급하지만, 연구 범위를 넓히면 역사적으로 유맹의 대상에 속하지 않는 사회계층이 없을 만큼 광범위했다. 한나라 유방과 명태조 주원장처럼 건달에서 왕이 된 인물까지 있으니 유맹이 중국의 흥망성쇠를 좌우했다고 해도 과언이 아니다. 진보량의《중국유맹사》에 따르면 일부 정치건달은 자신의 세력을 키워 황제나 주요 관직의 자리에 올랐다. 진보량은 여러 사료를 근거로 내세우며 한나라 고조 유방과 명나라 태조 주원장이 미천한 신분 출신으로 대표적 정치건달이었다고 전한다.《사기》'고조본기高祖本紀'는 유방을 일러 "무뢰배로, 생산적인 일을 잘하지 못했다"라고 기록하고 있으며, 주원장 역시 여러 사료에 따르면 거지 또는 떠돌이 승려 출신일 가능성이 높다. 삼국시대의 유비는 출신이 미천해 '짚신을 팔고 돗자리를 짜는 것'을 직업으로 삼았으며, 거상들의 원조에 기대 정치집단을 형성하는 등 '건달 기질'을 발휘했다고 풀이했다.

후한 및 삼국시대의 소년 또는 악소년들이란 일종의 유협 또는 유맹으로서 상층의 정치권력 지망생에서부터 지역 호강세력 하층의 건달집단까지, 그리고 협행을 하는 의협에서부터 중앙과 지방의 권력집단에 기생해 인민을 착취하는 악당들까지 망라했다. 사회적 신분과 성격이 매우 다양한 개념이었던 셈이다. 또한 이들은 사농공상에 종사하지 않는 유한계급으로, 상층으로는 세력가의 자제들 중 아직 벼슬아치로 추천되지 못한 이들부터 지역 토착세력의 자제들까지, 하층으로는 건달에서 범법자에 이르기까지 그 출신성분이 매우 다양했다. 예를 들면 원소나 원술, 장막, 조조 등은 명문가의 자제로서 좋은 교육을 받아 문무겸전했으나 환로로 나가기 이전에 주변 소년배들과 패거리를 이뤄 온갖 장난과 악행을 재미 삼아 저질렀다. 동탁이나 손견은 지역의 호족, 호강의 자제로서 자신을 추종하던 소년배 세력을 기반으로 나중에는 유력 군벌로 성장하기까지 했다. 유비나 관우, 장비는 가장 밑바닥의 건달 출신들로 지금의 조폭과 비슷한 존재였다.

이들 소년배들의 공통적 특징은 농공상의 생업에 종사하지 않았다는 것이다. 원래 사인 출신이었거나 요행히 기회를 얻어 관직에 출사하기도 했지만 이런 일은 매우 드물었다. 특히 천하가 안정된 치세에서라면 말이다. 이때 이들은 패거리를 지어 몰려다니며 놀거나 그 비용을 마련하느라 갖가지 범죄와 비행을 저질렀다. 이들은 그저 세상이 어지러워져 크게 한탕 할 기회만을 노렸다. 그야말로 반체제적이고도 게을러빠진 무뢰한들이었다.

자, 난세가 됐다. 소년배들이 고대하고 기다렸던 상황이 온 것이다. 소년배들과 이들의 우두머리는 그야말로 '물 만난 고기'가 됐다. 천하대란이 일어나고 전국의 군현은 물론 향당이나 씨족집단까지 자위를 목적으로 혹은 타인을 강탈하기 위해 모조리 무장집단화하자 여기에 적극적으로 가담했다.

스스로 군대를 모아 의병을 자칭하고 무장봉기하거나 대소군벌에게 출사해 무장이 됐다. 전자의 대표적인 사례가 원소, 원술, 조조, 여포, 유비 등이고, 후자에 속한 인물들은 관우, 장비, 하후돈, 하후연, 조인, 장요, 전위, 손하, 여범, 주태, 진무, 동습 등이다. 또 대란 이전에 이미 출사해 관직에 있었지만 본래는 소년배 출신인 이들도 많았는데 동탁, 손견, 장막, 장초 등이 대표적인 인사들이었다. 또 소년들끼리만 무장집단을 형성하기도 했는데, 이 경우 그 우두머리를 소년장군이라 했다. 《삼국지》에 흔히 등장하는 소년장군은 연령대가 소년이어서 그렇게 불린 것이 아니라 거느리고 있는 무리들이 소년배 출신들이었기 때문이다. 가장 유명한 소년장군들이 손책, 조홍, 마초 등이다. 《삼국지연의》에 흔히 등장하는 호수, 호강들은 향당 지도자나 지역 유력자들이 대부분이나 이들 중 상당수는 원래 출신이 소년배였다. 허저나 장패 등이 이런 부류였다.

이들은 난세를 만나 한몫 잡기 위해 세상에 뛰어듦으로써 세상을 더욱 어지럽게 만들었다. 그러나 난세는 이들의 세상이었다. 난세에 서로 치고 받고 싸우는 과정에서 맹활약을 펼치며 가장 두드러진 실적을 거둔 것도 바로 이들이었다. 소년배 출신들이야말로 어지러운 세상에서 그들이 평소에 갈고닦은 실력을 유감없이 발휘할 수 있었기 때문이다. 소위 '속이고 협박하고 야합하고 빼앗는' 것이 원래 이들의 주특기였다. 거친 사내들이었다. 이들이 바로 《삼국지연의》에서 주인공으로 화려한 조명을 받고 있는 소위 영웅호걸들의 진상인 것이다.

삼국정립 이전까지는 소년배들의 전성시대였다. 그러나 삼국이 정립되고 나서는 이들의 활약과 영향력이 두드러지게 감소한다. 세상을 안정시키고 잘 관리하며 다스리는 것은 이들의 특기가 아니었기 때문이다. 이들은 세상을 어지럽히고 기회를 엿보다 한탕 크게 벌이는 일에는 선수였지만 국가 관리자로서는 적합하지 않았다. 난세는 소년배의 시대였고, 치세는 사인의 시대였다.

관우
關羽

살인범에서 신이 된 사나이

관우?~219는 젊은 시절 친구의 원수를 갚아준다는 명목으로 고향의 세력가 한 사람을 살해했다. 관우의 고향인 하동군 해현에는 큰 소금호수가 있었는데 매우 염도가 높아서 소금 산지로 유명했다. 내륙 지방인 산서성에 위치한 하동군은 소금이 귀했으므로 해현의 소금산업에는 매우 큰이권이 걸려 있었다. 관우는 소금산업과 관련된 이권 다툼 와중에 한 사람의 청탁을 받고 한밤중에 담을 넘어 들어가 상대 쪽 실력자를 살해해버린 것이다. 전형적인 협객의 행태였다.

이처럼 협객 출신의 살인자가 어찌하여 중국 역사상 가장 존경받는 영웅의 하나가 되고 급기야는 신의 반열에까지 오르게 됐을까? 관우는 사후에 '관공關公'으로 높여 불리다가 시간이 지남에 따라 '관왕' '관제'에이어 '관성제군關聖帝君'으로까지 격상됐다. 지금도 민간에서는 그를 무신武神또는 재신財神으로 숭배하고 있다. 심지어 관우를 모시는 민간신앙이 종교화해 관성교關聖教가 됐고, 그를 섬기기 위한 관제묘가 전 세계에 설치돼 있다. 낙양에 있는 '관림'이 총본산 역할을 하고 있다. 유교에서 공자를 신격화하고 곡부에 있는 공묘를 본산으로 하고 있는 것과 마찬가지다.

중국 역사에서 인간으로서 신의 반열에 오른 사람은 공자와 관우 딱두 사람뿐이다. 공자는 문인을 대표하고 관우는 무인을 대표한다. 참고로 중국인들이 가장 존경하는 문인은 공자, 제갈량 순이고, 가장 존경하는 무인은 관우, 악비 순이다. 《삼국지연의》에 등장하는 인물이 두 명이나, 그것도 유비 진영 인사들로 채워져 있다는 사실은 이 책이 현대 중국인들에게 미치는 영향력을 짐작케 한다.

관우가 영웅이 되고 신이 될 수 있었던 까닭은 역설적이게도 그가 실패했기 때문이다. 관우는 일생일대의 성공 기회를 눈앞에 두고 참담한 실패의 나락으로 떨어지고 만다. 참으로 비극적인 최후였다. 성공한 사람은 결코 영웅이 되지 못한다. 당연히 신이 될 수도 없다. 그리스 신화를 보라. 비극적 최후를 맞은 자만이 신이 될 자격을 얻는다. 민중의 한이 투영돼야 영웅이 되고 신이 된다. 남이장군이나 계백장군은 신이 돼도 김유신이나 이성계가 신이 될 수 없는 것은 이런 까닭이다. 민중들이란 그들의 한과 억울함을 투사할 대상을 실패한 영웅에게서 찾는 법이다.

관우는 육손의 표현대로 일생에 큰 성공을 이뤄본 적이 없었다. 물론 관우가 한때 '만인지적萬人之敵의 장수' 라 불릴 만큼 무용이 뛰어났던 것은 사실이다. 관우는 백마싸움에서 만 명의 군중을 뚫고 돌진해 원소의 상장 안양의 목을 단칼에 베었다. 그러나 이는 어디까지나 개인적 무용 차원의 일이었다. 관우는 군사지휘관으로서 능력을 보여준 적이 없었다. 처음으로 독자 수행한 하비성 수성전에서 그는 성을 지켜내지 못했다. 또 심구에서의 전투도 패전으로 끝났다. 형주 쟁탈전에서도 여몽·감녕 등 상대방을 압도하지 못했다. 관우가 유일하게 크게 성공을 거둔 작전은 양번을 포위한 후 우금의 7군을 몰살시킨 일이었다. 그것도 실은 작전의 성공이었다기보다 한수의 범람이라는 천재지변 덕분이었다.

한 번의 성공으로 한없이 우쭐해진 관우는 간적 조조를 도모해 중원을 되찾고 한실을 회복하겠다는 거창한 구호를 내걸었다. 능력 밖의 일인 줄 몰랐던 것이다. 관우의 교만한 성품이 상황을 더욱 악화시켰다. 관우는 평소 사인계급을 멸시했다. 난세에 수많은 사족 출신 인사들은 비루

한 목숨 하나 지키고자 혹은 가족의 안전을 도모하고자 변절과 배신을 일삼았다. 의리를 목숨보다 중히 여기는 협객 출신의 관우로서는 도저히 인정할 수 없는 행태였다. 관우는 늘 제대로 이해하지도 못하는 《춘추》를 끼고 다니며 사인들의 의리 없음을 매도했다. 관우는 군량과 병력의 조달에 어려움을 겪고 있던 후방의 미방과 부사인을 협박했다. 대공을 이룬 후에 손을 봐주고야 말겠다고. 사실상 배반을 유도한 것이나 마찬가지였다. 더욱이 이해할 수 없는 일은 손권을 모욕한 일이었다. 협력을 구해도 모자랄 판에 그는 손권에게 동맹 파기의 명분을 제공했다.

관우는 충의의 화신이요, 무인의 신이 될 정도로 인격적으로나 실력으로나 뛰어난 인물이 아니었다. 그저 흔한 협객 출신의 무장에 불과했다. 예순 가까운 나이에 마초와 비무比武를 하겠다고 큰소리를 치거나 황충 같은 병졸 출신과 같은 반열에 설 수 없다고 심술을 부렸던 것을 보면 미숙한 면까지 있었다. 재능이 뛰어났던 명사 유파가 관우나 장비를 일개 병졸 출신으로 폄하했던 것도 이런 이유에서였다.

그럼에도 관우는 몹시 교만했다. 일군의 대장으로서 능력이 부족함에도 무모하고 교만하기까지 했으니 그의 실패는 필연적인 결과였다.

| 역사의 裏面 | **여색을 밝히다**

관우도 장가를 간 적이 있을까? 《삼국지연의》에는 관우의 부인 얘기가 전혀 언급되지 않는다. 마치 관우가 오로지 유비에게 충성하느라 수도승처럼 살아왔다는 듯이 비춰지기도 한다. 관우가 관평을 양자로 받아들이는 장면에서 관우는 이렇게 말하기까지 한다.

"전장을 떠돌아다니다 보니 미처 장가들 틈이 없었습니다."

과연 그랬을까? 평균 수명이 마흔 전후였던 시절에 관우처럼 혈기 왕성한 장수가 나이 마흔이 되도록 장가를 못 들었을 리가 없다. 신분이 불안해 정식 장가는 못 들었다 해도 야합을 하거나 여자를 강제로 취하기는 했을 것이다. 장비가 나물 캐러 나온 하후연의 어린 조카를 납치해 부인으로 삼았던 것으로 보아 미루어 짐작할 수 있다. 관우는 탁현 시절부터 처자가 있었을 것이다. 힘이 지배하던 세상에서 탁현을 지배하던 조폭집단의 '넘버 투'였으니 여자가 없었을 리 없다. 게다가 관우는 한때 하비태수를 맡아 한 군의 수장을 지내기까지 하지 않았던가. 아마도 유비를 좇아 이리저리 떠돌던 과정에서 가족을 잃었거나 버렸을 것이다.

정사를 보면 관우는 일찍이 장가를 간 것이 확실하다. 관우가 건안24년219년 임저臨沮에서 죽을 때 장성한 아들 관평이 함께 종군했다고 한다. 《삼국지연의》에 관우의 양자로 나오는 관평은 사실 친자식이었을 것이다. 정사 어디에도 그가 관우의 양자라는 기록은 없다. 관평은 관우가 형주로 가기 전에 낳았던 자식들 중 살아남은 아들이었을 것이다. 이외에도 관우에게는 관흥과 관통이라는 아들들이 있었다. 이들은 관우가 형주에 정착한 이후에 낳았을 것이다.

이쨌든 유비가 조조와 함께 하비성에서 여포를 포위했을 때 관우가 진의록의 처를 요구했던 것을 보면, 적어도 이때 관우는 배필이 없었을 가능성이 높다. 소패에서 여포와 고순에게 패해 달아났을 때 가족을 챙길 여력이 없었을 테니 말이다.

관우 역시 힘으로 남의 여자를 빼앗는 일에 아무런 가책을 느끼지 않았다. 유비가 조조와 함께 하비성에서 여포를 포위했을 때의 일이다. 하루는 관우가 조조를 찾아왔다. 의아해하는 조조에게 관우는 여포의 부장 중 진의록이라는 자가 있는데 성이 함락되면 그의 처를 자기에게 달라고 부탁했다. 조조는 흔쾌히 허락했다. 그런데 성의 함락이 임박하자 관우가 몇 번 더 찾아와 다짐을 받았다.

조조는 이상한 생각이 들었다. 도대체 무엇이 저 관우라는 사내를 이토록 애태우게 하는 것일까. 여포의 항복을 받아낸 조조는 장난 삼아 먼저 진의록의 처를 자신에게 데려오도록 했다. 대단한 미인이었다. 조조는 그녀를 취해 첩으로 삼았다. 후일 조조의 비빈이 된 두부인杜夫人이 바로 그녀였다.

조조는 두부인을 꽤나 사랑했던 것 같다. 두씨가 첩이 됐을 때 그녀에게는 이미 진랑이라는 아들이 하나 있었는데, 조조가 그를 궁에서 키우며 친아들처럼 예뻐했다. 매번 손님들을 맞을 때마다 진랑을 무릎에 앉히고는 이렇게 말하곤 했다.

"세상에 나처럼 의붓자식을 친아들처럼 사랑하는 사람이 있을까?"

연모했던 여인을 빼앗긴 관우는 깊은 원한을 품었다. 후일 관우가 조조의 후대에도 불구하고 끝내 그에게 심복하지 않은 까닭이 여기에 있을지 모른다. 세상에 사랑하는 여인을 빼앗아 간 사람 밑에서 일하고 싶은 사람이 누가 있겠는가.

| 偽 _ 거짓말 | 오관육참장 설화의 진실

《삼국지연의》에서는 관우가 조조를 떠나 유비에게 돌아가는 과정에서 다섯 개 관문을 통과할 때 길을 막는 여섯 장수의 목을 베었다고 한다. 이른바 '오관육참장五關六斬將' 설화다. 이 이야기는 사실이 아니다. 관우는 조조의 사후 허락이 있었기에 유비에게 돌아갈 수 있었다. 관우가 조정에서 임명한 장수와 지방관들을 마구 죽이고 다녔다면 조조가 이를 내버려두었을 리 없다.

장비
張飛

당양, 장판 싸움의 영웅

장비는 본시 탁군의 건달 출신이었다. 《삼국지연의》에서는 그가 개백정 출신이었다고 하는데 아무런 근거가 없다. 아마도 이미지가 비슷했던 유방의 용장 번쾌의 직업에서 모티브를 얻은 것이리라. 당연히 정사에는 도원결의에 관한 기록도 존재하지 않는다. 확실한 것은 장비가 탁현 시절부터 관우와 더불어 유비를 섬겼으며, 관우가 몇 살 위였으므로 그도 형으로 모셨다는 정도다.

장비는 체격이 웅장하고 용맹했다. 그의 이름이 날 '비飛' 자였던 것으로 봐 매우 날래기도 했던 것 같다. 그러나 그의 무용은 관우에 조금 못 미쳤다고 한다. 일찍이 위나라의 책사 정욱이 장비를 관우와 더불어 만인지적의 장수라 칭찬했다. 그러나 정욱이 개인적으로 장비를 알고서 이와 같이 말했던 것으로 보이지는 않는다. 아마도 관우의 허풍을 믿고서 이런 말을 했을 것이다. 관우가 백마싸움에서 만 명의 군중을 뚫고 들어가 원소의 상장 안양의 목을 단칼에 베자 모든 사람들이 입을 모아 그의 무용을 칭송했다. 그때 관우가 큰소리를 쳤다.

"나 정도는 아무것도 아니오. 나의 동생 장비는 적장의 목 베기를 마치 소매 속에 든 물건 꺼내듯이 한다오."

이 말을 믿은 조조는 수하의 장수들에게 '장비'라는 이름을 옷깃에 적어두라고 했다. 혹시 전장에서 마주치게 되면 무조건 피하라고 말이다.

장비가 당양, 장판의 싸움에서 위명을 떨치게 된 것은 다 이와 같이 잘못된 정보 덕을 본 바가 컸다. 조조가 형주 경내로 진격하자 유비는 뒤도 돌아보지 않고 강남을 향해 도주했다. 조조가 밤낮으로 하루 만에 300리를 달려 당양, 장판에서 유비의 도주행렬을 따라잡았다. 불의의 기습을 당한 유비는 처자식을 버리고 도주하면서 장비로 하여금 20명의 기병을 거느리고 후방을 차단하게 했다. 장비는 장판교를 끊고 물가에서 적을 막았다.

이때 기습에 나선 조조의 선봉부대는 조인의 동생 조순이 이끄는 호표기였다. 호표기는 조조의 최정예 기병부대로서 위명이 높았다. 호표기를 위시한 조조의 장수들이 몰려들자 장비는 겁도 없이 눈을 부릅뜨고 큰소리로 외쳤다.

"나는 장익덕이다. 누구든지 건너와라. 나와 목숨을 걸고 한번 싸워보자!"

호표기와 조조의 장수들은 장비의 이름을 익히 들어 알고 있었다. 장비의 기세에 눌린 조조의 장병들은 아무도 감히 도하를 시도하지 못했다. 이로써 유비는 위기를 모면했고 장비는 위명을 천하에 떨쳤다.

장비는 유비를 따라 종군하면서 수많은 전장을 누볐지만, 본질적으로 용맹한 무사였지 훌륭한 군사지휘관은 아니었다. 그의 무모함은 유비를 심각한 궁지에 몰아넣기도 했다. 유비는 서주를 놓고 원술과 대결을 벌이게 됐을 때, 자신의 본거지인 하비성의 수비를 장비에게 맡겼다. 나이 불과 스물여덟에 팔팔한 성격의 장비는 하비상 조표와 마찰을 일으켜 그를 죽여버렸다. 이 사건은 유비가 여포에게 서주를 빼앗기는 결과를 가져왔다.

이런 미숙함으로 인해 당시 사대부들은 장비를 일개 무부로 보며 높게 평가하지 않았다. 당대 명사 중 하나인 유파와의 일화를 살펴보자. 장비는 관우와 달리 사대부들을 존경하고 우대했다. 유비가 익주를 손에 넣은 직후, 장비는 성도에 거주하던 유파의 숙소로 찾아왔다. 평소에 유파의 명성을 흠모한 장비가 그와 교유하기를 원했기 때문이다. 하지만 유파는 찾아온 손님을 앞에 두고 말을 나누려고 하지도 않았다. 장비가 이 일로 몹시 분해하며 유파를 원망했다. 제갈량이 유파에게 권유했다.

"장비는 비록 무인이지만 귀하를 경모하고 있소. 우리 주공께서는 방금 문무의 인재를 두루 모아 천하의 큰일을 이루고자 하는데 귀하는 비록 천품이 고상하다고는 하나 마땅히 뜻을 조금 낮추어야 할 것이오."

유파가 이렇게 대답했다고 한다.

"대장부가 세상에서 살아감에 있어 마땅히 사해의 영웅들과 교유해야 하거늘, 어찌 일개 병졸과 함께 말을 터야 한다는 말이오?"

이처럼 일개 병졸로 취급받던 장비도 경험이 쌓이면서 장수로서의 역할을 제법 훌륭하게 수행할 수 있게 됐나 보다. 그가 촉을 정복할 때 엄안을 사로잡은 일이나, 장합과 싸워 파서군을 지킨 일을 보면 알 수 있다.

장비는 사대부를 존경했던 반면 자기와 출신성분이 같은 수하 장병들은 불쌍히 여기지 않았다. 유비가 늘 이를 걱정해 장비를 타이르곤 했다.

"경은 형벌과 처형이 지나치오. 또 매일 측근에 있는 건아들을 채찍질하니 이는 화를 부르는 길이오."

과연 장비는 막하의 장수들인 범강과 장달에게 피살됐다.

| 역사의 裏面 | 약탈혼으로 조조 진영과 인척관계가 되다

관우의 여자 이야기가 나온 김에 장비는 어땠을지 잠깐 언급하고자 한다. 장비는 장비답게 여자 문제를 해결했다. 단순 무식하게 민간인 부녀자를 약취하거나 전쟁포로 중에서 골라 그때그때 욕구를 해소한 것이다.

장비는 나이 서른이 넘어서 하후연의 조카딸 하후씨와 부부의 연을 맺었다. 서로 숙적 관계인 유비와 조조의 진영에 속해 있던 장비와 하후연이 어찌 인척관계를 맺을 수 있었을까? 해답은 간단하다. 정상적 결혼이 아니라 약탈혼이었다.

건안5년^{200년} 유비가 서주에서 조조에게 반기를 들었을 때의 일이다. 장비는 종종 별동대를 이끌고 패국 일원으로 약탈을 나가곤 했다. 패국 초현은 원래 조조와 하후연의 고향이었다. 따라서 조씨와 하후씨의 친척들이 많이 살았다. 하후연의 조카딸 하나가 패국에 살았는데 당시 나이가 불과 13~14세였다. 동네 친구들과 들로 나물을 캐러 나갔다가 약탈을 나온 장비에게 붙잡혔다. 장비는 그녀가 양갓집 규수인 것을 알고는 처로 삼았다.

이런 연유로 장비는 본의 아니게 하후연의 조카사위가 됐다. 당시 하후연은 사실 조조와 친척지간이면서도 서로 성씨가 다르다는 이유로 집안끼리 혼인관계를 맺은 상태였다. 하후연의 처는 조조의 누이동생이었고, 하후연의 장자 하후형은 조조의 조카딸에게 장가들었다. 결국 장비의 엉뚱한 짓 덕분에 유비는 조조와 먼 인척관계를 맺은 셈이었다. 유비는 장비와 형제지간의 의를 맺었으니 말이다.

후일 장비의 딸이 후주 유선의 정실부인이 됨으로써 유비와 하후연은 정식으로 인척관계가 됐다. 비록 하후연이 정군산에서 유비군에게 패사한 이후의 일이었지만 말이다. 장비의 딸들은 하후씨를 닮아 매우 빼어난 미인이었던 듯하다. 장비의 두 딸이 모두 유선의 황후가 됐다.

하후연의 둘째 아들 하후패는 일찍이 부친의 원수를 갚고자 자진해서 정촉호군이 돼 관중에 주둔했다. 후일 쿠데타로 집권한 사마씨 부자에게 조상의 일파로 몰리게 되자 하후패는 촉에 망명했다. 유선이 하후패를 만난 자리에서 자신의 아들들을 가리키며 말했다.

"경의 부친은 전장에서 해를 당했을 뿐이지 나의 선친이 손수 참수한 것이 아니오. 그리고 이 아이들은 하후씨의 외손자요."

| 僞 _ 거짓말 | **독우를 매질한 건 장비가 아니라 유비**

유비가 안희현위가 됐을 때 군에서 독우^{감독관}가 내려와 유비를 거만하게 대했다. 술에 취한 장비가 독우를 붙잡아 매질했다. 유비는 하는 수 없이 벼슬을 버리고 떠났다. 《삼국지연의》에 나오는 이야기이나 사실과 전혀 다르다. 독우를 붙잡아 매질한 사람은 유비였다. 이처럼 무모한 짓은 유비의 이미지와 전혀 맞지 않았으므로 후세 사람들이 이야기를 조작한 것이다. 장비로서는 무척 억울한 일이다.

조자룡
趙子龍

온몸이 담덩어리인 강직한 용사

조자룡은 좀 특이한 성품의 소유자였다. 나 홀로 스타일이었다고나 할까. 늘 주류의 의견과는 다른 견해를 품었다. 그리고 자신이 옳다고 생각한 바를 직설적으로 표현하거나 행동으로 옮겼다. 사람들은 그를 강직하다 평했다. 심지어 유비나 제갈량조차도 강직한 성품으로 인해 그를 꺼려하며 중용하지 않았다.

《삼국지연의》에서는 조자룡이 무적의 용사이자 늘 유비를 수행하며 그를 보호하는 최측근 인물로 등장한다. 남자다운 용모에 직선적이고 시원시원한 성격을 지닌 가장 매력적인 캐릭터라고나 할까. 조자룡이 유비의 경호대장 격인 아문장을 지냈으므로 그가 유비의 측근이 아니었다고 말할 수는 없다. 그러나 그의 역할은 어디까지나 무력을 바탕으로 유비를 지켜내는 일에 국한됐다. 그가 낸 시국에 대한 의견은 번번이 무시되거나 묵살됐다.

기주 상산국 출신인 조자룡은 처음부터 모든 사람이 다 원소를 추종하는 상황에서도 홀로 따르는 무리를 이끌고 유주의 공손찬에게 귀순했다. 공손찬조차도 어이없어 했다. 원소 치하에서는 그의 객장이 된 유비를 위해 은밀히 '유장군 부곡'을• 모집하는 역주행을 감행했다. 그의 이러한 독특한 성품이 유감없이 발휘된 것은 성도가 함락된 후 논공행상을 하는 자리에서였다. 유비의 장수들은 그동안의 고생을 보상받으려는 듯 욕심을 부렸다. 먼저 유장이 축적해놓은 재화와 보물을 다 분배하고 나자 일부 인사들은 성 안의 주택들, 성 밖의 장원들과 뽕나무 밭까지도 접수해 여러 장수들에게 나눠주자고 논의했다. 누구도 손해 볼 일이 없었으므로 대부분의 장수들은 이에 동조했다. 오로지 조자룡만이 나서서 반대했다.

"국가의 적이 다 평정되지 않았는데 지금 벌써 편안하기를 바라서는 아니 됩니다. 천하가 다 평정되면 각자 조상의 무덤이 있는 고향으로 돌아가서 원래의 자기 땅에서 농사를 짓고 살면 될 뿐입니다. 그동안 익주의 인민들이 무장 병력들에게 피해를 입어왔으므로 밭과 집은 다 원주인을 찾아 돌려주어야 할 것입니다."

지당한 주장이었으므로 유비는 그 말에 따랐다. 아마 내심 좋아하는 사람은 없었을 것이다.

그 후 유비가 관우의 원수를 갚겠다고 동오정벌군을 일으켰을 때, 아무도 나서서 반대하는 사람이 없었다. 심지어 제갈량조차도 입을 닫았다. 또다시 조자룡이 총대를 멨다.

"나라의 적은 조조이지 손권이 아닙니다. 또 먼저 위를 멸하면 오는 스스로 복종할 것입니다. 조조는 비록 죽었지만 그의 아들 조비는 제위를 찬탈한 도적입니다. 마땅히 중망에 따라 조속히 위를 도모해야 합니다. 위를 징치懲治하라는 사명에 부응하지 않고 먼저 오와 싸움을 벌여서는 아니 됩니다."

조운이 고집스럽게 반대했으므로 유비는 동정東征에 나서면서 조자룡을 데려가지 않았다.

● 部曲: 지방의 치안이 문란해질 것에 대비해서 장군이나 지방의 호족이 거느리도록 인정받은 군대.

조자룡이 가장 인기 있는 주인공이다 보니 그의 무훈도 심히 과장돼 있다. 어떤 아마추어 분석가에 따르면 가장 많은 1 대 1일 전투를 벌이고, 가장 빠른 시간 내에 가장 높은 승률을 보인 장수가 바로 조자룡이라 한다. 최강의 무사였던 셈이다.

조자룡의 가장 대표적 무훈은 당양, 장판의 싸움에서 조조의 100만 대군을 상대로 싸워 아두를 구한 이야기다. 이는 상당한 과장이 있으므로 별도로 언급하고자 한다. 그가 온몸이 담덩어리란 칭찬을 받게 된 까닭은 조조와 유비의 한중싸움 때 그가 보여준 '공성계空城計' 때문이다. 조자룡은 조조군의 식량 운송을 차단하러 간 황충을 구하러 나갔다가 조조군에게 포위됐다. 조자룡은 격전 끝에 포위망을 뚫고 영채로 돌아온 후, 성채의 문을 열어둔 채 기치창검을 모두 눕혀 마치 빈 성처럼 보이게 했다. 조조의 대군은 매복이나 속임수가 있을까 두려워 곧바로 후퇴했다. 이를 보고 유비가 조자룡을 칭찬했다고 한다.

"자룡은 온몸이 담덩어리구나!"

조자룡은 죽는 날까지 그 올곧음을 잃지 않았다. 기곡싸움에서 압도적인 조진의 대군에 밀려 패배하고 돌아온 후, 제갈량이 그의 공적을 기려 비단을 하사하려 하자 조자룡은 이를 거부했다. 패전했으므로 상을 받을 이유가 없다는 것이었다. 조자룡은 기곡싸움을 마지막으로 그 이듬해 숨을 거뒀다. 필생의 소원이던 국가의 적을 제거하지 못한 채 말이다.

| 역사의 裏面 | **조자룡과 여자들**

《삼국지》에는 조자룡의 여자들에 대한 이야기가 거의 나오지 않는다. 평생 유비를 수행하고 다녔으므로 그와 관련된 여자 이야기들은 대부분 유비의 여자와 관련된 일화들일 뿐이다. 조자룡이 당양, 장판에서 감부인과 아두를 구해냈으며, 손부인에게서 유비와 아두를 구해냈다는 이야

기가 거의 전부다. 조자룡에게 두 명의 아들이 있었던 것으로 볼 때 장가를 가기는 갔던 모양이다. 조자룡의 둘째 아들 조충은 후일 강유와 함께 농서에 출격했다가 전사했다.

조자룡 개인과 관련된 여자로는 조범의 형수 번씨樊氏가 유일하다. 그것도 꽤나 싱거운 이야기다. 적벽대전에서 승리한 후 유비는 장강 이남의 땅을 할애받았다. 유비는 제갈량과 관우, 장비, 조운을 나눠 보내 강남의 네 개 군을 정벌하게 했다. 무릉태수 김선金旋, 장사태수 한현韓玄, 계양태수 조범趙範 등이 유비군의 위력에 굴복해 항복했다. 이때 유비는 조자룡에게 조범을 대신해 계양태수 직을 맡아보게 했다.

조범은 계양군 경내에 머물러 있으면서 조자룡을 미인계로 꾄 후 틈을 봐 다시 군을 되찾으려고 했다. 조범에게는 혼자 된 형수 번씨樊氏가 있었는데 가히 경국지색이라 할 만한 미모였다. 조범은 당시까지 부인이 없던 조자룡에게 번씨를 베필로 삼으라고 권했다. 하지만 조자룡이 사양하며 말했다.

"경과 나는 서로 성이 같으니 경의 형은 바로 나의 형이오."

조자룡이 고사하고 이를 허락하지 않았다. 그때 어떤 사람이 이를 받아들이라고 권하자 조자룡이 말했다.

"조범이 궁박하여 항복했지만 그 마음을 예측할 수 없소. 천하에 여자는 많소."

결국 조자룡은 조범의 형수를 취하지 않았다. 조범은 이 일이 실패로 돌아가자 북쪽으로 도주했다. 이처럼 조자룡의 성품은 참으로 강직하기만 했다.

《삼국지연의》에서는 이 짤막한 일화를 바탕으로 제법 그럴듯한 로맨스를 지어냈다.

| 僞 _ 거짓말 | **당양, 장판 싸움에서의 무훈**

조자룡이 유명해진 것은 당양, 장판의 싸움에서 무훈 덕분이다. 이때 조자룡은 조조의 100만 대군 사이를 무인지경처럼 달리며 수많은 조조의 용사들을 무찌르고 감부인과 아두를 구해냈다고 한다. 이는 전혀 사실이 아니다.

조자룡은 100만 대군과 싸울 수가 없었다. 조조가 끌고 내려온 병력이 5000명밖에 안 됐기 때문이다. 그것도 유비를 따라오던 형주의 사민들을 약탈하느라 흩어져 있는 상황이었다. 조자룡은 이미 승부가 끝난 혼란한 전장을 누비고 다니며 유비가 버리고 달아난 가족들을 찾아 헤맸을 뿐이다. 이 과정에서 앞을 막는 조조의 기병 몇 명 정도를 해치웠을 것이다.

마초
馬超

이익을 위해 부모형제를 버린 패륜아

마초는 《삼국지연의》에서 가장 과대평가된 인물이다. 그는 조정을 배반한 역적이고 부친과 가족마저도 버린 패륜아였다. 신의도 없어서 배신을 밥 먹듯이 했다. 그럼에도 《삼국지연의》에서는 마초를 참으로 멋진 의기남아로 묘사한다. 마초는 역적 조조를 타도해 부모형제의 원수를 갚으려고 군사를 일으켰다. 그의 부친 마등은 황제의 밀조에 따라 유비와 결맹한 사이였고, 마초 또한 유비의 권유로 기병했으니 그는 처음부터 유비와 함께 정의의 편이었다. 마초는 절세의 무술을 지녀 장비나 허저 같은 당대 최강의 무장이 아니고서는 그를 대적할 자가 없었다. 얼굴이 백옥같이 희고 용모가 준수한 젊은이였던 그는 항상 멋진 비단옷을 걸치고 모양새를 뽐내 사람들에게 '금마초錦馬超'라 불렸다. 절륜한 무공에 빼어난 용모, 젊은 나이에 부모를 잃고 복수에 나선 것까지 마초는 만인들로부터 동정과 연모를 자아내기에 충분한 비극적 영웅의 표상이었다.

마초가 이처럼 극적으로 미화될 수 있었던 이유는 그가 마지막에 유비 세력의 일원이 됐다는 점 하나밖에 없다. 실제 마초의 모습이 어땠는지 하나하나 살펴보자.

먼저 《삼국지연의》는 마초가 부친 마등과 동생 마휴, 마철 등이 조조의 간계에 빠져 살해됐기 때문에 원수를 갚고자 군대를 일으켰다고 한다.

하지만 사실은 그의 부모형제가 인질로 잡혀 있는 상태에서 마초가 조정에 대해 두 번씩이나 반기를 들었기 때문에 그의 일족이 멸문지화를 당한 것이다. 마등은 이미 건안15년[210]년부터 조정에 귀순해 그의 일족과 함께 업성에 거주하고 있었다. 마초가 관중에서 여러 군벌집단들과 연합해 반란을 일으킨 것은 건안16년[211]년이었다. 그러면 마초는 왜 반란을 일으켰을까? 북방을 평정한 조조가 관중을 병합하려 했기 때문이다. 원래 마초와 한수 등 관중의 군벌들에게는 천하를 제패하겠다는 웅대한 뜻이 없었다. 사병집단을 거느린 채 자기 영역이나 지키며 목전의 안락함이나 추구하는 범속한 자들이었다. 조조가 그들의 밥그릇에 손을 대려 했기에 거칠게 반발했을 뿐이다.

마초가 처음부터 유비의 편이었다는 것도 사실이 아니다. 원래 서량의 반군 출신인 마등은 한번도 헌제의 조정에 입조한 적이 없었으니 유비와 함께 동승의 모의에 가담할 기회가 없었다. 마초가 반기를 든 것은 자신의 기득권을 지키고자 한 일이지 유비와는 아무런 관계가 없다.

마초는 서량에서 두 번째 반란을 일으켰을 때, 량주자사 위강과의 약조를 헌신짝처럼 내버리고 그를 죽였다. 명백한 배신행위였다. 마초는 량주 토착세력들에게 반감을 샀고 결국 강서와 양부 등에 의해 쫓겨나게 된다. 마초는 신의가 없어 배신을 밥 먹듯이 했다.

별로 중요한 이야기는 아니지만 마초는 《삼국지연의》에서 말하는 것처럼 최강의 무장도 아니었다. 마등의 군중에서 최강의 용사는 방덕이었다. 마초는 한수의 부장 염행과 일대일로 싸워 거의 죽을 뻔했다.

결론적으로 마초는 자신의 이익을 위해 부모형제를 죽게 하고 반란을 일으켜 나라를 혼란스럽게 만들었다. 국가에 대한 충성심도, 부모에 대한 효심도, 형제에 대한 우애도 없었다. 배신을 일삼아 신의도 없었다. 한마디로 유학자들이 말하는 효제충신孝悌忠信의 윤리덕목을 하나도 지키지 않은 패륜아였다.

| 역사의 裏面 | 불행한 가족사

마초는 자신의 부모형제는 물론이고 아내와 자식도 지키지 못했다. 마초가 처음 관중에서 반란을 일으켰을 때 조조는 그의 부친 마등과 동생 마휴, 마철을 업성에 잡아두었을 뿐 해치지는 않았다. 서량으로 도망친 마초가 아직 건재해 인질로서의 가치가 있었기 때문이다. 2년 후 마초가 다시 세력을 모아 농서지방을 유린하자 조조는 더 이상 참을 수 없었다. 이때 마초의 부모와 형제들이 모두 처형됐다. 마초의 처자식들은 서량에서의 반란과 역반란의 와중에 강서와 양부 등에게 다 피살됐다.

이 와중에 마초의 일가친척도 모두 몰살당해 살아남은 자가 거의 없었다. 마초가 서량에서 2차 반란에 실패하고 한중으로 달아나 장노에게 의탁했을 때의 일이다. 때마침 설날을 맞아 마초의 작은 처남인 마종이 찾아와 세배를 했다. 마종은 동관에서의 패전 후 먼저 한중으로 피신한 상태였다. 마종이 마초의 장수를 축원하자 마초가 가슴을 치며 피를 토하는 심정으로 말했다.

"나의 집안사람 백 명이 하루아침에 다 죽고 이제 겨우 우리 두 사람만 살아남아 서로 신년하례를 하게 됐구나!"

지극히 자기중심적이고 나르시시즘이 강했던 마초로서도 온 가족이 멸절된 것만은 견디기 어려웠던 모양이다.

마초가 장노에게 귀순했을 때 장노는 그를 매우 높게 평가해 사위로 삼고자 했다. 장노의 부하 하나가 마초를 헐뜯었다.

"자신의 부모도 사랑하지 않는 사람이 어찌 다른 사람을 사랑할 수 있겠습니까?"

부친 마등과 형제들이 인질로 잡혀 있음에도 마초가 반란을 일으켜 가족들을 죽게 한 행위를 비난한 말이었다. 장노는 딸을 마초에게 시집보내려던 계획을 취소했다.

마초의 불행은 여기서 끝나지 않았다. 마초는 한중에서 둘째 부인 동씨에게 새장가를 들어 아들 마추를 낳았다. 그러나 마초가 단신으로 촉으로 달아나 유비에게 귀순하자 이들은 장노의 인질이 됐다. 장노가 조조에게 항복하자 마초의 새부인 동씨는 다른 사람의 전리품이 됐고, 아들 마추는 피살됐다. 결국 마초가 한중에서 뒤늦게 얻은 가족까지도 모두 희생된 것이다. 마초의 입장에서 보면 참으로 불행한 가족사였다.

그러나 그 원인은 모두 마초에게 있었다. 그는 애초에 가족의 안위에는 관심이 없었다. 오로지 그의 관심은 자신의 공명심을 채우는 일과 안전을 지키는 일에만 있었을 뿐이다.

| 僞 _ 거짓말 | 동관싸움에서 조조가 마초에게 쫓겨 달아났다?

《삼국지연의》에서는 동관싸움에서 조조가 마초에게 쫓겨 달아나는 장면이 나온다. 서량군이 일제히 공격하자 겁에 질린 조조는 붉은 도포를 던져버리고 수염까지도 자른 채 정신없이 도망쳤다고 한다. 전혀 사실이 아니다. 동관싸움은 처음부터 조조가 주도했고 그의 뜻대로 진행됐다. 조조는 단판의 회전會戰으로 서량의 여러 군벌집단들을 모두 무찌르는 쾌거를 거뒀다. 조조는 황하 도하를 후방에서 지휘하다 마초의 기습을 받았을 때 단 한 번 위험에 처했을 뿐이다.

장요
張遼

손권의 간담을 서늘케 한 영웅

《삼국지》최고의 용사는 누구였을까? 답은 장요다. 물론 장요가 최강의 무사는 아니었을 것이다. 여포가 '사람 중에 최고'라는 평가를 받았을 때 장요는 여포의 부하였다. 또한 조조의 군중에서 그는 관우의 부장이었다. 이런 점에서 무공만 따진다면 여포나 관우가 한 수 위였다. 그러나 전투의 승패를 결정짓는 가장 중요한 요인은 병사들의 사기를 높일 수 있는 장수의 용기와 기백이다. 이런 점에서 본다면 장요야말로 최고의 용사였다. 그는 용기와 기백에서 타의 추종을 불허했다. 합비대전合肥大戰에서 그의 활약상을 보자.

손권이 10만 대군으로 합비성을 포위하자 장요는 결사대 800명을 모아 급습에 나섰다. 동이 트기 전 새벽녘이었다. 장요가 맨 앞에 서서 오군의 보루에 뛰어올라 앞을 가로막는 적장 두 명과 수십 명의 병사들을 쳐 죽였다. 방어벽을 돌파한 장요는 손권의 영채를 향해 곧바로 돌진했다. 장요가 오군 진영을 뚫고 바로 손권의 장막 아래까지 전진하자 손권은 너무 놀라 허겁지겁 도망쳤다. 손권을 호위하던 장수들이 손권을 데리고 벌판 한가운데에 있는 작은 언덕 위로 올라갔다. 오래돼 버려진 옛 무덤이었다. 장수와 호위무사들은 손권을 에워싸고 장극을 빽빽이 세워 마치 고슴도치와 같은 모습으로 방어에 임했다. 장요가 바로 언덕 아래까지 쫓아와 손권을 바라보며 큰 소리로 외쳤다.

"내려와 나와 일전을 벌이자!"

평소에 담대하던 손권도 이번에는 겁에 질려 꿈적도 하지 못했다. 이때 손권 주변에는 여몽, 감녕, 능통, 장흠, 진무, 반장 등 동오가 자랑하는 용사들이 다 모여 있었다. 이들조차도 장요의 대담함에 기가 꺾여 감히 움직이지 못했다.

날이 밝았다. 장요의 병사들은 수가 매우 적었다. 흩어졌던 오군 병사들이 모여들어 장요와 그의 결사대를 겹겹이 포위했다. 장요가 병사들을 불러 모아 밀집대형으로 만든 후 앞으로 돌격하자 포위망이 바로 무너졌다. 미처 따라 나오지 못한 수십 명의 병사들이 구원을 요청하자 장요가 다시 포위망을 향해 돌격해 나머지 병사들을 모조리 구해냈다. 손권의 장수와 병사들 중 그를 제지할 자가 아무도 없었다.

이 전투 결과 조조군은 사기가 크게 올랐고 오군은 기가 꺾였다. 손권은 성을 함락시킬 수 없음을 알고 회군을 결정했다. 손권은 후퇴하다가 다시 소요진에서 장요의 습격을 받았다. 이때 손권은 거의 목숨을 잃을 뻔했다.

장요가 용맹을 뽐낸 것은 합비대전에서뿐만이 아니다. 유성에서 오환 선우 답돈과 싸울 때, 조조의 모든 장수들은 대규모 오환 기병대를 보고 두려워 떨었다. 장요만이 선봉을 자청하며 용감하게 나섰다. 장요는 오환군과 원씨 형제의 연합군을 대파했다. 그 후 장요는 우금, 장패, 장합 등 조조의 맹장들과 함께 첨산의 도적들을 토벌하러 갔다. 산이 높고 길은 좁은 험한 지형에서 도적들이 요소요소를 점거해 방어를 했다. 다른 장수들은 감히 진격할 생각을 못했지만 장요는 달랐다.

"이것은 소위 일대일 싸움이라 하는 것이오. 용감한 자가 이기게 되어 있소."

장요가 앞장서서 전진하며 앞을 가로막는 자를 해치웠다. 또한 연이어

산 위로 올라가 도적들의 영채를 공격해 대파했다. 최고의 용사답지 않은가.

손권은 합비대전의 트라우마에서 영원히 벗어나지 못했다. 장요가 죽기 1년 전 병든 몸으로 동포싸움에 참전했을 때 손권은 휘하의 여러 장수들에게 이렇게 말했다.

"장요가 비록 병들었다고는 하나 그를 당해낼 수는 없다. 정말이다!"

| 역사의 裏面 | 금낭지계錦囊之計

손권의 10만 대군이 공격해 왔을 때 합비성을 지키는 위군 병사는 단지 8천 명이었다. 조조는 대군을 이끌고 한중을 정벌 중이었으므로 지원군을 보낼 수 없었다. 조조는 원정 기간 중 손권이 배후 요충지인 합비를 공략하리란 것을 예상하고 있었다. 그러나 그가 세워놓은 대비책이라고는 달랑 비단주머니에 넣은 명령서 한 통뿐이었다. 겉봉에는 이렇게 쓰여 있었다.

'적이 도착하면 꺼내 볼 것.'

당시 합비성을 수비하던 장수들은 장요, 악진, 이전 세 사람이었다. 이 셋은 출신 배경과 성향이 달라 서로 사이가 좋지 않았다. 악진은 조조 친위병 출신답게 조조군의 핵심 인물이었다. 합비에 주둔하기 전까지 장요보다 계급이 높았던 그는 장요에게 지휘·통제받기를 싫어했다. 이전은 독자적인 군소군벌 출신이었지만 학문을 좋아하고 유학자를 존경하는 등 얌전하고 조심스러운 성격이었다. 이에 비해 장요는 일개 포로 출신이었다. 조조는 장요가 첨산에서 진란과 매성을 토벌한 공을 인정해 그를 합비성의 주장으로 삼았다. 원래부터 조조의 장수였던 악진과 이전은 벼락출세한 장요를 시기했다.

손권의 대병이 도착하자 장요 등은 황급히 조조가 준 비단주머니를 열어봤다. 지시는 간단했다.

"손권이 쳐들어오면 장장군과 이장군은 나가 싸우고, 악장군은 성을 지키며 나가 싸우지 마라."

여러 장수들은 조조가 무슨 이유로 이런 지시를 내렸는지 의문스러웠다. 가뜩이나 병력이 부족한 형편에 부대를 안팎으로 나누라는 것도 이해할 수 없었다. 장요가 조조의 뜻을 간파하고 나가 싸워 오군의 예봉을 꺾고자 했으나 다른 장수들이 따르지 않을까 걱정했다. 이전이 개연히 말했다.

"이는 국가의 대사요. 그대는 어떤 계책을 쓸 것인지나 살펴보시오. 내가 사감을 이유로 공의를 저버리는 일은 없을 것이오!"

장요가 이전과 함께 성을 나가 공격해 손권의 예봉을 꺾어놓자 대병에게 포위당해 술렁거리던 성 안의 병사들이 과연 안정을 되찾았다. 성의 수비가 군건해지자 손권은 곧 철수할 수밖에 없었다.

조조는 손권이 대군을 이끌고 오면 병사들의 마음이 크게 흔들릴 것이라고 보았다. 따라서 군심을 바로잡으려면 초전에 승리를 거둬야 한다고 보고 평소에 용맹을 자랑하던 장요에게 적을 맞아 싸우도록 한 것이다. 다만 장요가 너무 용기만을 앞세우는 경향이 있으므로 성격이 조심스러운 이전을 함께 보내 만일에 대비하게 했다. 장요와 악진은 특히 사이가 나빴으므로 어차피 성 안에 함께 있어봐야 분란만 생길 것이 분명했다. 합비대전은 앞을 내다보는 조조의 혜안 하나로 손권의 대병을 간단히 쳐부순 사건이었다.

| 僞 _ 거짓말 | 제갈량이 금낭지계를 썼다?

《삼국지연의》에는 금낭지계가 여러 번 등장한다. 합비대전만 제외하고는 모두 제갈량이 주인공으로 등장한다. 제갈량이 미리 예측하고 비단

주머니에 계책을 밀봉해 내려주면 일이 생길 때마다 기가 막히게 들어맞았다는 이야기다. 하지만 사서를 샅샅이 찾아봐도 제갈량이 금낭지계를 썼다는 기록은 어디에도 없다. 금낭지계는 조조가 쓴 것이 유일했다. 멋져 보이는 것은 다 제갈량이나 유비 측 사람들이 했다고 조작하는 것이 《삼국지연의》의 고질적 병폐 중 하나다.

장합
張郃

제갈량의 북벌을 좌절시키다

　　제갈량의 북벌을 실패하게 만든 사람은 조진이나 사마의가 아니었다. 야전에서 잔뼈가 굵은 백전노장 장합이었다. 제갈량의 북벌에서 가장 결정적인 승부는 가정싸움이었다. 이 한판으로 제갈량의 북벌이 실패로 끝났다고 해도 과언은 아니다. 국력이 약한 촉한으로서는 기습만이 유일한 승리의 비책이었다. 가정싸움으로 1차 북벌이 실패한 후, 제갈량이 서너 차례 더 북벌을 시도했으나 큰 의미는 없었다. 국력이 압도적인 위나라가 전력을 기울여 대비에 나섰기 때문이다. 한나라 중흥의 꿈은 1차 북벌을 실패로 만든 장합에 의해 좌절됐다고 말할 수 있다.

　　가정에서 마속을 격파했을 당시 장합의 나이는 거의 일흔에 가까웠던 것으로 보인다. 황건적의 난을 진압하기 위한 군대에 응모할 당시 그의 나이가 족히 스물은 됐다고 봐야 하기 때문이다. 그동안 장합은 관도대전, 유성전투, 동관싸움, 서량평정, 한중쟁탈전 등 수많은 전장을 누볐다. 장합은 전장에서 잔뼈가 굵은 장수였다. 게다가 그는 비록 무장이었지만 전장의 형세를 읽는 능력이 탁월했다. 관도대전 시 장합은 조조의 후방을 기습해 보급을 차단할 것을 건의했다. 또 조조가 오소를 습격하자 급히 순우경을 지원할 것을 주장했다. 하지만 원소가 이를 무시하는 바람에 결국은 패전하게 됐다.

장합이 이처럼 무용과 지략을 겸비했으므로 유비를 위시한 촉군의 장수들은 그를 몹시 꺼렸다. 유비가 한중에서 하후연과 장합이 이끄는 위군과 대결을 벌이게 됐을 때 하후연은 용맹하나 지모가 없었으므로 우습게 알았고 오히려 장합을 경계했다. 유비가 먼저 장합을 기습 공격해 기를 꺾어놓고자 했으나 실패했다. 하후연이 죽은 후에 위군을 수습한 것도 장합이었다.

반면에 제갈량은 천하의 기재라는 평판을 듣기는 했으나 실전에서 군대를 직접 지휘한 경험이 별로 없었다. 마속 역시 일급 군사참모였지만 실전 경험이 전혀 없었다. 실전에서는 경험이 풍부한 장수가 이론에만 강한 사람보다 훨씬 더 우수한 성과를 낳는 것이 일반적이다.

결국 마속은 가정에서 장합에게 크게 패했다. 가정은 관중에서 농서로 가는 길목에 위치한 군사적 요충지였다. 제갈량은 촉군이 농서를 완전히 장악할 때까지 마속이 가정에서 위군의 진격을 막아주기를 바랐다. 하지만 가정이 뚫리자 농서의 여러 군에서 작전 중이던 촉군들은 허겁지겁 후퇴할 수밖에 없었다. 이로써 제갈량의 1차 북벌은 참담한 실패로 끝났다.

밑바닥부터 쌓아온 풍부한 경험의 승리였다. 제갈량과 마속은 천하의 수재들이었지만 실전 경험이 풍부한 장합의 적수가 되지 못했다. 장합은 이 일전으로 촉한의 북진을 저지함으로써 일생일대의 업적을 남길 수 있었다.

장합이 일개 무장이었으나 판세를 읽을 줄 알고 계책에 밝았던 것은 단순히 그가 경험이 풍부했기 때문만은 아니다. 장합은 끊임없이 공부하고 노력하는 장군이었다. 그는 비록 무장이었으나 유사儒士를 아끼고 좋아했다는 점에서 이를 알 수 있다. 장합은 주변에 경전에 밝고 수양이 훌륭한 선비가 있으면 조정에 천거하기도 했다. 풍부한 경험을 바탕으로 늘 공부하는 자세가 장합으로 하여금 실전에서 가장 유용한 인물이 될 수 있게 해주었다고 볼 수 있다.

　역전의 용사 장합은 사마의의 미숙한 지휘 때문에 죽었다. 제갈량의 2차 북벌 시 위군의 주장은 사마의였고 장합은 부장이었다. 두 사람은 처음부터 의견이 잘 맞지 않았다. 제갈량이 위군을 깊숙이 유인하기 위해 상규성에서 기산으로 철수하자 사마의가 추격하려 했다. 장합이 이를 말렸다. 굳게 지키기만 하면 제갈량은 군량이 떨어져 돌아갈 수밖에 없을 것이라는 이유에서였다. 하지만 사마의는 장합의 말을 무시한 채 진격했다가 노성에서 제갈량에게 패전했다. 때마침 군량이 떨어진 제갈량이 회군했기에 사마의는 위기를 모면할 수 있었다.

　장합과 사마의 두 사람은 성장배경이나 출신성분이 매우 달랐다. 장합은 황건적의 난이 일어나자 군대에 자원 입대한 하급장교 출신이었다. 이후 수많은 전공을 세워가며 차츰차츰 승진해 좌장군의 지위에 올랐다. 장합은 전세와 지형을 잘 살펴 계책을 수립할 줄 안다는 평판을 얻었는데, 이는 오로지 오랜 경험에서 얻은 것이었다. 반면 사마의는 최고의 교육을 받은 엘리트로서 처음부터 조비의 측근이 돼 출세가도를 달렸다. 그는 조조의 군사참모로 일하면서 병법과 이론에 정통하다는 평판을 얻었지만 어디까지나 탁상물림으로 얻은 지식이었다.

　촉군이 회군하자 패배를 만회할 기회를 잡았다고 판단한 사마의는 장합에게 추격할 것을 명령했다. 장합이 반대했다.

　"병법에 이르기를 성을 포위할 때에는 반드시 출로를 열어주고, 돌아가는 군대를 추격하지 말라 했소."

　후퇴하면서 복병을 설치하는 것은 제갈량의 주특기였다. 진창싸움에서도 혈기왕성한 왕쌍이 제갈량을 추격하다가 매복에 걸려 죽음을 당했다. 장합은 주도면밀한 제갈량이 복병을 설치했을 것이므로 추격하면 함정에 빠질 것을 알았다. 그러나 주장인 사마의가 고집을 부렸으므로 명령을 거부할 수 없었던 장합은 마지못해 추격에 나섰다. 장합이 목문에 이르렀을 때 과연 제갈량이 배치해둔 복병이 나타났다. 높은 곳에 숨어 있던 궁노수弓弩手들이 일제히 활과 쇠뇌를 쏴대자 장합은 온몸에 화살을 맞고 말에서 떨어져 죽었다. 백전노장 장합은 사마의의 판단 착오로 전장에서 생을 마감했다.

나이나 경험에 있어서 훨씬 위였던 장합이 사마의의 명령을 받아야만 했던 이유는 무엇일까? 그것은 조비가 조조의 지위를 계승하면서 위나라에서 대대적인 권력 이동이 일어났기 때문이다. 조비와 절친한 사이로 그의 권력 승계에 공을 세운 사마의는 새로운 권력 실세였다.

| 僞 _ 거짓말 | 장합이 장비와 싸운 시점

역전의 용사 장합도 한번 크게 패전한 적이 있다. 조조가 한중을 점령한 후 장합이 여세를 몰아 파서로 진격했다. 탕거·몽두에서 장비와 50여일 대치하다가 후방을 기습당해 대패했다. 이때 장합은 말도 버리고 도보로 산을 넘어 도망쳤다고 한다. 그런데《삼국지연의》에서는 장합이 장비와 싸운 시점이 유비의 한중정벌 때로 나온다. 조홍이 하변에서 마초와 오란의 군대를 격파한 직후 장합이 조홍의 만류를 뿌리치고 군령장을 쓰고 출전했다는 것이다. 탕거·몽두의 싸움은 215년에 있었고, 무도·하변의 싸움은 218년에 있었다. 게다가 무도군과 파서군은 서로 수천 리나 떨어져 있다. 유비는 한중을 정벌할 때 제일 먼저 양평관을 점거했는데, 이곳은 무도와 파서의 중간에 있었다. 장비와 장합은 만날 수조차 없었다.《삼국지연의》의 저자들이 역사적 사실관계나 지리적 지식이 얼마나 부족했는지 알려주는 한 사례다.

전위
典韋

불세출의 용력을 지닌 조조의 호위무사

전위는 삼국시대를 통틀어 최고의 용력을 지닌 장사였다. 힘만 가지고 본다면 전위와 허저가 막상막하였을 것이다. 전위가 진류태수 장막 휘하에서 일개 병사로 있을 때 지휘관의 군영 문에 걸어두는 깃발인 아문기^牙^{門旗}가 쓰러졌다. 깃발이 매우 큰 데다가 바람까지 세차게 몰아치니 여러 병사들이 달려들어도 기를 다시 세우지 못했다. 그때 전위가 나타나 한 팔로 기를 들어 바로 세웠다. 전위의 팔 하나가 여러 사람을 합친 것보다 더 셌던 셈이니 실로 어마어마한 힘이었다. 허저도 한 손으로 소의 꼬리를 잡고 백여 보를 끌고 간 적이 있다 하니 그 역시 보통 사람들의 상식을 뛰어넘는 힘을 지닌 인물이었다.

이 둘은 모두 조조의 호위대장이었다. 조조 역시 무예가 뛰어나긴 했지만 체격이 왜소한 편이었다. 따라서 천하의 장사들이 마음껏 힘을 과시하는 난세를 만나 자신을 지켜줄 막강한 호위무사가 필요했다. 조조는 처음에 전위를 발탁해 자신의 호위를 맡겼고, 허저가 그 뒤를 이었다. 허저는 전위가 죽은 후에 조조의 부하가 됐으므로 두 사람의 힘을 직접 비교해볼 기회는 없었다. 다만 전장에서 발휘한 괴력을 간접 비교해볼 때 전위가 더 우위에 서 있지 않았을까?

전위는 복양성 싸움에서의 활약으로 조조에게 발탁됐다. 조조는 복양성 밖에서 여포에게 삼면을 포위당해 매우 위급한 상황에 처했을 때 포위망을 뚫을 특공대를 모집했다. 하후돈 휘하에서 사마司馬로 있던 전위가 가장 먼저 자원했다. 전위와 특공대 수십 명은 방패 없이 갑옷만 두 겹 겹쳐 입은 채 장창과 갈래창을 들었다. 전위가 이끄는 특공대가 여포군의 남쪽 포위망을 향해 돌격해 돌파에 성공했다. 그때 바로 서쪽에서 여포의 또 다른 부대가 진격해오면서 활과 쇠뇌를 마구 쏴댔다. 화살이 비 오듯 날아와 고개를 들 수 없는 상황이었다. 전위는 손에 열 개의 갈래창을 쥐고 몸을 웅크리고 있다가 적병이 바로 앞으로 돌격해오자 고함을 지르며 일어섰다. 전위가 갈래창을 내지르니 맞는 자마다 다 나가떨어졌다. 대단한 괴력이었다. 여포의 병사들이 겁을 먹고 물러나는 바람에 조조는 간신히 포위망을 뚫고 돌아올 수 있었다. 조조는 전위를 도위로 승진시키고 자신의 호위대장으로 삼았다.

조조가 완성에서 장수에게 습격당했을 때 전위는 조조의 군영 문을 지키고 있었다. 장수와 그의 장졸들은 전위의 위력을 두려워했으므로 그를 피해 뒷문으로 돌아 들이가 공격했다. 조조가 황급히 달아나자 전위가 10여 명의 호위병만을 거느리고 뒤에 남아 격전을 벌이며 장수군의 진격을 막아냈다. 이 덕분에 조조는 구사일생으로 살아남을 수 있었다. 전위는 수십 번 창에 찔리고도 혼자 남을 때까지 격투를 벌이다 죽었다. 장수의 병사들은 쓰러져 죽은 전위의 시체를 구경하며 그가 얼마나 대단한 장사였는지 떠들어댔다고 한다.

전위는 엄청난 용력을 지닌 장사였으나 단순 무식했다. 여자도 별로 좋아하지 않았는지 낮에는 물론 밤에도 숙직을 하며 집에 자러 가는 날이 드물었다. 조조는 이런 전위를 매우 장하게 여겼다. 전위는 오로지 밥 먹고 술 마시는 것을 좋아했는데 보통 사람들의 두 배는 먹고 마셨다. 조조는 전위가 언제라도 마음껏 먹고 마실 수 있게 음식과 술을 공급해주었다.

　전위는 진류군 기오현 출신으로 체격이 장대했고 생김새가 특이했다. 힘이 장사인 데다가 의리를 숭상했으므로 젊은 시절 협객이 됐다.

　전위와 친분이 있던 양읍의 유씨는 수양현의 세력가인 이영이란 사람에게 원한이 있었다. 전위가 그를 위해 원수를 갚아주기로 약속했다. 이영은 전에 부춘현장을 지낸 사람으로서 수양현 제일의 호강이었다. 더욱이 그는 수백 명의 무사를 거느리고 있었고 경비가 삼엄했으므로 그에게 쉽게 접근할 수 없었다. 따라서 전위는 거짓으로 이영의 부하가 되고 싶다는 뜻을 전한 뒤, 고대의 예법에 따라 닭과 술을 예물로 마련해 수레에 싣고 이영의 집으로 찾아갔다.

　이영의 부하들이 문을 열어주었으므로 전위는 집 안으로 들어갈 수 있었다. 그가 가슴에 비수를 품고 있다는 사실은 아무도 몰랐다. 전위는 이영과 면접하는 자리에서 즉시 비수를 뽑아 이영과 그의 처를 찔러 죽였다. 그러고 나서 그는 천천히 길을 되돌아 나왔다. 전위는 칼과 쌍철극을 수레 위에 얹어둔 채 여유 있게 걸었다. 이영의 집은 시장 인근에 있었다. 백주에 살인이 벌어졌으므로 시장 사람들이 모두 놀라 소란스러워졌다. 뒤늦게 이영의 패거리 수백 명이 추격해왔지만 겁이 나 아무도 가까이 접근하지 못했다. 서로 견제하는 가운데 4~5리를 갔는데 때마침 전위의 패거리들이 나타났다. 전위는 자신의 패거리와 합세해 이영의 무리들과 한바탕 전투를 치르고 현장을 탈출했다. 이때부터 전위는 그 일대에서 호걸로 명성을 얻었다.

　전위는 대담무쌍한 성격을 지녔다. 비슷한 시기에 협객으로 활동했던 관우의 사례와 비교해보면 전위가 얼마나 배짱이 두둑한 인물인지 알 수 있다. 관우도 젊어서 친구의 원수를 갚아주기 위해 하동군 해현의 악명 높은 호족을 살해했다. 관우 역시 단검 한 자루만으로 일대의 호족 우두머리를 해치웠고, 그 호족이 키우던 수많은 검객들이 감히 덤벼들지 못했다는 점에서 전위의 행동과 공통점이 있었지만, 그 실행방법에서 차이가 있었다. 관우는 한밤중에 담을 넘어 들어가 해현의 호족을 찔러 죽였다. 이에 비해 전위는 백주에, 그것도 무장한 사람들이 지켜보는 가운데 이와 같은 일을 저질렀다.

| 僞 _ 거짓말 | 장수들이 사용한 병장기들의 실체

《삼국지연의》에는 여러 장수들이 즐겨 사용한 병장기들이 등장하곤 한다. 관우의 청룡언월도, 장비의 장팔사모창, 여포의 방천화극 등이다. 사실은 재미를 위해 연극적 소품 삼아 지어낸 것이다. 일례로 관우가 80근 무게의 청룡언월도를 사용했다고 하는데 사료에는 그저 대도를 썼다고만 기록돼 있다. 대도는 긴 자루가 달린 기병용 칼로서 송나라 시대에 등장한 언월도의 전신이다. 무게가 80근이라는 기록도 전혀 없다. 아마도 진위의 쌍칠극 하나가 80근이었다는 기록을 차용해 꾸며낸 이야기일 것이다. 뭐든지 굉장한 것이면 다 유비 측 인사들의 일화로 조작하는 습성이 여기서도 나타난다. 일군의 장수가 무슨 병장기를 썼는지는 사실 하나도 중요하지 않으며, 따라서 역사에 기록되지도 않는다.

바보 호랑이라 불린 천하장사

조조와 마초가 동관에서 대치하고 있을 때, 양측은 서로 협상을 벌였다. 하루는 양쪽에서 단 두 명씩만 대표로 내세워 회담을 벌이기로 했다. 관중군의 대표는 당연히 한수와 마초였다. 마초는 자신의 힘과 무술실력에 자신이 있었으므로 조조가 회담장에 나오면 바로 생포할 계획이었다. 회담 장소는 양쪽 군영 사이의 널따란 공터였다. 조조가 회담장에 나타나자 마초는 바로 말을 달려 조조를 잡으러 나가려 했다. 바로 이때 마초의 눈에 조조의 등 뒤에서 따라오는 한 장수가 보였다. 여덟 척이 넘는 키에 웅장한 체격이었다. 마초는 평소 조조의 군중에 허저라는 용력이 대단한 장수가 있다는 말을 들은 바가 있었다. 조조를 따라온 장수가 허저가 아닌가 의심이 든 마초가 조조에게 물었다.

"그대의 군중에 호후虎侯라는 장수가 있다던데, 지금 어디 있습니까?"

조조가 고개를 돌려 허저를 가리켰다. 허저가 눈을 부릅뜨고 마초를 바라보자 마초는 감히 손을 쓰지 못했다.

허저는 힘이 천하장사였지만 머리는 다소 우둔했다. 조조군의 장졸들은 평소에 허저를 '호치虎痴', 즉 '바보 호랑이'라 부르며 놀렸다. 마초는 허저의 기에 눌려 감히 그의 면전에서 바보라고 부를 수 없었다. 마초가 허저를 높여 부르자 이때부터 세상 사람들은 허저를 '호후'라 부르기 시작했다.

허저는 머리가 나빴지만 충직하고 근면했다. 오로지 조조를 따르며 그의 신변을 경호했다. 관도대전 시 원소가 서타라는 자를 매수해 조조를 암살하려 했다. 서타와 그 일당이 허저가 쉬는 날을 노려 조조의 군막에 잠입했다. 그러나 허저가 쉬는 날이었음에도 호위를 서고 있었으므로 서타의 음모는 실패로 돌아갔다. 이 일이 있은 후 조조는 허저를 더욱 신뢰하고 늘 곁에서 떼어놓지 않았다.

동관싸움에서 조조의 목숨을 구한 것도 허저였다. 조조가 배를 타고 강을 건너려는데 마초의 기병들이 나타나 활을 쐈다. 화살이 무수히 날아와 노를 젓던 뱃사공이 화살에 맞아 죽었다. 허저가 한 손으로 노를 저으며 다른 한 손으로는 말안장을 들어 날아오는 화살을 막아 조조를 보호했다. 허저가 없었더라면 조조는 이날 목숨을 부지하지 못했을 것이다.

허저는 행동이 신중했고 법을 준수했다. 조조가 위왕이 된 후 형주를 지키던 조인이 입조했다. 허저가 전각 밖에서 조인을 맞이하자 조인은 허저를 대기실로 데리고 들어가 밀담을 나누고자 했다. 하지만 허저는 이를 거절했다. 허저는 측근에서 호위를 맡은 자신과 외방을 지키는 장수가 서로 밀담을 나눈다면 다른 사람들로부터 오해받을 여지가 있다고 여겼다. 조조는 허저의 이런 우직한 태도를 더욱 장하게 여겼다. 조조가 허저를 칭찬했다.

"그대는 나의 번쾌요."

허저나 전위는 모두 천하장사에 용기와 무력이 뛰어나 조조의 호위대장이 됐다. 이들은 또한 머리는 단순하지만 충직하다는 공통점이 있었다. 조조가 이런 부류의 사람들에게 신변의 경호를 맡긴 까닭은 너무 머리가 잘 돌아가는 사람들은 오히려 위험할 수도 있다고 판단했기 때문일 것이다. 《삼국지연의》에서는 이들이 맹활약한 것으로 나오지만 사실 역사적으로 큰 역할을 한 것은 아니다. 조조의 신변을 경호해줄 만한 자들은 이들 외에도 얼마든지 있었을 것이기 때문이다.

| 역사의 裏面 | 종적 두목 출신, 허저

허저는 종적 두목 출신이었다. '종적'이란 씨족을 기반으로 무장한 소규모 군벌집단을 지칭한다. 황건적의 난으로 도처에서 도적떼들이 일어나자 허저는 집안사람들과 함께 협객들을 모으고 마을에 성벽을 쌓아 스스로를 지켰다.

그때 황건적의 잔당 만여 명이 허저의 마을을 공격했다. 허저의 병력은 적었으므로 성벽에 의지해 방어를 했다. 성 안 사람들은 계속되는 전투에 몹시 지쳤고 화살도 다 떨어졌다. 허저는 사람들을 시켜 주발만 한 돌들을 모아 성벽 네 귀퉁이에 쌓아놓게 했다. 적병이 돌진해오면 허저가 돌덩이를 던졌는데, 맞으면 무엇이든 다 박살이 났다. 이에 도적들이 감히 성벽으로 접근하지 못했다. 성 안의 식량이 다 떨어지자 허저는 도적들과 화해하고 소와 식량을 교환하기로 했다. 도적들에게 식량 대신 준 소가 도망쳐 마을로 되돌아오자 허저가 소를 잡아 한 손으로 꼬리를 쥐고 적진 앞까지 100여 보를 끌고 갔다. 도적떼들은 허저의 무시무시한 힘에 놀라 감히 소를 받아 갈 생각도 못하고 도망쳤다. 이 일로 회남, 여남, 진국, 량국 일대에 허저의 이름이 크게 떨쳐졌다. 도적떼들은 모두 허저가 두려워 피했다. 조조가 원술을 격파하고 회수와 여수 일대를 석권하자 허저는 자진해서 무리를 이끌고 조조에게 귀순했다.

천하대란이 일어나 국가의 통치체제가 무너지자 전국의 백성들은 각자 무장하고 서로를 약탈하거나 스스로를 지켰다. 사람들은 가장 믿을 수 있는 고향사람들이나 씨족집단을 중심으로 세력을 규합했다. 향촌을 근거지로 한 무장집단을 향당이라 했고, 씨족을 근거지로 한 집단을 종적이라 했다. 이러한 무장집단이 전국적으로 우후죽순처럼 나타났는데 이들의 본질은 국가성립 이전 혹은 국가붕괴 이후 소위 '만인의 만인에 대한 투쟁'이 벌어지는 자연상태에 존재하는 지역강도단 또는 보호협회적 성격이 강했다. 이들은 전국적으로 형성된 군벌체제의 가장 하위집단을 형성했다.

허저의 집단은 자위적 성격이 강했다. 《삼국지-오서^{吳書}》 '보즐' 편에 나오는 초정강이란 자를 보면 휘하에 문객들을 거느리고 관할구역 내의 사람들을 핍박하고 세금을 거둬들였음을 알 수 있다. 천하대란이 일어나자 이와 같은 집단이 전국적으로 조직돼 서로 약탈을 일삼았다.

| 僞 _ 거짓말 | 허저가 선봉에서 수없이 적장과 싸웠다?

《삼국지연의》에서는 허저가 마초와 만나 단둘이 매우 격렬하게 격투를 벌이는 장면이 나온다. 이뿐만 아니라 허저는 매번 전투가 벌어질 때마다 선봉에 서서 적장과 수도 없이 일대일 전투를 치른다. 사실과 다르다. 허저는 조조의 경호대장으로서 늘 그를 수행했다. 신장에 나가서도 그의 역할은 조조의 신변을 호위하는 일이었으므로 일선에서 전투를 벌이는 일은 거의 없었다. 허저가 군대를 이끌고 전투에 나선 것은 조조 말년에 조진이나 조휴와 같은 친족 젊은이들이 호위부대를 맡게 된 이후의 일이다.

주유

周瑜

멋쟁이 주랑

　주유는 키가 크고 잘생긴 얼굴에 두뇌가 명석했다. 줄줄이 태위를 배출한 대단한 명문가의 자제였으므로 소년시절부터 강회지방의 젊은이들 사이에서 명성이 자자했다. 손책이 그의 명성을 듣고 찾아가 서로 깊은 우정을 맺었다. 손견이 동탁을 토벌하기 위해 군대를 일으키자 손책은 주유의 제안에 따라 가족들을 이끌고 서현으로 이주했다. 주유의 집안은 서현에서 제일가는 세력가였다. 일찍이 그의 부친이 서현 현령을 지낸 바도 있었다. 서현으로의 이주는 손견 일가를 보호하기 위한 수단이었다. 주유는 큰 집 두 채를 가지고 있었다. 손책과 그의 가족들이 도착하자 주유는 집 한 채를 선뜻 내어주고 모든 소유물을 공유했다. 당시 주유가 스물도 안 된 젊은이였으니 그의 배포를 짐작할 만하다.

　주유의 배짱은 적벽대전에서도 유감없이 발휘됐다. 조조가 형주를 평정하고 나서 손권에게 협박편지를 보내자 장소를 비롯한 강동의 주요 인사들은 입을 모아 항복할 것을 주장했다. 주유만이 대담하게 반대했다.

　"조조가 한나라 승상을 자칭하고 있지만 사실은 한나라의 역적이오. 조조가 스스로 죽으러 찾아왔는데 그를 영접해서야 되겠습니까? 이 주유가 장군을 위해 적을 격파하겠습니다."

　주유의 말에 손권은 조조와 결전을 벌이기로 결심했다. 주유의 배짱은 유비도 능가했다. 주유의 원병이 처음 도착했을 때 유비는 동오의 지원 병력이 적은 것을 걱정했다. 주유가 큰소리쳤다.

"3만 명이면 충분합니다. 유예주께서는 이 주유가 적을 격파하는 것을 보고 계시기만 하면 됩니다."

주유는 과연 조조의 대군을 격파하고 강남 지역을 지켜냈다. 주유는 적벽대전에서 조조를 격파했다. 수전에서 위군을 격파하고 오림에서 화공을 쓴 것은 전적으로 주유의 공적이었다. 이로써 삼국정립의 계기가 마련됐다.

한편 주유는 대단한 멋쟁이였다. 그는 당시 동오의 유행을 선도했다. 동오의 사대부들은 군중에서도 두건에 학창의만 입고 선비의 풍모를 보이는 것을 좋아했는데, 이런 유행은 다 주유에게서 시작된 일이다. 주유는 풍류를 즐겨 음악에도 정통했다. 그는 술에 취한 후에도 악사의 연주에 음정 착오가 있으면 이를 귀신같이 알아챘다. 음정이 틀리면 주유가 반드시 고개를 돌려 바라봤으므로 당시 사람들이 이런 노래를 만들어 불렀다.

"곡조가 틀리면, 주랑이 돌아본다네."

주유는 동오 창건의 일등공신이다. 손책이 스물여섯 젊은 나이에 죽었을 때, 손권의 지위는 매우 불안정했다. 경험도 없는 열여덟 소년은 상복을 입고 울기만 할 뿐이었다. 당시 강동의 여러 장수들은 손씨와 군신관계를 맺은 바가 없었다. 단순히 군벌집단의 주종관계였고 이는 언제라도 파기할 수 있는 성격이었다. 장소와 주유가 협력해 중심을 잡지 않았더라면 강동정권은 공중분해됐을 것이다. 손권이 권력을 승계한 후에도 대부분의 장수들은 손권에게 건성으로 대했다. 집단의 대표를 맡은 동료 장수의 하나로 취급했다. 하지만 주유는 손책과 결의형제를 맺은 사이였음에도 손권에게 늘 신하로서의 예를 깍듯이 취했다. 군권을 쥔 주유의 이러한 태도는 점차 다른 장수들에게도 영향을 미쳐 손권의 위상이 강화됐다.

주유의 능력과 기백은 당대 일류였고 그의 공적은 천하를 뒤엎을 만했다. 천하영웅의 풍모를 지니고 있었지만 그는 스스로 자립할 생각은 없었다. 노숙이 회남지방으로 돌아가 자립할 뜻을 밝혔을 때, 주유는 이를 말렸다. 작은 세력을 가지고 독자적으로 행동하기보다는 큰 세력과 힘을 합쳐야 큰일을 이룰 수 있다고 보았기 때문이다. 사실 알량한 실력만 믿고 함부로 천하를 제패하겠다고 나서는 것은 패가망신의 지름길이다. 주유가 스스로 나서지 않고 손씨 정권을 도운 것은 정확한 형세 판단능력 때문이기도 했지만, 손책과의 굳은 의리도 작용했을 것이다.

| **역사의 裏面** | **이교=喬**

제갈량이 동오에 원군을 청하러 갔을 때, 주유는 처음에 애매한 태도를 취한다. 그러자 제갈량이 그를 자극하기 위해 조조가 남침하는 이유는 '이교'를 취하기 위한 것이라고 말한다. 이때 제갈량은 〈동작대부〉를 읊어대며 동작대와 옥룡대, 금봉대를 연결하는 두 다리를 표현한 구절인 이교=橋를 강동의 유명한 두 미녀를 의미하는 이교=喬로 슬쩍 바꿔 표현한다. 이에 격분한 주유가 조조를 멸하겠다고 맹세한다. 《삼국지연의》에 나오는 이야기다.

〈동작대부〉는 건안문학의 중심 인물인 조식의 대표작이다. 조조가 업성에 동작대라는 전각을 신축한 후, 자식들을 불러 연회를 열었다. 이때 그의 셋째 아들 조식이 일필휘지해 지은 시부가 〈동작대부〉다. 이교=喬는 일찍이 조조의 사람됨을 알아본 태위 교현의 두 딸이다. 대단한 미인이었다고 한다. 교현은 천하대란이 일어나자 가족들을 데리고 여강군으로 피난했다. 손책이 주유와 함께 유훈의 근거지인 여강군 환성을 습격했을 때 교현의 두 딸을 포로로 잡았다. 손책과 주유는 각기 교현의 두 딸을 맞이해 신부로 삼았다. 첫째 딸 대교大喬가 손책의 부인이 됐고, 둘째 딸 소교少喬는 주유의 처가 됐다. 아마도 교현이 죽고 난 후의 일이었을 것이다.

조조는 평생 교현에게 마음의 빚이 있었다. 개망나니로 소문났던 그를 알아보고는 발탁해줬고 믿어줬다. 교현은 조조에게 자손의 안전을 부탁하기까지 했다. 조조는 동남방을 지날 때면 늘 환성에 있는 교현의 묘소에 제사를 올려 그에 대한 추모의 정을 표했다. 조조는 교현의 두 딸을 지켜주지 못한 것에 대한 죄책감이 있었을 것이다.

어떤 작가들은 조조와 교현의 인연을 소재 삼아 조조가 그의 두 딸을 사모했다는 이야기를 지어냈다. 별로 가능성이 없는 이야기다. 조조가 마지막으로 교현을 볼 수 있었던 것은 중평6년[189년]이었다. 손책이 환성을 습격한 것은 건안2년[197년]이었으므로 10년이나 지난 후의 일이다. 당시 이교의 나이는 기껏해야 20대 초반이었을 것이다. 그렇다면 조조가 교현의 집을 드나들던 시기에 이교의 나이는 불과 열 살을 조금 넘겼을 것이다. 30대 중반의 조조가 열 살 꼬맹이를 보고 나서 평생을 잊지 못했다는 것은 말이 안 된다. 조조가 이교를 탐내 동오를 정벌하려 한다는 말에 주유가 격분했다는 것 역시 상식에 맞지 않는다. 심지어 〈동작대부〉에는 '이교'라는 시구가 없다. 《삼국지언의》의 저자가 〈동작대부〉를 조작해 이 문구를 삽입했을 뿐이다.

| 僞 _ 거짓말 | **주유의 죽음**

"주유를 세상에 태어나게 하고 어찌하여 또 제갈량이 태어나게 했단 말인가?"

주유가 서른여섯의 젊은 나이에 요절하면서 부르짖었다는 말이다. 《삼국지연의》에 따르면 주유는 제갈량의 계략에 넘어가 형주를 빼앗긴 것이 너무 분해서 죽었다고 한다. 터무니없는 거짓말이다. 적벽대전 후 형주를 차지한 것은 주유였다. 유비는 공안 이남의 외진 땅만을 얻었을 뿐이다. 유비는 주유가 죽은 후 손권에게 사정해 형주를 빌린다.

여몽

呂蒙

끊임없는 자기계발로 역경을 극복하다

여몽은 동오에서 주유에 버금가는 명장이었다. 주유가 적벽대전에서 조조를 물리쳐 형주까지 영토를 넓혔다면, 여몽은 관우를 패사시키고 노숙이 유비에게 빌려줬던 형주를 되찾았다. 그러나 두 사람은 출신배경이 근본적으로 달랐다. 주유가 삼공을 배출한 명문가 자제였던 반면 여몽은 가난하고 천한 집안 출신이었다. 배운 것도 없고 배경도 없었던 그는 끊임없는 자기계발을 통해 한 시대의 명장으로 거듭났다. 가난과 비천한 신분에서 벗어나 입신 영달하고자 하는 강렬한 욕망이 여몽의 유일한 밑천이었다.

여몽은 원래 여남군 출신이었으나 어려서 난을 피해 장강 남쪽으로 이주했다. 여몽의 가족은 손책의 부하 장수였던 매부 등당에게 빌붙어 살았다. 등당이 산월족을 토벌하러 갔을 때, 여몽이 몰래 군대를 따라가 참전했다. 이때 여몽의 나이 불과 열대여섯이었다. 등당이 매우 놀라 만류했지만 여몽의 의지를 꺾을 수는 없었다. 집으로 돌아온 후 등당은 이 사실을 여몽의 어머니에게 알렸다. 여몽의 어머니가 화를 내며 꾸짖자 여몽이 대꾸했다.

"가난하고 천한 처지로 사는 것은 고통스런 일입니다. 오욕에서 벗어나기 위해서는 공을 세워 부귀를 이루어야 합니다. 호랑이 굴로 깊이 들어가지 않고서야 어찌 호랑이 새끼를 잡겠습니까?"

결국 여몽은 등당의 군에서 복무하게 됐다. 여몽은 한시라도 빨리 공을 세우지 못해 안달이었다. 한번은 등당의 군관 하나가 여몽의 무모함과 공명심을 비웃고 모욕하자 여몽은 단칼에 그를 베어버렸다. 여몽이 제 발로 자수를 했을 때 손책은 엉뚱하게도 그의 기개를 높이 평가해 발탁해 자신의 부하로 삼았다. 몇 년 후 등당이 죽자 여몽이 그의 부대를 물려받았다.

손권이 집권한 후 난립된 부대들을 정리하고자 했다. 주로 소규모 부대가 그 대상이 됐는데 여몽의 부대도 여기 포함됐다. 손권이 직접 각 부대를 평가해 통폐합 여부를 결정하고자 했다. 여몽은 평가에 대비해 빚을 내 병사들에게 진홍색 군장을 맞춰 입히고 철저하게 훈련을 시켰다. 검열에 나선 손권은 여몽의 부대가 매우 정예한 것을 보고는 오히려 병력을 증강시켜줬다. 이때부터 여몽은 승승장구하기 시작했다.

여몽은 직접 황조의 도독 진취의 목을 베었고, 적벽대전에서는 선봉에서서 조조의 수군을 초전에 격파했으며, 남군싸움에서도 맹활약했다. 이때까지만 해도 여몽은 감녕, 능통 등과 같은 여러 돌격장 중 하나에 불과했다. 그러나 그는 손권의 권유로 학문에 힘쓴 결과 용맹과 지략을 두루 갖춘 장수가 됐다. 유수구의 싸움에서 유수오를 축조해 조조의 대군을 막아낸 것이 그의 계책이었고, 속전속결로 환성을 함락시킨 것도 그의 공로였다. 여몽은 장사, 영릉, 계양 등 형주의 세 개 군을 탈환하면서 책략을 써서 학보의 항복을 이끌어내기도 했다. 자만심이 극에 달했던 관우마저도 여몽만은 매우 경계할 정도로 크게 성장했다. 급기야 노숙의 후임이 된 여몽은 번성에서 기세를 떨치고 있던 관우의 배후를 기습해 동오의 오랜 숙원이던 형주평정의 대공을 이뤘다.

성공은 사람을 긍정적으로 변하게 한다. 거칠기만 했던 여몽의 성품도 계속되는 성공과 함께 순화된 듯하다. 여몽과 가까운 곳에 군영을 두고 있던 성당, 송정, 서고 등 세 명의 장수들이 죽자 손권은 이들이 통솔하던 부대를 다 여몽에게 주려 했다. 당시 동오는 각 장수의 군대가 사병집단화돼 있어 군대를 물려받지 못한다는 것은 그 지위를 계승하지 못함을 의미했다. 여몽은 이 부대들을 죽은 장수들의 자제들에게 물려줘야 한다고 주청했다.

"성당 등은 다 나라를 위해 수고하다가 죽었습니다. 그들의 자제들이 어리고 약하다는 이유로 그들의 부곡병들을 없애서는 안 됩니다."

여몽이 세 차례나 간곡하게 사양했으므로 손권이 그의 말을 들어주었다. 출세에 눈이 어두웠던 여몽으로서는 놀라운 변화가 아닐 수 없었다. 한번은 강하태수 채유가 직무와 관련해 그를 고발한 적도 있었지만, 여몽은 오히려 그가 직무에 충실한 훌륭한 관리라고 칭찬하고 예장태수로 천거하기도 했다. 여몽은 또 거칠고 포악해 다루기 어려웠던 감녕 같은 장수도 다독거리며 바른 방향으로 이끌어 그 역량을 최대한 발휘하게 했다. 한번은 감녕이 명령을 위반해 손권이 불같이 화를 내자 여몽이 그를 감싸줬다.

"천하는 아직 평정되지 않았고 감녕과 같이 싸움 잘하는 장수는 얻기 어렵습니다. 마땅히 참으셔야 합니다."

이를 보면 여몽이 인격적으로도 무척 성숙해졌음을 알 수 있다.

여몽은 사람이 얼마나 스스로를 계발할 수 있는지 보여주는 모범 사례다. 그는 어린 시절 거칠고 사납기만 했지 배운 것도 없고 인간성도 좋지 않았다. 오로지 비천한 신분에서 탈피해 영화로운 삶을 살고 싶어 출세를 꿈꾸던 비속한 사람이었다. 그러나 여몽은 학문을 닦고 수양함으로써 높은 수준의 지력과 인격을 갖추게 됐다. 여몽은 천애고아의 신세에서 끊임없는 노력으로 주유, 노숙과 같은 반열의 영웅으로 재탄생했다.

여몽이 심양현령이 됐을 때, 손권이 그에게 학문에 힘쓸 것을 권고했다. 여몽이 혁혁한 전공을 세워 두각을 나타내기 시작했지만 배운 것이 없어 까막눈이나 다름없었기 때문이다. 손권의 생각에 한 현의 수장된 자가 불학무식해서는 곤란했다.

"경은 이제 현의 사무를 처리하게 됐으니 학문을 배워야만 하오."

공부에 취미가 없었던 여몽은 군무가 바쁘다는 핑계로 사양했다. 손권이 화를 내며 말했다.

"내가 어찌 경에게 경서를 공부해 박사가 되라 하겠소! 단지 한두 번 두루 살펴나 보라는 말이오. 현의 사무를 처리하면서 책에서 읽은 옛일을 참고할 수 있을 정도면 되오. 경이 일이 많다 하는데 나와 비교하면 더 많다고 할 수 있소? 나는 항상 독서를 하는데 얻는 바가 매우 많소."

여몽은 하는 수 없이 머리에 털 나고 처음으로 공부를 시작했다. 여몽은 무슨 일을 하든지 열심히 하는 사람이었다. 선생을 초빙해 전적을 읽고 병법을 공부하자 시야가 넓어지고 견식이 풍부해졌다.

일찍이 노숙은 여몽을 단순무식한 무사로만 보아 그와 교제를 맺지 않았다. 노숙이 주유의 뒤를 잇게 되자 주변 사람들이 그에게 권고했다.

"여장군의 공명이 날로 두드러지고 있으니 옛날과 같이 대해서는 곤란합니다. 그에게 관심을 보여주셔야 합니다."

노숙이 마지못해 여몽의 군영을 방문하자 여몽이 연회를 베풀어 노숙을 환대했다. 술기운이 오르자 여몽이 노숙에게 물었다.

"그대는 중책을 맡아 관우를 상대하게 됐는데 장차 어떤 계책으로 대비하여 나라의 근심을 없애고자 합니까?"

노숙이 답변을 하지 못하자 여몽이 상황 변화에 따른 다섯 가지 시나리오를 제시했다. 노숙이 여몽의 깊은 식견에 깜짝 놀라 감탄했다.

"경의 재주와 책략을 볼 때 지난날 오군에 있던 시절의 여몽이 아니구려! 나는 경의 재주와 책략이 이 수준에까지 이르렀는지는 미처 몰랐소."

여몽이 호탕하게 웃으며 말했다.

"선비란 헤어지고 나서 3일 만이면 개선된 점이 괄목상대刮目相待할 정도가 되어야 한다고 들었습니다. 대형께서는 어찌 이리 늦게 알아보셨습니까!"

노숙이 이때부터 여몽과 대등한 관계로 교우를 맺었는데, 여기서 '괄목상대'라는 고사가 나왔다고 한다.

| 僞 _ 거짓말 | 여몽이 관우의 원혼 때문에 죽었다?

《삼국지연의》에 따르면 여몽은 관우의 원혼 때문에 죽었다고 한다. 황당무계한 이야기이다. 여몽이 관우가 죽은 직후 사망한 것은 사실이다. 여몽은 형주를 되찾은 공로로 손권으로부터 큰 포상을 받았으니 이를 누려보지도 못하고 불과 40대 초반의 나이에 병사했다. 여몽은 매우 건장하고 용맹한 장수였으나 형주 탈환 이전부터 고질병에 시달려왔다. 당시만 해도 장강 주변은 미개발지여서 풍토병이 심했으므로 그곳에 거주하던 사람들은 대체로 요절하는 경향이 있었다. 주유와 진등은 나이 마흔을 넘기지도 못했다. 여몽은 주혈흡충과 같은 기생충에 감염돼 죽었을 것이다.

태사자
太史慈

천하종횡은 아무나 하는 것이 아니다

태사자는 문무를 겸전한 의기남아였다. 그러나 천하종횡은 아무나 할 수 있는 일이 아니다. 천하제패란 천시와 지리, 인화가 조화를 이루어야만 가능한 일이기도 하지만, 필요하다면 배신과 거짓말을 밥 먹듯 할 자신이 있어야 한다. 용기와 의협심에 있어서 누구에게도 뒤지지 않았지만, 의리의 사나이였던 태사자는 늑대와 이리 같은 무리들이 판을 치는 세계에는 적합하지 않은 인물이었다. 이를 간파한 손책은 태사자에게 믿음을 주었고 그는 결국 손책의 사람이 되고 말았다.

태사자가 공융을 구원하기 위해 유비에게 원병을 요청한 일화를 보면 그가 얼마나 의협심이 강하고 대담무쌍한 인물인지 알 수 있다. 태사자는 공융과 일면식도 없었지만, 공융이 자신의 모친에게 은혜를 베풀었다는 이유만으로 그를 위해 목숨을 걸고 위험 속으로 뛰어들었다. 덕을 입으면 반드시 갚는 협객 기질이었다.

공융의 성은 황건적 무리에게 물샐틈없이 포위돼 있어 빠져나갈 수 없었다. 태사자는 매일 아침 일찍 성문 밖으로 나와 과녁을 내걸고 활 쏘는 연습을 했다. 이런 일이 반복되자 태사자가 나올 때마다 바짝 긴장해 모여들던 황건적들은 이내 무심해지고 말았다. 하루는 태사자가 말을 타고 나와도 도적들이 자리에 누워 일어나질 않았다. 태사자는 이 틈을 타 말에 채찍을 가해 겹겹이 에워싼 포위망을 뚫고 나가는 데 성공했다.

태사자는 무용도 매우 강했다. 팔이 원숭이처럼 길고 어깨 힘이 강해 활을 쏘면 백발백중이었다. 한번은 손책을 따라 마둔과 보둔의 도적떼를 토벌하러 갔는데, 도적 하나가 성루 위에서 누각 기둥을 한 손으로 잡고 기댄 채 손책에게 몹시 심한 욕지거리를 해댔다. 그러자 태사자가 활을 쏴 욕하던 자의 손바닥을 그대로 기둥에 박아버렸다. 군중의 모든 사람들이 통쾌해 했다. 태사자는 소패왕이라 불리던 손책과 신정에서 만나 일대일로 격투를 벌였으나 전혀 밀리지 않았다. 후일 해혼에 주둔하면서 자주 쳐들어오던 유표의 조카 유반과 그의 부장 황충을 제압한 일도 있었다.

유요는 태사자를 대장으로 기용했더라면 양주를 손책에게 쉽게 빼앗기지 않았을 것이다. 그러나 그는 태사자를 일개 정찰병으로 활용했다. 당시 강남에 피난 와 있던 허소와 같은 사대부들의 평가를 의식했기 때문이다. 태사자는 유요가 손책에게 패해 예장으로 달아나자 중도에 이탈해 자립을 꾀했다. 그는 패잔병을 모아 무호에 주둔하면서 단양태수를 자칭했다. 하지만 손책이 공격해 태사자를 포로로 잡았다.

유요가 예장에서 병사하자 그의 휘하 병력 만여 명은 주인이 없어져 우왕좌왕했다. 이들은 예장태수인 화흠에게 의탁하고자 했지만, 맡을 자신이 없었던 화흠이 거부하는 바람에 갈 곳이 없어졌다. 손책은 이 기회에 태사자를 보내 유요의 남은 세력을 포섭하려 했다. 손책의 측근들이 만류했다. 태사자는 이미 자립을 시도했던 바가 있었기 때문이다. 태사자가 유요의 병력을 손에 넣으면 돌아오지 않고 독자 행보를 할 가능성이 높다는 것이었다.

"태사자가 북쪽으로 가면 돌아오지 않을 것입니다."

손책은 태연자약했다.

"태사자가 나를 버린다면 내가 다시 누구를 믿을 수 있겠소? 태사자가 비록 기백과 용맹이 있고 배짱이 두둑하다고는 하나 천하를 종횡할 사람은 아니오. 그는 반드시 도의를 지킬 것이오. 그는 한번 중한 약속을 하면 죽을지언정 저버리지 않을 사람이오. 여러분들은 쓸데없는 걱정을 하지 마시오."

과연 손책의 예상대로 태사자는 약속을 지켰다. 약속을 잘 지키고 신의를 저버리지 않는 사람은 좋은 사람이다. 그러나 이런 사람은 좋은 동지가 될 수는 있으나 천하의 패자가 되기는 어렵다. 천하쟁패의 세계는 얼굴이 두껍고 뱃속이 시커먼 자들의 무대이기 때문이다.

| 역사의 裏面 | 태사자의 요동 망명 계기

태사자는 소싯적부터 의협심으로 이름이 높았다. 한마디로 협객 출신이었다. 그는 나름대로 학문에 힘써 나이 스물하나에 동래군의 관리가 됐으나 곧 협의로 인해 망명객 신세가 되고 만다. 청주자사와 동래태수 사이의 알력에 휘말렸기 때문이다.

후한 말 주의 자사가 주목으로 변경되기 전까지는 자사와 태수가 동급이었다. 서로 상하관계가 아니었으므로 자사와 태수 간에 분쟁이 생기는 경우가 비일비재했다. 이런 경우 대개 선수를 쳐 상대방의 비위 사실을 조정에 먼저 고발하는 편이 절대적으로 유리했다. 선입견 효과 덕분이었다.

청주자사가 먼저 조정에 사자를 보내 동래태수를 규탄하는 상주문을 접수하게 했다. 이 소식을 들은 동래태수는 급히 청주자사를 고발하는 문서를 써서 태사자에게 가지고 가게 했다. 그는 자신의 보고서가 늦게 도착하게 될까 봐 매우 걱정했다.

급히 길을 떠난 태사자가 낙양에 도착했을 때, 자사가 보낸 사자는 이미 궁궐 남문에 문서를 접수하려고 줄을 서 있었다. 태사자가 조정에서 일하는 아전인 척하고 접근해 문서의 형식이 제대로 됐는지 봐주겠다고

했다. 공문의 제목이나 형식이 맞지 않는 경우 접수조차 되지 않는다고
엄포를 놓았다. 겁을 먹은 자사의 사자가 의심 없이 문서를 보여주자 태
사자는 자사의 상주문을 박박 찢어버렸다. 자사의 사자가 깜짝 놀라 외
쳤다.

"이 자가 내 상주문을 찢었다!"

태사자는 자사가 보낸 사자의 입을 막고 수레 뒤로 끌고 갔다.

"그대가 문서를 넘겨주었기에 내가 찢을 수 있었던 것이오. 황제께 올
리는 문서를 손상한 자는 사형이오. 당신도 책임이 있으니 죽음을 면치
못하게 될 것이오. 지금 조용히 나가서 도망을 친다면 목숨을 건질 수는
있소."

자사의 사자가 도망쳤으므로 태사자는 태수의 고발장을 먼저 접수시킬
수 있었다. 이로 인해 동래태수에게 유리한 처분이 내려질 수 있었으나
태사자는 청주자사에게 원한을 사게 됐다. 태사자는 보복을 피해 바다 건
너 요동으로 망명했다. 이 일로 태사자의 의협심과 명성이 청주 일대에
널리 알려지게 됐다. 공융이 그의 모친을 극진히 우대한 것도 언젠가 의
리남아인 태사자의 도움을 받을 수 있으리라 여겼기 때문이다.

| 僞 _ 거짓말 | 태사자가 장요의 함정에 빠져 죽었다?

《삼국지연의》에서 태사자는 합비에서 장요의 함정에 빠져 죽었다. 손
권이 적벽대전 승리의 여세를 몰아 합비를 공격했을 때의 일이라 한다.
사실과 매우 다르다. 우선 시기적으로 맞지 않는다. 태사자는 적벽대전
이 일어나기 전인 건안11년206년에 마흔하나의 나이로 죽었다. 손권이 합
비를 처음 공격했을 당시 장요는 그곳에 있지도 않았다. 손권의 1차 합비
공격이 실패로 돌아간 것은 양주자사 유복의 철저한 사전 대비와 장제의
계책 때문이었다.

하후돈
夏侯惇

조조가 가장 믿은 친구이자 창업동지

　조조가 처음 위왕이 됐을 때 옛 부하 장수들은 다 새로 세운 위나라의 관직을 받았다. 그런데 하후돈만은 한나라의 관직 그대로였다. 이 점이 불만스러웠던 하후돈은 상소를 올려 항의했다. 조조가 회답했다.

　"내가 듣기로 가장 높은 것은 사신師臣이고 그 다음은 우신友臣이라 하오.• 구차스럽게 위나라의 신하가 되어 나에게 굽신거려야 만족하겠소?"

　하후돈을 신하로 삼지 않음으로써 옛 친구와 같이 대접하려는 것이 조조의 의도였다. 하후돈이 고집을 부렸으므로 조조는 하는 수 없이 그를 위나라의 전장군前將軍에 임명했다.

　하후돈은 조조와 사촌형제였다. 조조의 아버지 조숭의 성이 원래는 하후씨였기 때문이다. 하후돈은 젊어서 스승을 모욕한 사람을 죽인 후, 수배를 피해 강호를 떠돌다가 조조가 처음 기오에서 병사를 일으켰을 때 참여했다. 변수의 싸움에서 함께 싸웠고, 양주지방에서 신병을 모집할 때 조조를 죽음의 위험으로부터 구해내기도 했다. 또 조조의 일생일대 위기였던 여포의 연주 침입 시, 무력으로 조조의 근거지인 견성을 지켜낸 것도 하후돈이었다. 이로써 조조는 재기의 발판을 마련할 수 있었다.

• 사신: 스승과 같은 신하. 우신: 친구와 같은 신하.

조조는 하후돈을 무척 신뢰해 자신이 대군을 이끌고 출정할 때마다 후방을 지키는 역할을 그에게 맡겼다. 특히 관도대전이 일어났을 때 대부분의 군·현급 군벌들은 원소에게 승산이 있다고 보고 다 그에게 붙으려는 조짐을 보였다. 하후돈이 위력으로 이를 누름으로써 후방이 안정됐다. 이에 조조는 안심하고 관도에서 지구전을 펼칠 수 있었다. 북방이 다 평정되고 난 후, 조조는 강동의 손권에 대비해 26개 군을 남쪽 경계선에 배치했다. 이때 26개 군 전체를 지휘·감독하는 책임을 하후돈에게 맡겼다.

조조는 친우이자 평생의 동지인 하후돈을 몹시 후대했다. 조조는 말년에 번성을 포위한 관우를 견제하기 위해 각지의 주둔군을 마피로 불러 모았다. 옛 장수들이 모두 군대를 이끌고 도착했다. 하후돈이 도착하자 조조는 직접 마중을 나가 함께 수레를 타고 돌아왔다. 하후돈만이 조조의 거실에 수시로 드나들 수 있었다. 다른 장수들 중 이런 대접을 받는 자가 없었다. 조조의 입장에서 하후돈은 언제나 흉허물 없이 속을 터놓을 수 있는 친구나 마찬가지인 유일한 존재였다. 조조가 하후돈을 자신의 신하로 삼기를 거부했던 것도 그런 이유에서였다.

조조가 죽고 조비가 황제가 됐을 때, 하후돈은 대장군에 임명됐다. 그러나 하후돈 역시 그 후 한 달을 넘기지 못하고 죽었다. 조조가 죽자 너무 비통해하다가 생긴 병이 깊어졌기 때문이다. 하후돈이 이토록 슬퍼하고 상심한 이유는 조조가 제위에 오르지 못하고 왕의 신분으로 죽었기 때문이다. 일찍이 조조를 제위에 오르게 하려던 논의가 있을 때마다 하후돈이 나서 만류하곤 했었다. 다 조조의 의중을 헤아려 한 것이었다.

맨 처음 조조의 칭제 논의가 일었을 때, 하후돈 역시 조조에게 하늘과 백성의 뜻에 순응할 것을 권유했다. 조조가 이때 하후돈에게만 은밀히 말했다.

"만약 천명이 나에게 있다면 나는 주문왕周文王이 되고자 하오."

젊은 시절 한나라에 충성을 맹서했던 조조는 스스로 이 맹서를 깨고

싫지 않았다. 주문왕이 되겠다는 것은 찬탈의 악역을 충성서약으로부터 자유로운 자신의 후계자에게 넘기겠다는 것을 의미했다.

하후돈은 두뇌가 명석한 편은 아니었으나, 조조의 의중만은 누구보다 정확히 꿰뚫었다. 그 후 칭제 논의가 일 때마다 하후돈이 나서 여론을 잠재웠다.

"의당 먼저 촉을 멸해야 합니다. 촉이 망하면 오는 즉시 복종할 것입니다. 이 두 지방이 평정된 후라면 순리에 따라 순舜 임금과 우禹 임금의 궤적을 따라가는 것도 가능합니다."

조조는 삼국을 통일하지 못했다. 조조가 결국 제위에 오르지 못하고 죽자 하후돈은 생전에 자신이 했던 말을 무척이나 한스러워했다. 이로 인해 병을 얻게 된 것이 그의 사망 원인이었다.

하후돈은 지모와 능력이 탁월하지는 않았다. 하후돈은 여포의 공격을 받은 유비를 구원하기 위해 소패로 출병했을 때, 여포군의 대장 고순에게 크게 패했을뿐더러 날아오는 화살에 맞아 눈알 하나를 잃어 애꾸가 되기까지 했다. 박망파의 싸움에서도 하후돈은 판단 착오로 유비에게 대패했다. 이를 볼 때 하후돈은 그다지 유능한 장수가 아니었다. 능력보다는 오직 충성과 의리로 헌신했기에 조조는 그를 절대적으로 신뢰했다. 때로는 리더에게 능력과 재능이 탁월한 부하들보다 이러한 유형의 사람들이 더 소중한 경우가 많다.

| 역사의 裏面 | 하후돈 납치 사건의 전말

여포가 연주를 습격하자 복양성에 주둔하고 있던 하후돈은 급히 병력을 점고해 당시 조조의 근거지였던 견성을 향했다. 조조의 모든 가족들이 견성에 있었기 때문이다. 견성에 도착하기 전, 날이 저물자 하후돈은 길가에 군영을 설치하고 유숙했다.

그때 복양성에 남아 있던 장수 10여 명이 찾아왔다. 이미 복양성이 함락돼 도망쳐 나오는 길이라 했다. 하후돈이 정보를 입수하기 위해 직접 면담을 하자 이들이 갑자기 돌변해 병장기를 꺼내들고 하후돈을 납치했다. 이들은 사전에 진궁에게 포섭된 자들이었다.

하후돈의 부장과 병사들은 주장이 인질로 잡히자 당황해 어찌할 바를 몰랐다. 이때 하후돈의 군중에는 한호와 사환이라는 용맹하고 충성스런 부장이 있었다. 한호는 사환과 협력해 병사들을 안정시키고 난 후, 휘하의 병사들을 이끌고 하후돈이 인질로 잡혀 있는 군막을 여러 겹으로 포위했다. 영채 밖으로 빠져나갈 수 없게 된 인질범들은 거액의 인질금과 하후돈을 교환하자고 제안했다. 한호가 직접 협상장에 나타나 인질범들을 엄히 꾸짖었다.

"흉악한 역적 놈들아. 감히 대장을 인질로 잡고 협박하다니 그러고도 살기를 바라느냐! 나는 적을 토벌하라는 명을 받았으니 어찌 대장의 일로 너희들이 멋대로 하게 내버려 둘 수 있겠느냐?"

한호는 또 하후돈을 바라보며 눈물을 흘리며 말했다.

"국법에 따를 수밖에 없습니다!"

한호는 이 말을 마치자마자 병사들을 불러들여 인질범들을 공격했다. 불의의 기습에 인질범들은 쉽게 제압됐다.

조조가 서주에서 돌아온 후 하후돈이 납치됐다 풀려난 경위에 대해 전해 듣고는 한호를 불러 칭찬했다.

"앞으로는 경이 조치한 것처럼 하도록 법으로 제정해야 하겠소."

그 이후 조조는 대장이 인질로 잡혀도 타협하지 말고 인질범들을 공격하라고 군법에 명시했다.

한호는 천하대란이 일어나자 무리를 모아 마을을 지키던 향당 출신이었다. 이후 하후돈의 초빙을 받아 그의 부장이 됐다. 한호와 함께 인질범들을 제압하는 데 공을 세운 사환은 본시 협객 출신이었다. 조조가 처음 기병했을 때부터 객장이 돼 종군했다. 하후돈은 이들처럼 유능한 부장들이 있었기에 공훈과 업적을 쌓을 수 있었다. 훗날 이들은 조조의 친위병을 관장했으며 다 열후의 지위에 올랐다.

| 偽 _ 거짓말 | 하후돈이 눈알을 씹어 먹었다?

《삼국지연의》에는 하후돈이 제 눈알을 씹어 먹는 장면이 나온다. 말도 안 되는 이야기다. 눈알에 화살이 꽂혔으면 그 통증이 이루 말할 수 없었을 터인데, 그걸 뽑아 우걱우걱 씹어 먹었을 리가 없다. 실제 사료에는 이런 내용이 전혀 없다. 그저 유비를 구원하러 갔다가 고순에게 패했고 그때 화살에 맞아 애꾸가 됐다는 것이 전부다. 《삼국지연의》의 일화가 단순히 하후돈의 용맹성을 부각시키려 한 것만은 아닐 것이다. 하후돈이 '신체발부 수지부모' 운운한 것에서 나타나듯이 '효'라는 유교적 도그마를 일반 민중에게 주입시키려는 의도가 있었음이 분명하다.

하후연
夏侯淵

서량을 평정한 용장

　　건안16년²¹¹년 겨울, 동관싸움에서 관중과 서량의 10개 군벌연합군을 격파한 조조는 마초를 추격해 안정군에 이르렀다. 조조는 마초와 한수를 끝까지 추격해 황건적의 난 이래 40년 가까이 끌어오던 서량 반란 평정을 끝장낼 작정이었다. 그러나 조조는 뜻하지 않은 일로 회군할 수밖에 없었다. 본거지 기주에서 병력차출과 물자동원에 지친 병사들이 전은과 소백을 중심으로 반란을 일으켰기 때문이다. 마초가 다시 반란을 일으킬 것이라는 양부의 경고에도 불구하고 조조는 서량 평정을 중도에 포기할 수밖에 없었다. 후일 그를 대신해 마초와 한수를 격파하고 서량을 평정한 장수가 바로 하후연이다.

　　하후연은 하후돈의 족제族弟라고 하니 사촌이나 육촌쯤 됐을 것이다. 조조에게는 집안의 먼 동생뻘 정도였지만 친동생보다 더 가까운 사이였다. 하후연은 낙향 시절 조조가 진 죄를 대신해 자진해서 감옥에 갔을 정도였다. 목숨을 건 행위였다. 조조는 충성과 의리로 똘똘 뭉친 하후연을 무척 신뢰했다. 하후연은 조조의 기병에 참여한 이래 그를 따라 전선을 전전했다. 하후연은 하후돈과 더불어 어느 장수와는 다른 특별한 대우를 받았다. 그는 관도대전 시 하후돈과 함께 후방에 남아 예주와 연주에서 관도로 군량과 물자를 조달하는 임무를 수행했고, 그 후에도 여러 전선을 누비며 우금, 장요, 장합, 장패, 서황 등의 쟁쟁한 장수들을 지휘하는 총대장 역할을 맡았다.

조조는 관중에서 회군하면서 관중과 서량의 모든 군사업무를 하후연에게 일임했다. 하후연은 관중에 주둔하면서 서황, 장합, 주령, 노소 등 여러 장수를 지휘해 서량 반군의 잔당들을 하나씩 제거해 나갔다.

2년 후 마초가 다시 반란을 일으켰다. 이때 량주자사 위강이 죽는 등 서량이 크게 혼란에 빠졌으나 곧 양부, 강서 등 서량의 토착세력이 마초를 축출했다. 한중으로 달아났던 마초는 이듬해 장노에게 병력을 지원받아 보복에 나섰다. 강서가 급히 구원을 요청하자 여러 장수들은 조조에게 보고한 후 출병해야 한다고 주장했다. 하후연이 말했다.

"조공이 있는 업성까지 오가는 데 사천 리 길이오. 지시가 내려올 때까지 기다리다 보면 강서 등은 패하고야 말 것이오. 급히 구원하러 가지 않을 수 없소."

하후연은 선조치 후보고하기로 결정했다. 조조와의 신뢰관계가 깊지 않았다면 할 수 없는 용단이었다. 당시 조조의 군법은 매우 엄해 허락 없이 군대를 움직이는 것은 사형감이었다.

하후연은 장합을 선봉에 내세워 서량으로 진격했다. 이때 마초는 장합의 군세가 강한 것을 보고 싸우지도 않고 달아났다. 하후연이 대군을 이끌고 도착해 마초와 연합했던 저족과 강족 및 서량의 여러 군현들을 제압했다. 금성군을 점거하고 있던 서량반군의 중심 인물인 한수가 도전해 왔다. 강족과 저족의 군대와 연합한 한수의 군세는 매우 강했다. 여러 장수들이 보루와 참호를 파 지구전을 벌이자고 주장했다. 하지만 무모할 정도로 용맹했던 하후연은 정면 대결을 벌이기로 했다.

"우리는 천 리 길을 싸우면서 와 군대가 몹시 피로한 상태요. 지구전을 벌일 형편이 아니오. 적병이 많을수록 일거에 해치우기 쉬울 뿐이오."

하후연은 결전을 벌여 한수를 중심으로 한 반군세력을 대파했다. 패전

후 서평으로 달아났던 한수는 얼마 지나지 않아 내부 반란으로 사망하고 만다. 하후연은 계속 진격해 흥국의 저족과 고평의 도각호 등 서량 반군과 연합했던 호족들을 모조리 도륙했다.

일찍이 량주에서 변장·한수의 난이 일어난 이래로 송건宋建이 병력을 거느리고 농서군 포한을 점거했다. 그는 참람하게도 개원改元하고 백관을 설치했으며 스스로 하수평한왕河首平漢王이라 참칭했다. 조정에서는 이를 괘씸하게 여겼지만 길이 막혀 손을 쓸 수 없었다. 송건은 30여 년 동안이나 그 좁은 구석에서 왕 노릇을 했다. 이듬해인 건안220년215년 하후연은 포한으로 깊숙이 진격해 송건을 붙잡아 참수했다. 하서의 강족 등 여러 군벌세력들이 다 항복했다. 이로써 184년 변장·한수의 난 이래 반란이 끊이지 않던 서량이 모두 평정됐다. 하후연의 공적이 얼마나 대단한지는 조조가 그의 공로를 치하한 말로 대신 설명하고자 한다.

"송건이 난을 일으켜 국가에 대해 반역을 한 지 30여 년이 지났는데 하후연이 일거에 멸망시켰다. 호랑이처럼 관우關右를 누비고 다니니 가는 곳마다 앞을 가로막는 자가 없었다. 중니仲尼의 말에 '내가 너 안회만 못하구나'라고 한 것과 같도다!"

| 역사의 裏面 | **하후연의 죽음**

하후연은 용맹하고 과감하나 지혜가 모자랐다. 유비는 이런 하후연을 별로 대단치 않게 여겼다. 그가 장합을 경계하며 하후연의 군영을 집중 공격한 것도 이런 이유에서였다. 조조는 한중을 정복한 후 철병하면서 다시 하후연에게 한중 수비 임무를 맡겼다. 하후연은 한중 공격에 나선 유비와 맞서 싸우다가 결국 진중에서 죽음을 맞았다. 조조는 평소에도 오로지 강공에만 의존하는 하후연을 미더워하지 않았다. 그래서 하후연에게 관중과 한중을 수비하는 중책을 맡길 때마다 늘 이렇게 타이르곤 했다.

"장수가 된 자는 겁을 먹고 약세를 보일 때도 있어야지 항상 용기에만 의지해서는 아니 되오. 장수는 용기를 근본으로 하지만 지혜와 계략에 따라 행동해야 하오. 오로지 용기에 의지한다면 이는 일개 필부에 불과할 뿐이오."

하후연은 정군산의 싸움에서 유비의 '성동격서' 전술에 말려들었다. 하후연은 주변의 만류에도 불구하고 직접 선두에 나서서 싸우다가 죽고 말았다. 일군의 대장답지 못한 죽음이었다. 용맹했으나 무모했기 때문에 초래된 결과였다.

조조는 하후연의 죽음을 깊이 애도했다. 하후연에 대한 후대는 그 자손들에게까지 미쳤다. 하후연의 첫째 아들 하후형은 조조의 유일한 친동생인 해양애후 조덕의 딸과 결혼했다. 조덕은 조숭 일가가 도겸의 부장 장개에게 살해당할 때 함께 죽었다. 둘째 아들 하후패도 역시 좋은 대우를 받았다. 그런데 하후패는 나름대로 기백이 있었나 보다. 그는 어려서부터 아버지를 죽인 유비의 촉나라를 멸망시켜 원수를 갚는 것이 소망이었다. 조방이 즉위한 후 조상이 집권하자 하후패는 드디어 숙원을 풀 기회를 얻었다. 하후상의 아들 하후현이 조상의 처남으로 조상 정권의 실세 중의 실세가 됐는데, 그는 하후패의 5촌 조카였다. 하후패는 하후현과 이승을 통해 조상에게 촉나라를 토벌할 것을 건의했다. 조상의 촉나라 정벌은 하후패가 막후에서 노력한 결과였다. 하후패는 선봉장이 돼 진격했으나 악전고투 끝에 패했다.

사마의가 쿠데타를 일으키고 하후패의 후원자였던 하후현과 조상을 죽였다. 사마의 일파는 손 안에 사사로운 정을 두지 않았다. 신변에 불안을 느낀 하후패는 목숨을 구하기 위해 원수의 나라 촉으로 망명했다. 촉의 군주 유선은 그를 매우 반가이 맞아주었다고 한다. 자신의 부인이 장비가 하후연의 조카와의 사이에서 낳은 딸이었기 때문이다. 참으로 복잡하게 얽힌 유씨와 하후씨 간의 인연이었다.

| 僞 _ 거짓말 | **하후돈과 하후연이 선봉에 나섰다?**

《삼국지연의》에 따르면 하후돈과 하후연은 늘 조조를 수행하면서 전장을 누빈다. 여포, 관우, 장비 등 쟁쟁한 무장들과 교봉을 겨룰 때 맨 처음 나서는 것도 늘 이들이었다. 사실과 많이 다르다. 이런 역할은 일개 비장이나 편장이 하는 일이다. 일군의 대장은 군대를 총체적으로 지휘할 뿐 앞장서서 적진을 돌파하거나 적장과 일대일 대결을 벌이지 않는다. 조조는 하후돈과 하후연에게는 일군의 대장 역할을 맡기곤 했다. 가장 믿을 수 있는 집안사람들이었기 때문이다.

재물을 좋아해 조비의 원한을 사다

조홍은 조조와 친척 간이었고, 초창기부터 많은 공을 세워 조조에게 매우 귀한 대우를 받았다. 조조가 아낌없이 재물을 하사했으므로 그는 매우 부유했다. 부귀영화를 누리게 된 조홍은 곧 향락생활에 빠졌던 것 같다. 그는 여색과 재물을 밝히고 교만 방자하다는 평판을 얻었다. 다른 친인척들과 비교해볼 때 후반기 그의 활약이 두드러지지 않는 이유가 여기에 있다. 조조는 조홍의 결점을 잘 파악하고 있었다. 유비가 한중을 공격했을 때 조조가 조홍에게 무도군 하변으로 진격해 관중과 한중의 교통로를 확보하게 했다. 이때 조조는 조휴와 신비를 참모로 딸려 보내면서 각별히 주의를 주기까지 했다.

"옛날 한고조는 재물을 탐하고 여색을 좋아했으나 장량과 진평이 그의 과실을 바로잡았다. 지금 신비와 조휴의 근심거리는 결코 가볍지가 않구나."

조비가 즉위한 후 조홍은 큰 위기를 겪게 된다. 지나친 재물 욕심이 원인이었다. 조홍은 막대한 재산이 있었지만 인색했다. 태자 시절 조비는 여러 용도로 돈이 필요했다. 한번은 돈이 떨어진 조비가 조홍에게 비단백 필만 빌려달라고 했다. 조홍이 박절하게 거절하고 들어주지 않았다. 조비는 앙심을 품었다. 조비가 제위에 오른 후, 조홍의 아랫사람 하나가 범죄를 저질렀다. 잘 걸려들었다 생각한 조비는 조홍에게 죄를 뒤집어씌워 죽여 버리려 했다. 여러 신하들이 힘써 구명하고자 했으나 조비는 요지부동이었다. 조비의 최측근이던 조진이 나서서 간청했다.

"지금 조홍을 죽이신다면 그는 반드시 제가 참소했다 여길 것입니다."

당시 대장군이던 하후돈과 조진이 연달아 죽어 조홍과 조진이 유력한 차기 후보로 거론되고 있었다. 조비는 화를 풀지 않았다.

"내가 직접 조홍의 죄를 물으려 하는데 경이 어찌하여 반대하는 것이오?"

조비의 친모인 변태후까지 나서서 조비를 질책했다.

"지난날 조홍이 없었더라면 오늘날 우리 집안이 있을 수 없었다."

조홍은 변수의 싸움에서 목숨의 위험을 무릅쓰고 조조를 살려낸 일이 있었다. 그래도 조비가 말을 듣지 않자 변태후는 조비의 총희 곽후郭后를 불러 협박했다.

"오늘 조홍이 죽게 되면 나는 내일 칙서를 내려 황제에게 너를 폐위하라 하겠다."

곽후가 여러 번 울며 매달린 덕분에 조홍은 간신히 죽음만 면할 수 있었다. 조비는 조홍의 관직, 작위, 봉토를 삭탈하고 전 재산을 몰수했다. 변태후가 계속해서 이의를 제기했으므로 조비는 나중에 재산만은 돌려주었다. 조홍은 조비에게 지난날의 잘못을 깊이 사죄했다고 한다.

| 역사의 裏面 | **천하에 조홍은 없어도 되지만 조조가 없어서는 안 된다**

"천하에는 이 조홍이 없어도 되지만, 그대가 없어서는 아니 됩니다!"

변수의 싸움에서 조홍이 조조에게 한 말이다.

변수싸움은 조조가 반동탁 의병을 일으킨 후 첫 번째 전투였다. 조조는 산조에 모인 여러 의병장들이 신변의 안전만을 걱정하며 우물쭈물하는 것을 보고 의분에 못 이겨 단독 출병했다. 그의 군대는 기오에서 모은 의병, 위자와 포신·포홍 형제의 지원군 등 모두 합쳐 수천 명에 불과했다. 상대방은 요동 출신의 역전의 용장 서영이었다. 서영이 이끈 군대는 동탁의 주력군으로 병력도 많았을뿐더러 병사 하나하나가 전쟁터에서 잔뼈가 굵은 정예부대였다. 기병대도 강했다. 서영이 기병대장 출신이었기 때문이다. 조조군은 동탁의 주력군을 맞아 역전을 거듭했으나 중과부적이었다. 결국 본진까지 무너진 조조는 화살에 맞은 채 도주할 수밖에 없었다. 조조가 탄 말이 동탁군의 창에 찔려 쓰러지자 그를 보호하며 포위망을 뚫던 조홍이 되돌아와 적병을 물리치고는 자신의 말에 조조를 태웠다. 급히 달아나는 판국에 말을 준다는 것은 곧 목숨을 버린다는 것과 마찬가지였다. 조조는 차마 동생뻘 되는 조홍의 말을 받을 수 없었다. 앞에 나온 인용구는 바로 이때 조홍이 외친 말이었다. 그가 조조의 대의에 얼마나 공감했는지, 또 조조를 얼마나 신뢰했는지 보여주는 말이다. 결국 조조는 조홍의 도움으로 살아남을 수 있었다. 이때의 상황이 얼마나 위험했는지는 조조와 함께 출전했던 위자와 포홍이 모두 목숨을 잃었다는 것을 통해서도 알 수 있다.

조홍은 조조가 다시 병사를 모아 재기하는 일에도 결정적 공헌을 세웠다. 변수에서 패전한 조조는 살아남은 병사가 너무 적어 할 수 있는 일이 없었다. 이때 조조는 조홍의 의견에 따라 양주자사 진온에게 병사를 빌리러 간다. 조홍이 진온의 휘하에서 기춘현장을 지낸 바 있었고, 상서령을 지낸 조홍의 백부 조정이 진온과는 절친한 관계였다. 따라서 진온이 조홍을 몹시 아꼈기에 병력을 빌려줄 것이라고 생각한 것이다. 과연 진온이 흔쾌히 병력을 지원해줘 조조는 세력을 회복할 수 있었다.

이처럼 조홍은 조조의 집안 동생이었을 뿐 아니라 초창기부터 혁혁한 공훈을 세웠다. 조조는 조홍을 신뢰해 그를 자신의 분신처럼 여기고 활용했다. 조조가 장안에서 도망쳐 하동에 머물던 헌제를 영접하고자 했을 때, 자신을 대리해서 보낸 장수가 조홍이었다. 또한 조조는 관도대전에서 직접 원소의 군량이 쌓여 있는 오소를 습격하러 가면서 자신의 본진에 대한 지휘를 조홍에게 맡겼다. 조조가 업성을 포위하고 난 후, 업성에 대한 군량 공급을 차단하기 위해 주변 지역 공략에 나섰을 때에도 업성을 포위하고 있던 본대의 지휘권을 조홍이 대신 행사하게 했다. 이처럼 조조는 주요 전장마다 조홍을 데리고 다니며 필요한 경우에는 자신을 대리하는 역할을 맡기곤 했다. 조조가 그만큼 조홍을 신뢰했다는 뜻이다. 이게 다 변수의 싸움에서 보여준 조홍의 신뢰와 충성 때문이었다.

| 僞 _ 거짓말 | **조홍은 소년장군인가**

대부분의 《삼국지연의》류를 보면 조홍은 시종일관 '소년장군'이란 별칭을 달고 다닌다. 《월탄 삼국지》를 보면 조홍이 아직 어린 소년이었음에도 조조를 따라 종군했기에 소년장군이라 불린 것처럼 나온다. 그런데 조홍은 변수싸움에 처음 참전한 189년부터 무도군에서 장비, 마초의 군대와 마지막으로 싸운 218년까지 거의 40년 동안 전장을 누볐다. 10대 후반에 시작했다 하더라도 예순 가까운 나이였다. '소년장군'이라 불릴 나이가 아니다. 소년장군의 의미를 정확하게 말하자면 후한 말 건달집단인 소년 혹은 소년배들로 구성된 부대의 장군이라는 의미다. 손견, 손책, 마초 등이 이에 해당한다. 조홍은 조조의 기병에 참전하기 전에 이미 기춘현장을 지낸 관료 출신이었으므로 소년장군은 아니다. 조조 진영에서 가장 대표적인 소년장군은 조인이었다.

조인
曹仁

조조군에서 최고 용사로 칭송받다

조인의 용맹은 조조의 군중에서 으뜸이었다. 이러한 칭송은 장요가 합비대전에서 용명을 떨친 이후에도 계속됐다. 황친에 대한 예우도 없지 않았겠지만 그가 그만큼 용맹했다는 증거이기도 하다.

조인은 조조의 재종 동생이었다. 조인의 할아버지 조포가 조조의 조부인 조등의 동생이었다. 조부와 부친이 다 이천석급의 고위직을 지낸 귀척 집안 출신이었으나, 조인은 어려서부터 공부는 좋아하지 않고 말타기와 활쏘기를 좋아했으며 창을 들고 사냥하기를 즐겼다. 조조가 처음 기병했을 당시 약관의 나이에 불과했던 조인은 벼슬길에 나가지 않고 소년배 무리를 모아 사수와 회수 사이를 누비고 다녔다.

조인은 조조의 거병에 참여한 후 곧 두각을 나타내기 시작했다. 조조가 연주와 예주의 패권을 두고 원술과 싸웠을 때 가장 많은 공을 세운 장수가 조인이었다. 그는 늘 선봉에 서서 교전을 벌이며 수많은 적장과 병사들을 쓰러뜨렸다. 이때부터 조인은 조조군에서 용맹이 으뜸간다는 평판을 얻게 됐다. 이후 조인은 유비, 주유, 관우 등 삼국의 걸출한 영웅들과 중요한 전장에서 힘을 겨루며 혁혁한 전공을 세웠다. 조인은 용맹뿐 아니라 무훈에 있어서도 조조의 군중에서 최고라 할 수 있다.

관도대전이 한창이던 중, 유비가 여남에 도착해 후방을 교란했다. 여남의 황건적 잔당인 유벽과 공도가 호응해 무시할 수 없을 정도로 세력이 커지자 조조도 이를 염려하지 않을 수 없었다. 이때 함께 종군하던 조인이 유비에 대한 공격을 자원했다. 조인은 기병대를 이끌고 기습을 가해 일거에 유비를 패주시키고 여남을 평정했다.

적벽대전 후 조조가 북방으로 돌아가면서 조인에게 남군의 수비를 맡겼다. 조인은 주유와 유비의 연합군을 맞아 1년이 넘도록 치열한 공방전을 벌이면서도 전혀 밀리지 않았다. 다 조인의 용맹에 힘입은 바가 컸다. 조인이 결국 강릉성을 포기하고 철군하게 된 것은 후방이 차단돼 지원군과 보급물자가 부족해졌기 때문이었다. 또한 조인은 번성싸움에서 관우의 3개월에 걸친 포위공격을 막아냈다. 조인의 용기와 분전이 없었더라면 번성은 쉽게 함락됐을 것이다. 번성과 이웃한 양양을 수비하던 형주자사 호수와 양양태수 부방은 우금의 7군이 수몰되는 것을 보고는 바로 성문을 열고 항복했다. 번성은 겹겹이 포위됐고 성 안에는 홍수로 물이 가득 차 성이 무너지기 직전이었다. 고립된 성에 병사는 불과 수천 명이었고, 이른 시일 내에 구원병이 올 가능성도 없었다. 주변 사람들이 조인에게 성을 버리고 도망치라고 했으나 그는 불굴의 의지로 성을 지켜냈다. 관우의 패사는 번성싸움의 실패 때문이다.

조인은 소싯적에 소년배 두목 역할을 하며 행실을 바르게 수양하지 않았으나, 장성해서 장군이 된 이후에는 엄정하게 법령을 준수했다. 그는 항상 법조문을 주변에 두고는 참고해가며 일을 처리했다. 성공을 거둔 후에도 조홍과는 전혀 다른 행태를 보인 것이다. 그가 얼마나 근면 성실했던지 조비는 아우 조창이 북방 오환족을 정벌하러 가게 되자 그에게 편지를 써서 이처럼 훈계했다 한다.

"장수가 되어 법을 받들기를 정남장군 조인처럼만 하여라!"

그러나 아무리 용맹한 장사라도 세월은 당해내지 못하는 법이다. 용맹이 맹분과 하육을 능가한다는 칭송을 듣던 조인의 전투경력은 비참한 패배로 마감을 하게 된다. 그것도 주환이라는 이름조차 생소한 무명의 젊은 장수에게 당한 패전이었다.

조조가 사망한 무렵 조인은 번성에 주둔하면서 소릉에 주둔하던 하후돈과 함께 남방 경계선을 지키고 있었다. 조비가 즉위한 후 조인은 하후돈 바로 다음가는 지위인 거기장군에 임명됐다. 이어서 대장군, 대사마로 연속 승진하면서 익주, 형주, 양주 방면의 여러 방어부대를 총괄했다. 조인은 바야흐로 군의 최고 지휘자가 돼 일생일대 최고의 영예를 누렸다. 바로 이때 조인의 참담한 실패가 시작됐다.

황초3년222년 조비가 삼로군을 일으켜 동오 정벌에 나섰을 때, 조인은 유수구 방면의 진공 책임을 맡았다. 유수구는 장강 건너 건업을 노릴 수 있는 전략적 요충지였다. 당시 유수구를 지키던 동오의 장수는 주환이라는 자로 원래 손권의 막부에서 급사로 관직생활을 시작한 문관 출신이었다. 중원에는 전혀 알려지지 않았으나 강남 지역의 산월족들과 산적들을 토벌하며 나름대로 풍부한 전투 경험과 군사적 재능을 배양했다.

상대방을 경시한 조인은 유수구를 향해 기세 좋게 진격했다. 주환은 깃발과 고루를 눕혀 성 위에 아무런 방비가 없는 듯 위장했다. 방심한 적을 유인하려는 술책이었다. 조인은 후방에 있으면서 아들 조태와 장군 상조를 보내 유수구를 수륙에서 동시에 공격하게 했다. 섣불리 진격한 조인의 군대는 주환의 반격을 받아 양쪽에서 동시에 참패를 당했다. 패전의 충격이 컸을까. 조인은 그 이듬해 진중에서 숨을 거뒀다. 나이가 불과 쉰여섯이었던 것을 보면 전투 중에 당한 부상이 원인이었을 가능성도 있다.

조인의 사례를 보면 과거의 화려한 성공 경험이 오히려 독이 될 수 있음을 알 수 있다. 과거의 경력을 자랑하는 사람들일수록 새롭게 성장하는 후진들의 잠재력을 경시하는 경향이 있다. 조인은 자신의 성공과 경험만을 과신한 나머지 상대방을 경시하고 방심하는 우를 범했기에 그 화려한 경력에 오점을 찍을 수밖에 없었다.

　조조의 직속부대 중에 '호표기虎豹騎'라는 기병대가 있었다. 조조가 가려 뽑은 정예기병대였다. 이 부대를 지휘하는 장수는 조순으로, 조인의 친동생이었다. 조순의 나이 열넷 때 부친이 사망했다. 이때 조인은 소년배들을 거느리고 강호를 떠돌아다니고 있었으므로 가업을 계승할 사람이 없었다. 따라서 조순이 어린 나이에 집안일을 도맡았다. 조인의 집안은 재산이 많았으며 거느리고 있는 종복과 빈객만 해도 100여 명이나 돼 쉬운 살림이 아니었다. 그럼에도 조순은 집안을 엄격히 관리해 재산을 잘 지켜냈으므로 고향 사람들에게 유능하다는 칭찬을 들었다. 조순은 원래 무예보다는 학문을 좋아해 학자들을 우대하고 돌봐주었다. 그의 나이 스물이 됐을 때 조조가 기병했다. 조순 역시 조조의 모병에 응했다.

　호표기는 용맹하고 날랜 것으로 명성이 높았으나, 자부심이 강해 장수들의 지시를 무시하고 자신들의 백인대장만을 따르는 경향이 있었다. 조조가 이를 염려해 조순을 호표기 지휘관으로 삼았다. 조순은 호표기의 백인대장들을 두루 어루만져 인심을 얻었다.

　건안10년205년 정월 조조가 남피성에서 원담을 포위했다. 조순도 호표기를 지휘해 함께 참전했다. 한겨울 날씨가 몹시 추웠으므로 조조는 잠시 공격을 멈추려고 했다. 이때 조순이 나서서 급히 공격할 것을 주장했다. 지구전이 어려운 상황이므로 조기 승부를 내자는 것이었다. 조조가 직접 독전에 나서 원담의 군대를 격파했다. 이때 원담이 말을 몰고 달아났는데 이를 끝까지 추격해 목을 벤 것이 조순 휘하의 호표기 병사였다.

　유성에서 오환족과 싸울 때에도 선봉장을 자청한 장요를 따라 출전한 부대가 호표기였다. 이 싸움에서 오환족 선우 답돈의 목을 벤 것도 호표기 소속 기병이었다. 이로부터 호표기의 명성이 천하에 드높아지게 됐다.

　당양 장판의 싸움에서 유비를 추격해 대패시킨 조조의 주력부대도 호표기였다. 이때 호표기는 하루 밤낮 사이에 3백 리를 달려 유비를 따라잡았다고 한다. 조순은 호표기를 이끌고 강릉까지 진격해 함락시키는 등 혁혁한 공을 거뒀으나 적벽대전 이후 얼마 지나지 않아 나이 마흔의 젊은 나이에 죽었다.

조순이 죽자 호표기를 다스릴 사람이 없었다. 인사 담당 관리가 조순을 대신할 사람을 신중히 골라 조조에게 추천했지만, 조조는 생각이 달랐다.

"조순과 같은 사람을 어찌 다시 얻을 수 있을까! 나 홀로 지휘하면 안 될까?"

이후로 호표기는 조조가 직접 통솔하고 별도로 지휘관을 선발하지 않았다.

이를 보면 조인뿐 아니라 조순 역시 한결같이 조조에게서 굳은 신임을 받았음을 알 수 있다. 조조는 만년에 그가 후계구도를 안정시키기 위해 의도적으로 키우고 있던 집안 조카들인 조휴와 조진에게 호표기를 지휘하게 했다.

| 僞 _ 거짓말 | 남군쟁탈전의 승패

《삼국지연의》에 따르면 조인은 남군쟁탈전에서 주유의 꾀에 빠져 기습에 나섰다가 오히려 패배하고 강릉성으로 돌아가지도 못하게 된다. 갈 곳이 없어진 조인은 북쪽으로 달아났다고 한다. 사실과 다르다. 주유가 중상을 입었다는 소식을 들은 조인이 공격에 나섰을 때 주유가 부상 중임에도 분전해 조인의 군대를 격퇴한 것은 사실이다. 그러나 이 전투는 승패에 아무런 영향을 미치지 않았다. 조인이 남군을 포기한 것은 관우가 당양으로 진격해 강릉과 양양 사이의 통로를 차단하려 했기 때문이다. 해를 넘긴 전투에 피폐한 상태에서 후방을 차단당하면 더 이상 견딜 수 없었기에 조인은 자진해서 성을 버리고 돌아간 것이다.

4장

출사와 출마

사인이란 무엇인가

사족士族이란 사인계급을 통칭해서 표현하는 말이다. 사인士人 계급은 세습적으로 관직을 담당해온 직업적인 관료계급으로서 그 기원은 성읍국가의 탄생 시절인 하, 은, 주 시대까지 올라간다. 국가의 형성과정에 대한 설명에서 이미 논급했듯이 초기국가 형태인 성읍국가 내에는 주변 지역을 독점적으로 지배하는 집단, 즉 지역강도단이 거주했다. 성곽도시인 국國 안에 거주했으므로 이들을 국인國人이라 불렀다. 국인은 크게 두가지 종류로 구분될 수 있다. 하나는 지역강도단의 우두머리이고, 나머지는 지역강도단원들이다. 전자를 군주라 했고, 후자를 사인이라 했다. 중세 유럽을 예로 들어보면 군주는 소위 영주계급이고, 사인은 기사계급이다. 그러므로 성읍국가에는 군주계급과 사인계급이 존재했다.

공자의 저술을 보면 늘 가르침의 대상이 군자君子로 나오는데, 여기서 말하는 군자가 바로 군주계급의 일원을 의미한다. 이를 보면 공자의 가르침이 철저하게 '치자治者의 도리道理'를 설파하는 것에 집중돼 있음을 알 수 있다. 이는 공자 자신이 군주에게 유세하는 유사였기 때문이다. 군주계급은 자신이 소유한 영지나 세력의 크기에 따라 흔히 왕王, 공公, 후侯, 백伯으로 분류됐다. 그중 왕은 아무에게나 붙일 수 있는 칭호가 아니었고, 하나의 정치공동체가 단일 지배체계를 갖추게 됐을 때 그 군주만을 특별히 높여서 지칭하는 용어였다.

사인은 보통 '선비'라는 말로 번역이 된다. 또 대부大夫라는 용어와 결합되어 '사대부士大夫'라는 명칭으로 통칭되기도 한다. 우리나라의 경우 사농공상士農工商 중 사士에 해당하는 계급을 선비계급 또는 사대부계급이라고 불렀다.

사실 선비라는 말은 고구려 시대의 선인仙人이나 신라시대의 풍월도 내지 선도를 수행하는 선배라는 말에서 기원한 것이다. 고대 한국에서는 바로 이들이 군주를 옹위하는 지배계급의 일원이었다. 이들이 직접 생산에 종사하지 않고 생산자들을 지배하고 착취하며 보호하는 좌식계급의 일원이라는 점에서 사인과 공통점이 있으므로 선비라 번역하게 된 것이다. 아무튼 '사'는 기본적으로 군주계급을 보좌하는 직업관료군으로서 지배계급의 일원이었다.

'대부大夫'라는 것은 그 문자의 의미에서 알 수 있듯이 씨족장을 표현하는 말이었다. 대부는 일정한 구역과 씨족구성원을 지배하고 있다는 점에서 어찌 보면 영주계급과 유사한 면도 보인다. 그러나 이들은 공, 후, 백과 같은 군주계급이 가지고 있는 주변 지역을 독점적·실효적으로 지배할 권리, 소위 주권이 없다는 점에서 군주계급과 구분된다. 대부는 본시 성읍국가를 구성하는 여러 씨족집단의 장을 의미하는 말이었을 것이다. 그런데 대부들은 대부분 군주의 신하 또는 무사로서 봉사했다. 이 점에 있어서는 '사'와 동일한 역할과 기능을 수행했으므로 이들을 합해 '사대부'란 명칭이 생겨났다. 단지 '사'는 대표하는 씨족 내지 구역이 없었던 데 비해 '대부'는 이런 것들을 가지고 있었다는 점에서 다소 구별된다. '사'는 대부분 지배계급을 구성하고 있는 씨족의 일원으로서 '대부'가 되지 못한 자, 즉 적장자가 아닌 자들이었을 것이다.

사인은 원래 성읍 내에 거주하는 지배계급의 일원으로 주로 무력으로 주변 지역을 지배하는 무사들이었다. 고문을 보면 '사士'자는 원래 사람이 양손에 병장기를 들고 있는 모습이었다. 후대에 단순화돼 양팔을 벌리고 있는 사람의 모습으로 변하게 됐는데 이것은 사인의 성격 변화와도 관련이 있다.

성읍국가가 발전해 나가자 성읍 내에 거주하는 지배계급 사이에서도 다양한 분화와 전문화가 이뤄졌다. 초기에는 군주를 제외한 모든 지배계급이 무사武士라는 단일한 성격을 가졌지만, 사회가 복잡화·다양화하면서 각자 전문 영역으로 분화됐다. 사인 계급 사이에서도 특수한 분야에 종사하는 사람들이 나타나게 됐는데 각자 자신의 주특기에 따라 유사儒士, 도사道士, 병사兵士, 법사法士 등으로 분류됐다. '유사'란 관례, 혼례, 상례, 제례 등 관혼상제冠婚喪祭 의식을 주관하는 사인이었고, 도사란 자연의 이치나 도리를 탐구하는 것을 전문으로 하는 사인, 병사는 전쟁과 전투를 전담하는 사인, 법사는 법률과 형정을 담당하는 사인이었다. 이들은 전문성 향상에 따라 개별 도시국가를 초월해 특정 집단을 형성하게 됐는데 이것이 유가·도가·병가·법가였고, 이들이 축적해온 전문지식과 직업윤리가 바로 유학·도교·병법·형명학이었다. 이것이 춘추시대 제자백가의 기원이다.

참고로 제자백가 중 묵가墨家와 음양가陰陽家만은 좀 배경이 다르다는 점을 말해두고 싶다. 묵가의 무리들은 '묵사'라 하지 않고 '묵자墨者' 또는 '묵도墨徒'라는 표현을 썼다. 이를 보면 이들은 사인계급 출신이 아니었을 것이다. 원래 성읍국가 내에는 군주와 무사 이외에도 이들의 생활을 뒷받침해줄 노예, 상인, 공인들이 함께 거주했다. 이들은 노예이거나 거의 노예에 가까운 신분이었다. 사민四民의 계층을 분류할 때 사士, 농農, 공工, 상商의 순서로 썼다. 예속민들인 농민보다 준노예적 신분이었던 상인과 공인의 지위가 낮았기 때문이다. 사민의 최하층에 속했던 이들이 공인으로 표현되는 기술자들이었다. 그런데 도시생활이 발전되면서 이 공인계급의 지위와 역할이 격상됐다. 이들은 성과 보루를 수축하고 궁성과 관부를 건축하는 등의 토목·건축 이외에도 군주와 사인 등 지배계급이 소비하는 온갖 무기류와 물품들을 제조·공급했다. 공인들의 사회·경제적 지위가 향상되고 나름대로의 전문지식과 직업윤리가 축적되자 이들 역시 하나의 학문 유파를 이루게 됐다. 이들은 도면이나 설계도를 그리고 측량을 하기 위해 늘 먹통과 먹줄을 들고 다녔는데, 여기에서 '묵가'라는 명칭이 발생했다. 묵가의 가르침의 핵심은 '절용'과 '겸애'라고 한다. 이들은 늘 지배계급의 사치품을 공급하는 일로 고통을 겪어야 했으므로,

지배계급의 검약을 강조하게 된 것에서 절용사상이 나왔다. 또 이들은 소위 노동자계급이었다. 사회주의자나 노동자계급은 늘 지배계급의 세력 확장을 위한 전쟁에 반대하는 경향이 있다. 피지배계급의 희생을 바탕으로 지배계급의 이익만 증대되기 때문이다. 묵자가 일종의 노동자 출신인 기술자 집단이었기에 전쟁을 반대하고 겸애를 강조하게 된 것이다. 현재 남아 있는 묵자의 저술 맨 마지막 편이 주로 수성守成하는 법으로 이뤄진 까닭은 전쟁을 반대하는 묵가의 평화사상이 반영된 것이다.

음양가陰陽家는 외래 사상이었다. 음양가의 비조인 추연 등이 안저비고眼底鼻高에 푸른 눈과 노랑머리를 지닌 기이한 형상이었다는 기술이 바로 이를 증명해준다. 또 《사기》에 보면 이들의 출신을 알 수 없다고 했다. '음양학'이라는 것은 음양이원설陰陽二元說을 통해 세상을 혼돈caos와 조화cosmos, '+'와 '−'의 이분법적 요소로 파악하고 있는데, 무척 형이상학적인 학문이다. 또 오행설五行說도 그리스의 원소설元素說과 매우 유사하다. 음양가의 음양오행설은 매우 추상적이며 신비적인 학문으로서, 대부분 직업윤리나 전문지식에서 비롯된 중국의 실용적 학문들과는 상당히 거리가 멀다. 아마도 음양학을 중국에 전파한 추연鄒衍이나 추석鄒奭은 인도나 페르시아에서 흘러들어온 외래 사상가일 가능성이 매우 높다.

다시 본론으로 돌아와서 사인이란 본시 성읍국가 시절 지배계급의 일원이었던 무사계급 출신으로서 군주를 위해 봉사하며 관직을 생업으로 삼는 사람들의 집단 혹은 계급을 의미하는 말이다. 사인은 사회가 안정됨에 따라 점차 관료화의 길을 걷게 됐다. 그럼에도 진한秦漢 시대에 이르기까지 무인적 성격이 강하게 남아 있었고, 이러한 성격이 퇴색해 문약화文弱化한 것은 과거제도가 정착된 이후 관료계급의 주도권이 문관들에게 넘어간 이후의 일이었다. 조선시대에 사인계급인 선비 또는 사대부가 문약화의 극치를 보이게 된 것은 그 시대의 조류가 압도적인 문관 위주의 사회였기 때문이다. 《삼국지》의 배경이 되는 후한 시절만 해도 무장과 문신 간에 뚜렷한 구별이 없었고, 대부분의 관료들을 문무를 겸전했다. 학문 연구에만 몰두하는 일부 사람들을 제외하고는 이때까지도 사인계급에는 무사적 전통이 강하게 남아 있었다.

사인의 출사와 출마

사인은 문인이든 무인이든 독자적인 세력 기반이 없으므로 영토와 백성과 주권을 가진 군주들에게 봉사하게 된다. 본질적으로 사인계급은 전문적인 관리 계급이기 때문에 군주에게 신하로 발탁되지 않는다면 아무런 할 일이 없게 된다. 할 일이 없는 삶, 참으로 끔찍한 일이 아닐까? 특히 야심이 있는 젊은이라면 더욱 그럴 것이다. 부모가 잘나가서 재산이라고 남겨놓았다면 먹고야 살겠지만, 그마저 없는 경우에는 아무리 뛰어난 재주를 지녔더라도 안회顔回처럼 극빈한 생활을 감수해야 한다. 하지만 단지 생활이 문제가 아니다. 사인에게 있어서 군주에게 종사하는 것, 좋게 말하면 국가와 사회를 위해 봉사하는 것은 그들의 존재 이유다. 출사하지 못하면 존재 가치가 없어지는 것이 사인이다.

그러므로 사인은 반드시 군주에게 임용돼 봉직해야만 한다. 사인이 군주에게 임용돼 세상에 나오는 것을 '출사出仕'라 했다. 사인에게 출사란 반드시 이뤄내야 하는 과업이었다. 출사해서 통치계급의 일원이 된 후에야 자신의 이상도 펼칠 수 있는 것이고, 선정도 할 수 있는 것이다. 봉건시대에 사인의 출사는 주군을 선택하는 것이었다. 중국이나 한국의 왕조 체제에서 과거제도가 도입된 이후, 그리고 관리충원제도가 마련된 근대의 합리적 관료제 이후의 사회에서는 공채를 통해 관인으로서 출사가 가능했다. 하지만 그 이전의 사회에서 출사할 수 있는 방법은 관리로 임용되고 싶은 자가 주군을 찾아가서 자신의 임용을 요청하는 것이었다. 사인이 군주에게 자신의 효용가치를 설명하는 것을 '유세遊說'라 한다. 면접시험을 봤던 셈이다.

그러나 웬만한 사인으로서는 유세의 기회를 얻기조차 쉽지 않았다. 사인은 지배계급의 일원이었으므로 스스로 생존하고 다음 세대를 재생산할 가능성이 높았다. 이로 인해 점차 사인 인구가 늘어남에 따라 수요에 비해 공급이 많아지게 됐다. 좌식계급인 지배계급이 피지배계급보다 일정 비율 이상 많아지면 그 사회는 총체적으로 후생이 감소하게 된다. 군주는 관료와 장교의 수를 생산자 대비 일정 비율로 유지하려 한다. 한데 사인들이 점차 늘어나게 되자 이들의 출사가 쉽지 않게 됐다. 젊은 사인들의 취업 문이 좁아진 것이다. 이러한 현상이 일어난 데는 원래 사인 출신이 아니었음에도 사인 행세하는 자들이 늘어난 것에도 원인이 있었다. 사인으로 출사만 하면 어떤 직업을 갖는 것보다 더 수지맞는 장사였기 때문이다. 취업경쟁이 치열해지다 보니 유세의 기회를 얻기조차 힘들어졌다. 유세의 기회를 공정하게 제공하기 위한 제도적 장치로 마련된 것이 천거제薦擧制, 효렴제孝廉制, 구품중정제九品中正制 등이다.

사인들은 본래 자신의 국가에서 직업을 구하지 못하면 다른 성읍국가의 군주들을 찾아다니며 구직활동을 했다. 이들은 보통 말 한 마리가 끄는 수레에 몸을 싣고 다른 군주의 도시를 방문한 후 기존에 채용된 관리들을 통해 예물을 바치고 군주에 대한 면접 또는 유세의 기회를 얻었다. 이렇게 직업을 구하기 위해 떠돌아다니는 사인들을 '유사遊士'라 했다. 공자가 천하를 철환轍還한 것도 알고 보면 이런 유세행위의 하나였다.

유사들이 출사를 하지 못했다고 해서 농공상의 생업에 종사하는 경우는 드물었다. 이는 곧 신분의 하락을 의미했기 때문이다. 이들은 대부분 신분 하락을 감수하기보다 벼슬의 기회를 노리며 다른 직업 갖기를 포기했다. 이들 중 상당수는 세상이 혼탁해져 새로운 기회가 생기기를 기다리며 건달처럼 지냈고 때로는 불법적인 일에 개입하기도 해서 외견상

'협俠'과 유사해지기도 했다. 협은 다른 사람의 일을 봐주느라 이리저리 떠돌아다녔으므로 '협객俠客'이란 칭호로 불리기도 했는데, 유사와 협객을 같은 무리로 봐 '유협遊俠'이라는 개념이 생겨났다.

어쨌든 사인에게 '출사'란 곧 자신의 존재의의를 증명하는 중대한 절차였다. 사인은 군주에게 임용됐을 때에만 그 존재 가치가 있는 사람들이었다. 하나의 안정된 정치질서가 자리 잡은 경우, 사인들은 천거나 유세에 의해 단일 군주인 황제나 왕에게 선택받기만을 기다릴 수밖에 없었다. 치세에 천자나 군주에게 유세의 기회를 얻기란 거의 불가능한 일이었으므로 조정 내에 이미 출사해 있는 유력 인사의 천거가 매우 중요했다. 천거를 통해 관직에 임용됨으로써 사인은 비로소 관료로서 거듭나는 것이다. 이만큼 출사가 중요했으므로 천거 역시 몹시 중요한 행위였다. 그래서 사인은 한번 자신을 천거한 사람을 필생의 스승으로 모시고 군주나 부친과 같은 예로서 섬겼다. 군사부일체 개념이 여기에서 유래했다. 후한 말 천거제에서 삼공, 군의 태수, 주의 주목들은 1년에 한 명씩만을 칙임관으로 천거할 수 있었다. 이렇게 천거로 임용된 관리들은 자신을 천거해준 관리와 후견인-피후견인의 관계를 맺고 평생토록 보호와 충성을 이어갔다. 또 다른 사람의 피후견인이 된 사람들은 스스로를 그 집안의 문생고리門生故吏로 불렀다.

반면 난세가 되면 사인들의 입장에서는 충성해야 할 단일 군주와 정부가 없어지게 된다. 출사할 대상이 없어지는 것이므로 사인에게는 큰 위기 상황인 셈이다. 단일 왕 대신 수많은 군벌이나 패자들이 등장하게 되므로 사인들은 이들을 찾아가 자신을 유세하고 임용의 기회를 얻을 수도 있다. 상호 경쟁 내지 투쟁을 하는 패자들이 많을 경우 사인들에게는 새로운 군주를 고를 선택권이 생긴다. 이를 '택군擇君'이라 한다. 원래 이 말은 광무제 유수와 복파장군 마원의 대화에서 나왔다.

건무4년28년 겨울 마원이 외효의 사자가 돼 서신을 받들고 낙양에 이르러 광무제 유수를 만난 자리에서 이렇게 말했다.

"지금의 세상은 군주만이 신하를 선택할 수 있는 것이 아니라, 신하 역시 군주를 선택할 수 있습니다. 當今之世, 非獨君擇臣也, 臣亦擇君矣."

그런데 사인이 출사해 성공하는가 못 하는가는 군주에 달려 있다고 해도 과언이 아니다. 사인은 일단 임용되면 군주와 운명공동체였다. 군주가 무능하거나 발전 가능성이 없으면 사인도 함께 실패할 수밖에 없었다. 아무리 뛰어난 재주와 능력이 있는 사람이라도 그의 안을 받아들여 주고 써주는 사람이 없다면 소용이 없었기 때문이다. 설득력에도 한계가 있다. 따라서 군주 될 사람을 잘 선택하는 것이 사인에게는 매우 중요했다. 또 출사할 때와 아닌 때를 잘 구분할 줄 알아야 했으며, 나갈 때와 물러설 때를 알아야 했다.

유세를 통해 출사하는 사인들의 방식이 현대의 관료체제에도 동일하게 적용될 수는 없지만, 오늘날 정치권에 진출하는 사람들에게는 동일한 논리가 적용된다고 볼 수 있다. 정치권력에 접근하는 방법 중에는 출마를 통해 자신의 선거구와 지지 세력을 확보하는 방법이 있지만, 이것은 아무나 할 수 있는 일이 아니다. 재력이 있어야 하고, 지역적 지지기반이 공고해야 한다. 이런 조건을 갖추지 못한 상태에서 정치에 참여하고 싶은 자들은 지역적 지지기반과 세력을 갖춘 사람의 보좌관이나 참모로 정치에 입문하는 것이다. 특히 과거의 사인계급과 유사한 위치에 있는 현대 지식인들의 경우 대부분 이 방식으로 정계에 입문하게 된다. 따라서 대선 때마다 '폴리페서polifessor'들이 난무하는 것도 어찌 보면 자연스러운 일이다.

다시 본론으로 돌아와서, 난세가 되자 사족집단은 각자의 처지와 판단에 따라 다양한 행보를 보이게 된다. 먼저 사족 출신답지 않게 군벌화한 사람들이 있다. 천하대란이 일어나기 전후에 주목이나 군의 태수로 있던 사족 출신 관료들은 각 주와 군이 무장 독립해 독자적 세력을 구축하게 되자 자연스럽게 주요 군벌들의 하나로 등장하게 된다. 《삼국지》 시대의 주요 군벌들인 형주의 유표, 익주의 유언, 유주의 유우, 기주의 한복, 연주의 유대, 서주의 도겸, 양주의 유요 등이 대표적인 사례였다.

이들은 소위 지방관 직책을 배경으로 출마한 경우에 해당한다. 출마를 하는 것은 출사에 비해 그 보상이 훨씬 크다는 장점이 있다. 출마를 해서 성공한다는 것은 군주의 반열에 올라가는 것을 의미한다. 조조와 허유가 한때 낙양에서 함께 어울려 놀던 사인 가문 출신이었으나 전자는 출마해 군주가 됐고, 후자는 그에게 봉사하는 관리가 됐다. 비록 출신은 같아도 출마를 통해 성공을 거두게 되면 그렇지 못한 자와 이처럼 천양지차의 격차가 벌어지게 되는 것이다. 한때 지혜를 자랑하던 허유가 조조의 비위를 거슬러 목숨을 잃지 않았는가. 일찍이 진나라 말기에 회계태수 은통이 항우의 삼촌 항적에게 말한 바와 같이 "먼저 나서는 자는 남을 통제하고, 늦게 나서는 자는 남의 통제를 받게 되는" 것이다. 이처럼 출마는 큰 이익과 권력을 보장한다. 그럼에도 불구하고 출마에는 큰 위험이 따른다. 아무나 함부로 나설 수 있는 것이 아니다. 모든 것을 걸고 치열하게 싸우는 권력투쟁 현장에서의 패배는 곧 패가망신을 의미하기 때문이다. 주유가 노숙에게 "지금은 열사烈士가 용을 끌어안고 봉에 매달려 치달릴 때이다"라고 말한 까닭이 여기에 있다. 반면 먼저 나선 자에게 고개를 숙이고 출사한 자들은 사정이 다르다. 노숙이 손권에게 말했던 것처럼 자기가 속한 집단이 패망해도 적의 군주에게 투항하면 처음에는 하급관리로 시작하겠지만 차차 승진해 능력만 있으면 적어도 군의 태수나 주목 정도는 될 기회가 보장되기 때문이다.

난세는 사인들의 무대가 아니었다. 전형적인 사인들은 난세를 맞아 현직에 있으면서도 출마조차 하지 못하고 쫓겨나거나 스스로 관직을 버린 경우도 많다. 전형적인 문사들인 변양이나 공융, 화흠, 왕랑과 같은 사람들이 바로 그러했다. 출마한 사인들도 난세에 잘 적응하지 못했다. 이들은 대부분 자신의 영토와 백성을 보전하지 못하고 타인에게 빼앗기거나 병합됐다. 사인은 기본적으로 관료계급으로서 난세에 지역강도단의 군주들인 제후나 군벌이 되기에는 적합하지 않았기 때문이다.

대다수 사족 집단들은 신흥 군벌세력에 귀부해 그들을 위해 봉직했다. 새로운 군주를 찾아 출사한 경우에 해당한다. 원소에게 의탁한 저수·전풍·심배·봉기·곽도·허유, 조조에게 귀의한 순욱·순유·정욱·동소, 강동의 손씨 정권에 귀부한 장소·장굉·제갈근·보즐 등이 다 이 경우에 해당한다. 난세에 출사한 사인들의 운명은 그들의 택군 결과에 따라 좌우됐다. 실력 있는 군주와 함께하면 큰 공훈을 쌓고 지위와 명망을 이뤘지만, 그렇지 못한 경우 저수와 전풍처럼 패가망신하는 결과를 낳았다.

난세의 출사나 출마가 이러한 위험성을 지니고 있었으므로 많은 사인들은 그저 난을 피해 유랑하거나 은거하기도 했다. 사인들은 일반 백성들과 마찬가지로 전란지역을 떠나 보다 안정적인 지역으로 이주했다. 그후 평소의 안면과 인연을 이용해 친분 있는 관료 출신 제후들의 빈객이 돼 보호받으며 생업의 기반을 다시 마련했다.

산동 기의로 제일 먼저 전쟁터가 된 사례주와 예주의 사민들은 보다 안정적인 기주와 형주, 심지어는 양주의 강회지방으로 이주했다. 순욱·순심·허유·봉기·신평·곽도·신비·사마랑·사마의 등은 사례주에서 기주로 달아났고, 사마휘·모개·화흡·왕찬·배잠·사마지·조엄·두습·번흠 등과 제갈량의 친구들인 최균·서서·석도·맹위 등은 사례주와 예주에서 형주로 유망했으며, 교현·정태·정혼·원환·장범·장승·하기 등은 양주의 강회지역으로 이주했다. 또 진기와 진군 등은 경사지역에서 서주로 이주했다. 이각·곽사의 난으로 관중이 황폐화되자 일부 인사들은 익주로 피난 가기도 했는데 장송·장숙·법정·맹달 등이 그런 사람들이었다. 청주와 서주에서 2차 황건적의 난이 일어나자 청주 인근 주에 거주하던 사인들은 바다 건너 요동으로 피신하기도

했다. 국연·병원·관녕·왕렬·유정·양무 등이 그런 사람들이었다. 또 서주와 강회지방에서는 도겸과 원술의 통치가 문란하자 다시 많은 사람들이 장강 이남으로 이주하기도 했다. 장소·제갈근·보즐·장굉·장병·설종·노숙·유엽·진교·서선·서혁 등이 그런 사람들이었다.

제갈량은 아주 특이한 사례의 하나로, 조조가 서주를 침공했을 무렵 서주의 낭야군을 떠나 양주의 예장으로 갔다가 형주에 정착했다. 아마도 가장 길고도 험난한 유랑생활을 경험한 사인은 허정이었을 것이다. 사촌 동생 허소와 더불어 '여남월단평汝南月旦評'으로● 유명했던 명사인 허정은 주비와 오경의 모의에서 실무를 담당했다가 동탁의 처벌을 피해 예주로 달아나 예주자사 공주에게 의탁한다. 공주가 망하자 허정은 다시 강동으로 가 오군태수 허공, 회계태수 왕랑 등에게 의지한다. 손책의 강동 침공 시 허정은 문객 백여 명을 이끌고 멀리 남쪽 끝 지방인 교주로 달아나 사섭의 문하에서 빈객생활을 한다. 그다음 중원으로 돌아가기 위해 익주로 들어왔다가 익주목 유장에 의해 촉군태수에 임용되고 성도가 함락되는 날 유비에게 투항한다. 참으로 일생 동안 난을 피해 이리저리 떠돌아다닌 파란만장한 삶이었다.

일부 인사들은 은거해 은자가 됐다. 지역 군벌들의 본질이 알고 보면 더러운 도적떼에 불과하다는 점을 간파한 이들은 속세를 떠나 숨어 삶으로써 자신들의 이름을 보전하고 절조를 지키고자 했다. 요동으로 피신했던 관녕과 왕렬 등이 대표적인 인사이며 형주의 황승언, 방산민, 사마휘 등도 다 이 부류에 속한다고 볼 수 있다. 아주 특이한 사례로는 자신을 따르는 무리들과 민주적인 공동체를 구성했던 전주도 있다.

《삼국지연의》에서는 이들 사족들에 대해서 매우 가볍게 다루고 있다. 왕조에 대한 절대적 충성과 절조를 강조하는 유교적 입장에서는 난세를

● 매월 초하루에 당대 인물들에 대한 품평을 발표한 것.

만나 이리 붙었다 저리 붙었다 하며 제 살 궁리만 하는 사인들이 매우 경멸스러웠을 것이다. 그래서 이들은 반역자들의 주구이거나 반복무상한 변절자들로 비난받을 따름이다. 군사 참모가 아닌 사인들의 경우에는 지나치게 비중이 낮게 다뤄지는 경향도 있다.

하지만 사족의 입장에서는 난세에 자신의 생존을 도모한 것이 비난받아야 할 하등의 이유가 없었다. 알량한 교조주의의 노예가 되기보다 현실의 삶과 자손들을 보호하는 것이 더 중요하지 않다고 주장할 아무런 근거가 없었던 것이다. 이들의 관점에서 볼 때 군벌들은 어차피 강도단의 두목에 불과했다. 따라서 상황에 따라 지지 군벌을 바꾸는 것이 꼭 부도덕하다고만 볼 수도 없었다. 더욱이 무능하고 사악한 자를 버리고 보다 나은 사람을 찾아가는 것은 당연했다. 또 이들은 철저하게 중앙정부 지향형이었다. 이들은 하루 빨리 난세가 극복돼 치세가 회복되길 바랐으므로 현재 가장 세력이 강하거나 천하를 조속히 안정시킬 가능성이 가장 높은 군벌의 편을 드는 경향이 있었다. 그래야 사족들의 주 활동무대인 치세가 빨리 복원될 것이기 때문이었다.

사인들을 폄하하고 그들의 역할과 기능을 경시하는 《삼국지연의》의 자세는 대단히 잘못된 것이다. 후한 왕조의 입장에서만 본다면 한나라 황실의 회복과 정통성 유지가 매우 중요한 가치가 될 수 있겠지만, 일반 민중의 관점에서는 누가 정권을 잡든 하루빨리 질서가 회복되는 것이 바람직했다. 관도대전에서 원소가 승리했더라면 천하는 빨리 평정됐을 것이다. 또 적벽대전 직전에 동오의 손권이 조조에게 일찌감치 항복했더라면 천하는 더 빨리 치세로 전환돼 백성들의 삶이 안정될 수 있었을 것이다. 이런 관점에서 본다면 한숭, 괴월 등이 유표의 아들 유종에게 조조가 형주를 노릴 것이니 조정에 항복하라고 요구하고, 장소·장굉 등이 손권에게 조조에게 투항할 것을 권한 까닭을 충분히 이해할 수 있다.

또 무능했다고 평가받는 사인 출신 군벌들인 유표·유유·유요·유장·도겸 등도 최소한 그들이 맡은 주를 통치하고 있었을 때는 사민이 아울러 평안했고 문예와 학술이 부흥됐다.

실질적으로《삼국지》시대의 대혼란기를 종식시키고 사회적 질서를 회복한 것은 통일군주의 역할도 컸지만, 그보다 보이지 않는 곳에서 지방관으로 일하며 묵묵히 관할 구역을 다스리고 질서를 회복하기 위해 노력했던 사인 출신 관료들의 역할이 지대했다. 하동의 두기가 그러했고 관중의 종요, 양주의 유복, 병주의 양습, 예주의 배잠 등이 다 그러했다. 또 장기나 전예, 견초와 같이 변방에서 묵묵히 근무하며 이민족의 침입으로부터 백성들을 지켜낸 관료들도 있었다.

또 난세를 종식시키고 치세를 회복시킨 이들도 역시 사인들이었다. 촉을 토멸한 사마소나 종회는 물론이고, 동오를 평정해 천하통일을 이룬 두예, 왕준, 왕혼, 왕융 등도 다 전형적인 사인들이었지 무용을 뽐내는 용사나 무장은 아니었다.

순욱
荀彧

조조와의 정치적 이견으로 자살하다

　　순욱은 자살했다. 그를 죽음으로 몬 사람은 평생의 동지이자 다른 사람들이 사우師友●관계로 칭송할 정도로 관계가 돈독했던 조조였다. 한나라의 운명을 놓고 두 사람의 정치적 견해와 이해관계가 갈렸기 때문이다.

　　순욱은 조조에게 없어서는 안 될 귀중한 존재였다. 원소의 번장으로 열악한 처지에 있던 조조는 치열한 경쟁을 뚫고 살아남아야만 했고, 이 과정에서 그에게 가장 크게 힘이 돼준 사람이 바로 순욱이었다. 순욱은 여포의 침입으로부터 연주를 지켜내 조조가 웅비할 수 있는 발판을 마련해주었고, 조조의 운명을 가르는 결정적인 순간마다 적확한 계책을 제공함으로써 조조에게 승전을 안겨주었다. 조조가 정벌에 나가면 후방을 지키며 물자와 병력을 끊이지 않게 지원해주는 것 역시 그의 역할이었다. 천하의 인재를 발굴해 조조의 인적 자원을 확충해준 것도 순욱이었다. 곽가, 순유, 종요, 진군, 사마의, 치려, 화흠, 왕랑, 순열, 두습, 신비, 조엄 등 당대의 재사들과 명망가들은 다 순욱이 추천한 인물들이었다.

　　무엇보다도 순욱의 가장 큰 공헌은 조조에게 정치적 비전과 방향을 제시해준 일이었다. 순욱은 조조에게 천자를 영접해 국권을 장악하고 천하

● 스승이자 친구의 역할을 하는 신하.

의 영웅호걸들을 복종시키라고 했다. 패자가 되라는 말이었다.

한마디로 순욱은 조조의 일등공신이었으며, 장량과 소하를 합친 것만큼 소중한 존재였다. 조조 역시 순욱을 우대하며 그의 능력을 칭찬하곤 했다.

"그대는 나의 장자방張子房이오."

이 두 사람이 결정적으로 갈라지게 된 계기는 적벽대전이 끝난 후에 일어난 일 때문이다. 패전으로 조조의 위상이 다소 흔들리는 기미가 보이자, 조정 내외에서는 조조가 이미 큰 공을 이뤘으므로 군국의 대권을 반납하고 초야로 돌아가야 한다는 여론이 일었다. 조조는 이 논의의 배경에 순욱이 있다고 믿었다. 조조는 권력을 내놓을 생각이 추호도 없었다. 이때 조조가 자신의 입장을 밝힌 글이 바로 〈양현자명본지령〉이다. 이 순간 순욱은 조조의 정적이 됐고, 조조는 순욱을 제거할 수밖에 없었다.

조조와 순욱이 처음부터 정치적 견해를 달리했던 것일까? 기존의 견해는, 순욱은 처음부터 순수하게 한실중흥을 추구했고 이를 위해 조조를 활용했을 뿐이었으나 조조는 처음부터 역심을 품고 나라를 찬탈하려 했다는 것이다. 과연 그럴까? 모개가 조조에게 천자를 옹립해 패자가 되어 환문지공桓文之功을● 이루라고 권유했을 때, 순욱도 이 주장에 동조했다. 조조 역시 패자가 되어 한실을 대신해 천하를 안정시킬 생각이었다. 패자란 천자를 대신해 실력에 입각해 천하의 질서를 잡는 사람이다. 패자가 한 번 등장하면 그 이후에 왕조가 다시 힘을 회복한 사례가 없었다. 이를 보면 이 두 사람은 이미 건안연간 초기부터 한나라가 중흥을 이룰 수 없다는 인식을 공유했다고 봐야 한다.

조조와 순욱이 정치적 관점을 달리하게 된 까닭을 순욱과 조조, 헌제와의 거리에서 찾을 수 있을지도 모른다. 순욱은 건안연간 초기 상서령에

● 춘추시대 제환공과 진문공처럼 패자가 되어 이룩한 공적.

임명된 이래로 허도에서 천자를 보필했다. 업성에 있는 조조와는 대면해 접촉할 기회가 많지 않았다. 반면 헌제는 장성하면서 일국의 군주로서 자질을 충분히 드러내기 시작했다. 점차 순욱과의 관계도 친밀해졌을 것이다. 순욱은 조조를 패자로 만들려던 당초의 생각을 버리고 헌제의 편에 서서 한실을 다시 중흥시킬 수 있으리라는 꿈을 꾸게 된 것이 아니었을까?

| 역사의 裏面 | 화려한 혼맥 덕분에 번영을 누린 순욱 집안

순욱이 조조의 왕조 교체에 저항했음에도 불구하고 그의 후손은 멸문지화는커녕 위진시대에 대단한 명문가로서 번영을 누렸다. 순욱이 스스로 자결함으로써 소극적 저항에 그쳤기 때문이기도 했지만, 평소에 그가 맺어놓은 화려한 인맥과 혼맥도 중요한 역할을 했다.

순욱은 순운, 순우, 순선, 순의, 순찬 등 다섯 아들을 두었는데, 그의 장남 순운은 일찍이 조조의 딸 안양공주安陽公主와 결혼했다. 둘째 아들이 낳은 손자 순익은 사마의의 사위가 됐다. 또 순욱의 다섯째 아들 순찬은 조조의 친척이자 개국공신인 표기장군 조홍의 사위가 됐으며, 순욱의 딸은 조비의 사우 중 하나이자 위나라의 건국공신인 진군이었다.

이처럼 순욱은 혼맥을 통해 위나라와 진나라의 황실과 인척관계를 맺어놓고 있었다. 순욱은 조조, 사마의와 사돈관계였고, 그의 아들과 손자는 조비, 사마사, 사마소와 처남 매부 간이었다. 그의 후손과 집안이 위나라와 진나라 시절에 번영을 누린 것은 당연한 결과였다. 순욱의 다섯 아들은 물론 그의 손자, 증손, 고손 심지어 5대손에 이르기까지 고관대작과 열후, 사족들의 존경을 받는 명사들이 즐비하게 배출됐다. 순욱 자신도 사마소가 진왕晉王이 된 해에 태위太尉로 추증됐다.

순욱은 또 사위 진군을 통해 진기와도 사돈관계가 됐다. 이 역시 순욱 집안이 사족집단의 중망과 존경을 받는 데 한 몫을 했다. 순욱 집안 자체가 순숙과 순상 등 명사들을 배출한 후한 말 대표적인 사족 명문가였지만, 진군의 집안 역시 진식과 '진자陳子'로● 이름이 높은 진기, 진군 3대에 걸쳐 삼공을 배출한 대단한 명문가였다. 이 두 사족 명문가의 결합은 순욱의 집안으로 하여금 사제지간으로 얽힌 사족집단에서 타의 추종을 불허하는 권위와 명망을 지니게 했다.

순욱은 또한 건안연간 이래로 상서령으로 재직하며 무수히 많은 사족 인재들을 발굴해 추천했다. 이들의 후손들이 다 위진시대의 이름난 명가들을 형성했다. 순욱은 천하대란으로 철저히 파괴된 사족집단의 정치적 영향력을 부흥시켰으므로 사족집단들은 그를 종사로 여기고 존경했다.

순욱의 후손들은 평생의 동지를 죽게 한 조조의 죄책감에 멸문지화를 면할 수 있었고, 위진 두 왕조에 걸친 순욱의 화려한 혼맥과 사족들의 존경 덕분에 위진시절 계속해서 특별한 우대와 보상을 받을 수 있었다.

| 僞 _ 거짓말 | **순욱과 순유의 역할**

《삼국지연의》에서는 순욱이 조카인 순유보다 연장이고, 순욱과 순유는 주로 조조의 책사 역할로 등장한다. 그리고 순유 역시 순욱의 뒤를 이어 조조가 위왕이 되는 것을 반대하다 죽었다고 한다. 사실에 오류가 있다. 순유는 비록 순욱에게 조카뻘이 됐지만 나이는 여섯 살 위였고, 세상에 먼저 이름이 났다. 두 사람의 역할도 각각 달랐다. 순욱은 상서령으로 허도의 조정을 보필했으나, 순유는 군사가 돼 늘 조조를 따라 종군했다. 순유는 순욱과 달리 한번도 조조와 견해를 달리한 적이 없었을 뿐 아니라 태자 조비의 극진한 우대를 받았다.

● 진기를 공자와 맹자처럼 큰 스승으로 높여 부른 말. 그가 쓴 수십 편의 책 이름도 '진자'이다.

세속을 초탈한 현자인가
도덕성을 결여한 책사인가

《삼국지》에서 가장 지혜로운 사람은 누구일까? 나는 가후라고 생각한다. 우선 가후는 꾀가 많았다. 《삼국지연의》를 보면 가장 꾀가 많은 사람은 제갈량인 것처럼 나오지만 실제로 기발한 계책이나 술수에 관해서는 가후를 따라갈 자가 없었다. 후대에 '꾀주머니'라는 별명으로 불렸던 가진 환범도 가후에게는 한참 못 미친다. 가후의 꾀는 무모한 이각, 곽사가 정권을 장악하게 해줬고, 조조를 죽음 직전으로 몰아넣었다. 가후는 또 관도대전과 형주정벌, 동관싸움에 종군하면서 늘 적확한 형세 판단과 기발한 계책으로 전쟁을 승리로 이끌었다. 조비가 조조의 뒤를 잇게 된 것도 가후의 한마디 덕택이었다.

꾀가 많다고 해서 다 지혜롭다 말할 수는 없다. 꾀가 많은 사람들 중에는 남을 속이기 좋아하는 성품을 지닌 경우가 많다. 언변이 뛰어나 남을 현혹시키거나 임기응변을 발휘해 잘 둘러대는 사람들이 많다는 것이다. 그러나 이런 속임수는 언젠가 들통이 나게 마련이다. 그 피해가 복구 불가능할 정도로 커진 이후에야 알아채는 경우도 종종 있기는 하지만 말이다. 진정으로 지혜로운 사람은 사세를 정확하게 인식하고 문제의 핵심을 간파해 가장 적절한 해법을 내놓을 수 있어야 할뿐더러 그 장기적 결과나 영향도 예측할 줄 알아야 한다. 눈앞의 이익만을 추구하다가 대사를 그르

친다면 그것은 잔꾀에 불과한 것이다. 이런 점에서 가후가 진정 지혜로운 사람인가에 대해서는 논란이 있어왔다.

가후는 조조에게 귀순한 후 은인자중하며 지냈다. 뛰어난 책모를 지녔음에도 남들에게 시기를 받지 않기 위해 늘 처신을 조심했고, 다른 사람들과 작당하거나 교제하는 것을 삼갔다. 자녀들도 다 평범한 가정에 시집·장가보냈다. 그 덕분에 그는 자신과 일족의 안전을 지킬 수 있었다. 가후는 삼공의 지위에 올랐고 그의 자손들은 다 위진시대에 고위직을 역임했다. 함께 투항했던 장수가 결국 조비에게 살해당한 것과는 대조적이다.

가후가 스스로를 감추고자 노력했음에도 천하의 계책을 논의하고자 하는 자들은 다 그를 찾아와 지혜를 구했다. 조비도 그런 사람들 중 하나였다. 조비가 사람을 통해 가후에게 세자의 지위를 굳힐 수 있는 방법에 대해 물었다. 가후의 답변은 지극히 원론적이었다.

"장군께서는 덕을 숭상하고 도량을 발휘하시면서 평소에 선비로서의 수양에 힘쓰시기 바랍니다. 아침부터 저녁까지 부지런히 수양하고 항상 자식된 도리를 그르치지 마십시오. 이와 같이 하면 될 것입니다."

정도를 걸으라는 가후의 조언은 조비가 황제가 되는 데 결정적인 기여를 했다. 조비의 경쟁자였던 조식은 천하의 재사들인 양수, 정의, 정이 등의 도움으로 술수를 부리다가 제 발등을 찍고 후계경쟁에서 탈락해버렸다.

그럼에도 가후에게는 치명적인 결점이 있었다. 그가 계책을 주었기에 이각, 곽사의 난이 일어났고 그 결과 한나라가 패망했다. 또 도덕군자들의 입장에서 보면 그가 조씨 정권을 탄탄하게 해준 것 역시 비난의 대상이 될 만했다. 조비가 가후를 삼공에 임용했다는 말을 전해 들은 손권이 조비의 사람 보는 능력을 비웃었다는 기록을 보면 당대에도 가후에 대한 평가가 매우 엇갈렸음을 알 수 있다.

가후는 우선 한나라에 대한 충성심이 없었다. 그는 변방의 한미한 가문 출신일뿐더러 운도 없어서 나이 마흔이 되도록 변변한 자리 하나 꿰차지 못했다. 결국 벼슬을 버리고 고향으로 돌아가던 중 도적을 만나 목숨을 잃을 뻔한 적도 있었다. 그는 제대로 된 유학 교육을 받았던 것 같지도 않다. 그저 변방을 떠돌며 실무경력을 쌓다 보니 인간에 대한 이해가 깊어지고 사람의 심리를 꿰뚫어 보는 능력이 생겼을 뿐이다. 그에게는 군신유의니 군위신강이니 하는 개념조차 없었다.

가후에게 꾀가 많았다는 점은 부인할 수 없는 사실이다. 그러나 그는 사악한 목적으로 잔꾀나 부리는 사이코패스는 결코 아니었다. 사이코패스라면 상대방의 고통이나 감정에 둔감해야 한다. 이들은 나의 행동이나 결정이 상대방에게 어떠한 영향을 미치는지에 대해 무관심하거나 냉담하다. 자신에게 이익이 되거나 하고 싶은 일이 있으면 상대방에 대한 고려 없이 그대로 해버리곤 한다. 인정사정이 없다. 그러나 가후는 상대방의 입장을 늘 헤아리려고 노력했고, 알게 모르게 많은 사람들을 도왔다. 또 그는 후일 명망과 권세를 얻은 후에도 다른 사람들에게 거들먹거리거나 상처를 준 일이 없었다. 늘 현명하게 처신했다. 이런 점에서 볼 때 가후는 충분히 지혜로운 사람이란 평가를 받을 자격이 있다.

| 역사의 裏面 | **한나라 멸망의 꾀는 가후에게서 나왔다**

왕윤이 동탁을 죽인 후, 동탁의 부장들은 정신적 공황상태에 빠졌다. 조정에서 사면을 거부할뿐더러 여포 등 병주파가 서량 출신의 동탁 직계들을 모두 제거하려 한다는 소문이 돌았기 때문이다.

당시 동탁의 사위 우보는 주력군을 거느리고 섬현에 주둔하고 있었으나 홀로 살겠다고 군영을 버리고 도망치다가 측근들에게 피살됐다. 주준의 근왕군을 격파한 후 내친 김에 예주와 연주 지방을 약탈 중이던 이각, 곽사 등 우보의 부장들이 조정에 난이 일어났단 소식을 듣고 돌아와 보니 주장인 우보는 이미 자멸한 후였다. 이들은 어찌할 바를 몰라 병사를 버리고 각각 흩어져서 귀향하고자 했다.

이때 가후가 우보의 군중에 있었다. 그는 동탁에게 발탁돼 태위연이 됐다가 토로교위가 돼 우보의 군사참모 역할을 맡았다. 가후가 볼 때 이각 등의 계획은 참으로 어리석기 짝이 없었다. 장수들이 군대를 버리고 혈혈단신 고향으로 돌아가려 한다면, 지금으로 치면 시골의 일개 파출소장도 이들을 체포할 수 있었다. 체포되면 곧 죽음이었다. 그러나 병력의 많고 적음만을 놓고 따진다면 아직도 동탁군의 잔당이 훨씬 규모가 컸으니 단결만 한다면 승산이 있었다.

"힘을 합쳐 군대를 이끌고 서쪽으로 장안을 향해 진격해 동탁의 복수를 시도하는 것이 상책이오. 일이 성공하면 천하를 바로잡아 국가에 봉사할 수 있고, 만약에 잘못되면 그때 도망쳐도 늦지 않소."

이각, 곽사, 장제, 번조 등 동탁의 남은 무리들이 다 가후의 의견에 따랐다. 여기서 이각, 곽사의 난이 시작됐으며 한나라는 회복할 수 없는 치명타를 입게 된다.

오로지 살아남고자 하는 욕망에서 한나라 멸망의 단초를 제공하긴 했지만 가후는 그렇게 막돼먹은 사람이 아니었다. 그에게는 일말의 양심이 남아 있었다. 거사에 성공한 후 이각 등은 가후의 기여를 높게 평가해 그를 좌풍익에 임명하고 열후에 봉했다. 가후가 사양했다.

"단지 목숨을 구하기 위한 계책이었소. 어찌 공이 있다 하겠소."

이각 등이 집권하고 가후는 상서가 돼 조정 관리의 인선을 맡았다. 군벌들의 아귀다툼 와중에도 가후는 가급적 공정한 인선을 위해 노력했고 억울한 사람들이 없게 구제해줬다. 또한 그는 이각과 곽사의 분쟁이 극에 달했을 때 암암리에 황실을 보호하며 헌제가 동쪽으로 도망칠 수 있도록 도왔다.

| 僞 _ 거짓말 | **가후가 조조의 고명대신 중 하나였다?**

《삼국지연의》에서는 조조가 자신의 병세가 위중함을 깨닫자 조홍, 진군, 가후, 사마의 등을 불러 유조를 남긴다. 가후가 고명대신의 하나였다는 것이다. 거짓말이다. 가후는 조조에게 깊은 신임을 받지는 않았다. 장자 조앙을 죽게 한 원한이 있었기 때문이다. 조조가 가후를 죽이지 않은 것은 '천하 사람들에게 조조의 무거운 신의를 보여주기 위함' 이었을 뿐이다. 가후는 연고지인 형주나 관중을 토벌할 때에 한해서 간혹 조조의 참모로 종군할 수 있었다. 고명을 받은 사람들은 2세대 종친들인 조휴, 조진과 조비의 사우인 사마의, 진군 네 사람이었다.

정욱

程昱

강퍅한 성격 탓에
삼공의 지위에 오르지 못하다

정욱은 조조의 으뜸가는 참모 중 하나였지만 높은 지위에 오르지는 못했다. 화흠과 왕랑은 물론 비슷한 경력의 가후나 종요, 동소가 모두 삼공을 역임한 것과는 대조적이다. 물론 순욱이나 곽가와 같은 재사들도 삼공의 지위에 오르지는 못했다. 중도에 숙청을 당했거나 일찍 죽었기 때문이다. 그러나 정욱은 순욱이나 곽가와 달리 여든까지 살았다. 그럼에도 불구하고 그가 삼공에 오르지 못한 것은 개성이 강해 주변 사람들과 부딪히는 성격이었기 때문이다.

정욱은 지모가 출중하고 판단력이 뛰어났다. 특히 섬겨야 할 대상을 고르는 눈이 탁월했다. 정욱은 유대가 여러 번 그를 초빙했을 때 응하지 않았지만 조조가 부르자 즉시 그를 찾아갔다. 난세에는 신하가 군주를 고를 수 있었지만, 잘못 선택했다가는 바로 패가망신에 이를 수도 있었다. 정욱은 또 많은 사람들이 대수롭지 않게 여기던 유비 집단의 잠재력을 높게 평가했다. 유비가 웅대한 야망을 지녔음을 간파하고 기회가 있을 때마다 그를 제거할 것을 건의했다. 관우와 장비를 '만인지적의 장수'라고 평가한 것도 정욱이었다.

조조가 여포에게 연주를 빼앗겼을 때, 이를 되찾게 된 것은 거의 전적으로 정욱의 공이었다. 그는 동에 번쩍, 서에 번쩍하면서 그때까지 남아 있던 견성, 동아, 범현 등 3개 성을 보존함으로써 조조에게 재기의 발판을 마련해줬다. 조조는 이 3개 성을 기반으로 연주를 되찾을 수 있었고, 연주를 근거지로 천하를 제패할 수 있었다. 이때 조조가 연주에서 패망했더라면 그에게 다른 미래는 없었을 것이다. 유비가 서주를 지켜내지 못했던 것은 바로 정욱과 같은 측근이 없었기 때문 아닐까? 정욱은 조조의 제일가는 일등공신이었다.

그러나 그는 공에 상응하는 만큼의 보상을 받지 못했다. 주로 지방관을 전전했을 뿐이다. 조조에게는 일정한 인사 원칙이 있었다. 사람의 재능과 적성에 따라 적소에 임용한다는 것이었다. 조조는 화흠과 왕랑과 같이 사족들의 중망을 받는 명망가는 조정의 한가한 직책이나 맡겨 정권의 정당성을 홍보하는 도구로 썼고, 순유나 곽가처럼 재능 있고 권모술수에 능한 자들은 자기 측근에 두고 참모로 부렸다. 도덕군자들이나 자기 주장이 강한 자들은 주로 지방관으로 썼다. 훌륭한 유학자들이나 이상주의자들이 한 고을을 맡아 다스리면 백성들을 편안하게는 할 것으로 봤기 때문이다. 원환이나 전주가 참모가 되지 못하고 지방관이 된 까닭이었다. 정욱이 처음 조조를 만났을 때, 조조는 그가 매우 재능이 뛰어난 인물임을 알았다. 그럼에도 정욱은 수장현장이라는 지방관에 임명됐다. 자기 주장이 너무 강한 데다가 성격이 강해 주변 사람과 조화를 이루기 어렵다고 봤을 것이다.

정욱은 지방관 신분이었으나 중요한 시기마다 조조에게 한마디씩 결정적인 조언을 했고, 여러 차례 기략을 발휘했다. 조조가 위나라를 창건했을 때 정욱은 초창기부터 종군한 일등공신의 하나였으나, 스스로 벼슬을 버리고 물러났다. 공이 컸지만 성격이 모나 주변 사람들의 질시를 받을까 우려했기 때문이다. 정욱이 은퇴를 결심한 것은 조조가 정욱을 지나치게 칭찬한 것이 계기가 됐다. 조조가 왕이 됐을 때 정욱의 등을 어루만지며 말했다.

"연주에서 패했을 때 그대의 말을 듣지 않았다면 내가 어찌 이에 이를 수 있었겠소?"

여포와의 싸움이 장기화돼 악전고투 중일 때 조조는 연주를 포기하고 원소의 휘하로 들어가는 문제를 심각하게 고민한 일이 있었다. 이를 극구 만류해 마음을 바꾸게 한 것이 바로 정욱이었다. 아무튼 정욱이 조조에게 큰 칭찬을 들었다는 것을 알게 된 집안사람들은 소를 잡고 술을 빚어 큰 잔치를 열었다. 앞으로 크게 출세할 일만 남았다고 본 것이다. 그러자 정욱이 말했다.

"족한 줄 알아야 욕을 보지 않는 법이오. 나는 이제 물러나야 하오."

정욱은 자기 자신을 알았다. 정욱은 담대하고 계책이 풍부했으나 워낙 자기 주장이 강해 주변 사람들과 자주 충돌했다. 개성이 강하다 보니 알게 모르게 적이 많았고, 그들은 기회만 생기면 정욱을 견제하고 모해하려 했다. 성격이 강한 것은 태생적인 것이니 어쩔 수 없는 일이다. 그러나 정욱은 사세를 정확하게 판단하는 능력이 있었다. 그는 일찌감치 은퇴를 선택함으로써 여생만은 편안하게 보낼 수 있었다.

| 역사의 裏面 | **정욱의 이름 개명 사유**

정욱의 원래 이름은 정립程立이었다고 한다. 정욱은 어렸을 때 늘 태산 위에 올라 양손으로 해를 받들어 올리는 꿈을 꾸곤 했다. 정욱이 이상하게 여겨 개인적으로 순욱에게 이 일에 대해 말해준 적이 있었다.

훗날 진궁과 장막이 반란을 일으켜 여포를 연주로 맞아들였을 때, 순욱과 하후돈이 지키고 있던 견성과 범현, 동아현만이 반란세력에 넘어가지 않았다. 범현과 동아현을 지킬 수 있었던 것은 정욱이 범현령 근윤과 동아현령 조지를 설득해 조조에게 충성을 다하게 했기 때문이었다. 이때 근윤은 모친을 포함한 가족들이 여포에게 포로로 잡혔음에도 정욱의 말을 따라 조조를 배신하지 않았다고 한다. 정욱이 순욱과 협력해 3개 성을 지켜냄으로써 조조가 반격의 기회를 잡을 수 있었다. 조조의 상황이 얼마나 급박했는지는 그가 정욱에게 한 말을 통해 알 수 있다. 서주에서 돌아온 조조는 정욱의 손을 잡고 이렇게 말했다고 한다.

"그대의 힘이 없었더라면 내가 돌아갈 곳이 없을 뻔했소."

정욱의 맹활약 덕분에 연주를 회복한 후, 순욱은 조조에게 정욱이 어릴 적 꾸었던 꿈 이야기를 해주었다. 조조가 정욱에게 말했다.

"경은 결국 나의 심복이 될 것이오."

이때 조조가 정욱의 본래 이름인 '입뿝' 자 위에 날 '일᷄' 자를 더해 정욱뾤로 개명하게 했다는 것이다.

이 이야기는 사실이 아닐 것이다. 고대 중국에서 태양은 바로 천자를 상징한다. 정욱의 꿈은 그가 천자를 받들어 세울 것임을 의미했다. 정욱이 조조를 받들어 연주를 되찾게 했으므로 그의 꿈에 나타난 태양은 바로 조조가 된다. 이 꿈 이야기를 듣고 조조가 흐뭇해하며 정욱이 자기의 심복이 될 것이라 말했다는 것은 이미 이때부터 조조가 한나라를 쓰러뜨리고 새 나라를 세우려는 마음이 있었다는 것을 의미한다. 또한 이 이야기를 주고받은 순욱도 이미 그때 조조에게 찬역의 뜻이 있었음을 알고 있었어야 한다. 그랬을 리가 없다.

지금은 전해지지 않는 《위서魏書》라는 책에 나오는 이 이야기는 아마도 위나라 건국 전후에 만들어졌을 것이다. 조조는 정욱의 활약으로 연주를 되찾았고, 이를 기반으로 세력을 키워 결국 위나라를 창건할 수 있었다. 따라서 정욱의 활약을 미화하면서 위나라 건국이 이미 이때부터 예정됐던 일이라고 포장하려는 의도에서 후세에 조작한 이야기일 것이다.

| 僞 _ 거짓말 | 순욱이 정욱을 천거했다?

《삼국지연의》에서는 조조가 연주를 차지하자 순욱과 순유가 함께 그를 찾아왔고, 순욱이 정욱을, 정욱이 곽가를, 곽가가 유엽을, 유엽이 만총과 여건을, 만총과 여건이 모개를 순서대로 천거했다고 한다. 사실과 많이 다르다. 이들은 조조 진영에 합류한 시점이 각기 다르다. 연배도 상당히 달라 주요 활동시기가 서로 다른 경우도 많다. 정욱의 경우 연주에서 지략이 있는 것으로 명성이 자자했으므로 조조가 직접 초빙했다.

동소
董昭

위나라 창건을 주창한 정치 참모

　　조조에게 새 나라를 창건하도록 권유하고 이를 위한 작업을 수행한 사람은 바로 동소였다. 순욱이 행정참모이고 순유나 곽가가 군사참모라면 동소는 조조의 제일가는 정치참모였다.

　　조조가 새로운 나라를 세우지 않을 수 없다고 생각하기 시작한 것은 아마도 원소의 세력을 일소해 북방을 평정한 이후였을 것이다. 조조는 새 나라를 세우고 싶어졌지만 아직은 이를 함부로 발설하거나 추진할 수 없었다. 함부로 황제가 되겠다는 참람한 뜻을 드러냈다가 세상 사람들로부터 버림을 받은 원소나 원술의 전례가 있었기 때문이다.

　　그때까지도 세상 사람들은 한실이 힘을 회복해 중흥을 이루기만을 기다렸다. 조조가 자신의 본의를 약간만 드러내도 외방의 군벌들은 물론 조정의 신하들까지 벌떼처럼 들고 일어날 판이었다. 가장 신뢰하고 의지하는 동지인 순욱마저도 이에 반대하는 것이 분명했다. 조조에게는 누군가 이 일을 대신해줄 사람이 절실히 필요했다. 이때 자발적으로 나서서 이 역할을 수행해준 사람이 동소였다.

　　원래 동소는 원소의 사람이었다. 그는 원소 휘하에서 유능함을 인정받아 거록군과 위군의 태수를 역임하는 등 제법 잘나갔지만, 원소 측근들의 참소를 받아 그를 떠나게 됐다. 동소는 당시 유리걸식하고 있던 헌제를 찾아가기로 했다. 낙양으로 돌아온 헌제를 찾아간 동소는 조정에서 자원봉사를 하며 조조가 천자를 허도로 영접할 수 있도록 물밑에서 도왔다. 조조와는 아무 관계도 없이 자발적으로 한 일이었다. 아마도 동소는 이때부터 조조가 천하를 안정시킬 수 있는 그릇이라고 평가했던 것 같다.

동소에게는 군사참모로서의 재능도 있었지만 조조는 그를 주로 정치적 공작에 이용했다. 동소가 이 방면에 천부적 재질이 있다는 것을 알았기 때문이다. 동소는 기대에 어긋나지 않았다. 동소는 조조의 뜻을 살펴 그의 창업을 지지하는 세력을 모으고 여론을 조성했다. 또 주저하던 조조를 집요하게 설득해 결심을 굳히게 했다. 조조의 건국을 끝까지 반대하던 순욱을 제거하는 일에 앞장선 것도 동소였다. 조조가 위왕이 된 것은 다 동소의 정치공작 덕분이었다.

동소는 왜 자발적으로 조조가 새 나라를 세우는 일을 도왔을까? 후세 사람들이 평가하는 것처럼 일신의 영달을 위해서였을까? 물론 동소가 여든하나까지 장수하며 조씨 정권에게 우대를 받았고, 그 집안이 3대에 걸쳐 3공과 9경을 역임한 것은 사실이다. 그러나 그가 제 발로 한나라 조정을 찾아가 헌제에게 봉사한 것을 보면 그가 꼭 입신영달을 위해 조조를 도운 것만은 아니었을 것이다. 동소 정도의 능력이라면 찬탈자를 도왔다는 오명을 뒤집어쓰지 않고도 얼마든지 입신출세할 수 있었을 것이다. 다만 동소는 후세의 평가 따위는 별로 신경 쓰지 않는 현실적인 사람이었다. 그는 처절히 망해 유랑하던 황실을 본 순간 한나라의 중흥이 불가능한 꿈이라는 것을 재빨리 깨달았을 것이다. 또한 극단적 혼란 속에서 도탄에 빠진 백성을 구하기 위해서는 누구든 실력 있는 자가 나라를 장악해 국가질서를 회복하는 일이 최선이라고 봤을 것이다. 그렇다면 동소는 스스로 오명을 뒤집어쓰더라도 세상을 바로잡을 가장 현실적 대안을 제시한 용기 있는 사람이 아닐까?

| 역사의 裏面 | 편지 위조의 달인

동소는 공문서 위조의 달인이었다. 조조가 조정으로부터 정식으로 연주목에 임명될 수 있었던 것은 동소의 문서 위조 솜씨 덕분이었다. 조조는 연주를 장악한 후 장안으로 천도한 조정과 관계를 개선하고 싶었지만 선뜻 실행에 옮기지 못했다. 당시 조정은 동탁의 잔당인 이각, 곽사가 장악하고 있었다. 이들과 손을 잡으려 한다는 인상을 줬다가는 산동 반군 진영 전체를 적으로 돌릴 수도 있었다. 이때 조조와는 일면식도 없었던 동소가 자발적으로 나서 문제를 해결해줬다. 조정을 받들고자 한다는 내용의 공문을 조조 명의로 작성해 이각, 곽사 등에게 보낸 것이다. 이를 계기로 조조는 조정과 화해하고 정식으로 관직을 수여받게 된 것이다. 또 조정으로 가는 길목인 하내를 점거하고 있던 장양을 설득해 조조의 사신이 조정과 내왕하는 것을 막지 못하게 한 것도 동소였다.

헌제가 장안을 빠져나와 안읍으로 도망쳤을 때, 동소는 그곳으로 찾아가 의랑 벼슬을 받았다. 헌제가 낙양으로 돌아오자 조조는 천자를 영접하고 싶은 마음이 굴뚝같았지만 장양, 양봉, 한섬, 동승 등 여러 군벌들의 견제로 뜻을 이룰 길이 없었다. 아무도 시키지 않았는데도 동소가 또 나섰다. 먼저 헌제를 옹위하고 있던 군벌들 중 세력이 가장 강했던 양봉에게 조조 명의로 가짜 편지를 보냈다.

"저는 장군의 위명과 정의감에 대해 익히 들어왔으므로 장군을 진심으로 경모하는 마음을 품게 됐습니다. 지금 장군께서 만승^{萬乘}의 괴로움과 고난을 덜어드리고자 옛 도읍으로 모시고 돌아온 것은 천자를 호위하고 보좌한 공이 있다고 하겠습니다. 한 시대를 통틀어 이 공적에 필적할 만한 것이 없으니 어찌 이를 아름답다 하지 않을 수 있겠습니까! (…) 장군이 안에서 모든 일을 주장하실 때 저는 밖에서 지원을 해드리겠습니다. 지금 저는 식량이 있고 장군은 군대가 있으니 서로 부족한 것을 보충하면 족히 서로 도움을 줄 수 있습니다. 비록 오래된 인연은 아니나 저는 장군과 생사고락을 함께하고 싶습니다."

이 편지에 흡족해진 양봉이 다른 장수들을 설득했기에 조조는 낙양으로 가 헌제를 배알할 수 있었다. 또 이 일을 계기로 조조는 헌제를 허도로 영접할 수 있었다. 천자를 영접해야 한다는 건의는 순욱과 모개가 했지만, 이것이 가능하게 한 것은 두 차례에 걸친 동소의 위조편지였다.

공문서 위조는 아무나 할 수 있는 일이 아니다. 이런 점을 보면 동소는 권모술수도 뛰어났지만 도덕성이 별로 없었던 것 같다. 그랬기에 동소는 한실에 변함없는 충성을 강조하던 당시의 모든 사인들과 달리 처음부터 조조에게 새 나라를 창건하라고 건의하고 또 이를 실현하기 위해 집요한 공작을 할 수 있었던 것이다.

| 僞 _ 거짓말 | 유애가 천도를 주장했다는 일화

《삼국지연의》에 따르면 동소가 조조에게 헌제를 허도로 맞아들이라고 권고하는 장면에서 왕립과 유애가 나타나 '천문을 본 결과 진위^{晉魏} 땅에 새로운 천자의 기운이 있다'면서 천도 주장을 지지한다. 엉터리 같은 이야기다. 유애는 헌제를 장안에서부터 수행한 충신의 하나로 이런 주장을 한 적이 없으며, 왕립이라는 자는 아예 가공인물이다. 진위의 땅은 지금의 산서성 일대를 말하는 것으로, 당시에는 원소의 영역이었다. 허도와는 아무 관계가 없는 땅이다. 《삼국지연의》에는 이렇게 터무니없는 이야기들이 종종 등장한다. 이 책의 저자들이 당대 역사와 지리에 대해 얼마나 무지했는지 드러나는 내용이다.

장소
張昭
지분의식이 지나쳤던 동오의 창업공신

　　장소는 주유와 더불어 동오의 제일가는 창업공신이었다. 장소는 원래 서주 팽성 출신으로 젊어서부터 조욱, 왕랑과 더불어 서주의 명사로 이름이 났다. 난을 피해 강동으로 갔다가 손책에게 중용됐다. 손책이 그에게 문무의 대사를 다 위임했으므로 중원의 사대부들은 장소를 강동정권의 실세로 여겼다. 손책이 젊은 나이에 비명횡사했을 때 장소와 주유가 중심을 잡지 않았더라면 강동정권은 그대로 무너졌을 것이고 손권이 후일 동오를 세워 황제가 되는 일도 없었을 것이다. 장소는 강북에서 피난 온 사대부들의 리더로서 이들과 힘을 합쳐 동오의 기틀을 닦았다.

　　황무원년222년 손권이 왕위에 오르고 승상직이 신설되자, 조정 내외의 여론은 당연히 장소가 승상이 돼야 한다는 데로 모아졌다. 그만큼 동오 정권 내에서 장소의 위치는 타의 추종을 불허했다. 그러나 막상 승상이 된 것은 손소라는 별 볼 일 없는 인물이었다. 많은 사람들이 의아해하자 손권이 그 이유를 설명했다.

　　"지금은 국내외에 할 일이 산적해 있소. 승상은 할 일이 너무 많고 책임이 막중하오. 장소에게 이렇듯 번거로운 직책을 맡기는 것은 그를 우대하는 것이 아니오."

　　손권이 말도 안 되는 이상한 논리를 내세우면서까지 장소를 승상에 임용하지 않은 까닭은 무엇이었을까?

첫째, 손권은 장소의 꼬장꼬장하고 직간을 잘하는 성품을 불편하게 여겼다. 장소는 정권에 대한 지분의식이 강했다. 그는 강동정권의 대주주로서 자신이 옳다고 생각하는 것이 있으면 군주 앞에서도 뜻을 굽히지 않았다. 손소가 죽은 후 이번에는 고옹을 승상에 임명하며 손권이 한 말을 살펴보면, 그가 장소를 승상에 임명하지 않은 본심을 알 수 있다.

"내가 어찌 자포ㅋ布를 소중하게 여기지 않겠소? 승상의 일은 매우 번다하오. 하나 장공은 성격이 강직해 짐이 그의 주장대로 따르지 않게 되면 장차 서로 원망함과 허물을 책망하는 일이 일어날 텐데, 이는 결코 그에게 이로운 일이 아닌 까닭이오."

둘째, 손권은 그 누구와도 권력을 공유할 생각이 없었다. 군국의 모든 일을 직접 장악했다. 장소는 조정 내외에서 신망이 깊은 사람이었다. 이와 같은 사람이 승상의 직위에까지 오르면 더욱 그 권위가 커질 것이 분명했다. 조정 백관들이 승상을 중심으로 여론을 주도하게 되면 군주의 권한이 제약될 수밖에 없다. 나이가 들수록 독재적 성격이 두드러지게 나타나기 시작한 손권은 이와 같은 상황을 허용할 생각이 조금도 없었다. 손권은 의심이 많은 사람이었다.

셋째, 손권은 일찍이 장소가 그에게 조조에게 투항하라고 권고했던 일을 심히 유감스러워했다. 적벽대전 직전 조조가 손권에게 협박편지를 보내왔을 때 장소를 중심으로 하는 많은 북방 출신 관료들은 대세에 따라 순순히 조정에 귀순해야 한다는 여론을 조성했다. 만일 그때 노숙이 나서서 격렬하게 반대하며 손권을 끝까지 설득하지 않았다면 동오정권은 존재하지 못했을 것이다. 손권은 이 사실을 절대로 잊지 않았다. 손권이 제위에 오르던 날, 장소는 만조백관을 인솔해 앞으로 나와 그의 공덕을 칭송하며 즉위를 축하하고자 했다. 손권은 제단의 계단을 오르려다 말고 장소를 바라보고는 한마디 던졌다.

"지난날 내가 만일 장공의 뜻을 따랐더라면, 나는 지금쯤 황제가 되기는커녕 유리걸식하고 있었을 것이오."

장소는 땅에 엎드린 채 부끄러워 어쩔 줄 몰라 했다 한다.

아마도 이 세 번째 이유가 가장 중요했을 것이다. 장소를 중심으로 한 사대부들은 하루라도 빨리 중앙정부를 중심으로 세상이 안정을 되찾아야 한다는 생각을 갖고 있었다. 그러기 위해서는 동오정권이 중앙에 대항하기보다 순순히 귀순하는 것이 지름길이었다. 천하의 대권을 꿈꾸던 손권으로서는 가장 어려울 때 가장 믿었던 사람이 배신을 한 기분이었을 것이다. 어찌 그에게 정권의 2인자 자리를 맡길 수 있었겠는가.

동오정권의 중심이었던 장소는 손권이 제위에 오른 후에는 모든 관직과 병사들을 반환하고 집에서 《춘추좌씨전春秋左氏傳》을 해설하고 《논어論語》에 주석을 다는 일을 소일거리 삼아 조용히 지내는 처지가 됐다. 손권이 그에게 자문역 이상의 역할을 맡기려 하지 않았기 때문이다. 장소는 나이 여든하나에 죽었다.

| 역사의 裏面 | 손권과 장소의 기싸움

손권은 직접 실전에 나가 싸운 적이 거의 없었다. 그 대신 그는 호랑이 사냥을 하며 자신의 용맹을 과시하기를 좋아했다. 한번은 능정이란 곳에 사냥을 나갔는데 갑자기 수풀 속에서 호랑이가 뛰어나와 손권을 덮쳤다. 손권이 피하자 호랑이는 그가 탄 말의 엉덩이를 붙잡고 늘어졌다. 이를 손권이 쌍극으로 간신히 쳐냈다. 위기일발이었다. 이 장면을 본 장소가 정색을 하며 나무랐다.

"장군께서 어찌 이와 같은 일을 해야 합니까? 무릇 다른 사람의 군주가 된 자가 여러 영웅들과 현명한 사람들을 능숙하게 다룰 수 있으면 되는 것이지, 어찌하여 들판에서 말을 달려 맹수와 용맹을 겨루는 것입니까? 만약 하루아침에 횡액을 당하게 되면 천하의 웃음거리가 되지 않겠습니까?"

손권이 장소에게 사과할 수밖에 없었다.

동오의 창업공신 장소는 자신이 손책과 오부인에게 부탁받은 대로 손권을 잘 보필해 나가야 할 의무가 있다고 굳게 믿었다. 손권이 젊고 기반이 약했을 때는 장소의 도움이 매우 절실했다. 그러나 장성하고 권력이 공고해진 후 손권은 장소의 이런 태도가 마치 지도, 감독하는 것처럼 여겨져 불편하기만 했다.

장소는 손권을 알현할 때에도 장려한 어조와 의기 넘치는 얼굴로 훈계하듯이 말했다. 한번은 장소의 지나친 직언에 불쾌해진 손권이 그의 조회 참석을 금지시킨 일도 있었다. 그 후 촉에서 온 사신이 촉나라 조정의 덕과 아름다움을 자화자찬했으나 여러 신하들이 그를 제지하지 못했다. 손권이 한탄했다.

"장공張公이 이 자리에 있었더라면 저자가 다시는 허풍을 떨지 못하도록 코를 납작하게 꺾어주었을 텐데."

손권은 그 후 장소를 다시 조회에 참석하게 했다. 장소가 와 사죄하며 말했다.

"지난날 태후太后 오부인과 환왕桓王 손책은 노신에게 폐하를 부탁했지 폐하께 노신을 부탁하지 않으셨습니다. 그래서 신은 두 분의 은혜에 보답하고자 신하로서의 충절을 다하고 죽은 후에 칭찬을 듣고자 했습니다. (…) 신은 어리석으나 오로지 죽을 때까지 충성을 더해 나라를 섬기고자 할 따름입니다. 영예를 얻고 폐하의 총애를 받고자 양심을 바꾸는 일은 신이 할 수 있는 일이 아닙니다."

이 말은 들은 손권은 장소에게 깊이 사과했다고 한다.

어느 날 손권이 장미와 허안을 사자로 보내 공손연을 연왕燕王에 봉하고자 했다. 장소가 심하게 반대했다. 손권과 장소가 격렬하게 토론하던 중

화가 난 손권이 칼을 어루만지며 말했다.

"오나라의 사인들은 입궁하면 나에게 절을 하고, 궁을 나가면 그대에게 절을 하오. 나 역시 그대를 지극히 공경하오. 그러나 그대는 여러 차례나 사람들 앞에서 나를 꺾으려 들었고, 나도 늘 사고를 치게 될까 두려웠소."

장소가 손권을 찬찬히 바라보며 말했다.

"비록 제가 말해 봐야 소용이 없음을 알면서도 신이 매번 어리석게 충성을 다하는 것은 진실로 태후께서 붕어하시던 날 노신을 침상 아래에 불러 뒷일을 부탁하신 말씀 때문일 뿐입니다."

장소는 눈물을 흘리고 울었다. 손권도 칼을 땅에 던지고는 장소와 마주보고 울었다. 하지만 손권은 결국 장미와 허안을 요동에 보냈다. 장소는 간언이 받아들여지지 않은 것이 분해 칭병하고 조정에 나오지 않았다. 손권은 이를 괘씸하게 여겨 장소의 집 대문을 흙벽으로 틀어막아 바깥출입을 금지했다. 장소도 지지 않고 집 안쪽에서 문을 흙으로 발라 봉쇄했다. 나오라 해도 나가지 않겠다는 의사표시였다.

장소의 말대로 공손연은 곧 배신을 했다. 잘못을 뉘우친 손권이 장소를 찾아가 사과하고자 했으나 장소는 병이 위독하다고 핑계 대며 면담을 사양했다. 화가 난 손권이 장소의 방문에 불을 지르라 명했다. 장소는 불에 타죽지 않으려고 나오기는커녕 오히려 안에서 방문을 닫아걸었다. 손권은 하는 수 없이 불을 끄게 하고는 장소가 나올 때까지 오랫동안 문 앞에서 기다렸다. 장소의 아들들이 장소를 억지로 부축해 데리고 나왔다. 손권은 한 번도 장소를 꺾지 못했던 셈이다.

| 僞 _ 거짓말 | 장소가 제갈량에게 면박을 당한 일화

《삼국지연의》에서는 장소가 동오에 원병을 청하러 온 제갈량의 기를 꺾고자 그와 논쟁을 벌이다가 잡새가 봉황의 뜻을 어찌 알겠느냐는 식으로 면박당하는 장면이 나온다. 사실과 다르다. 장소는 제갈량과 같은 서주 출신이다. 당시 사대부 문화에서 제갈량이 동향 출신의 저명한 선배에게 함부로 입을 놀렸을 리가 없다. 실제로는 장소가 동향 후배인 제갈량의 재능을 높이 평가해 손권에게 그를 기용하도록 천거하기까지 했다. 또 장소의 뒤를 이어 우번, 보즐, 설종, 육적, 엄준 등이 제갈량과 논쟁을 벌이다가 코가 납작해지기도 하는데, 이는 다 지어낸 이야기다. 우번은 당시 귀양 중이었고, 보즐은 미관말직이었으며, 나머지는 시대적으로 다 후대 사람들이었으므로 제갈량과는 만날 기회조차 없었다.

노숙
魯肅

동오 건국의 이념적 기초를 제공하다

노숙은 기성 사고에 얽매이지 않는 창의적인 전략가였다. 그는 손권을 처음 만난 자리에서 강동을 차지해 정족지세를 이루고 형세를 관망하다가 기회를 봐 장강유역을 다 차지한 후 제왕이 돼 천하를 도모하라고 했다. 한나라가 부흥할 가능성이 없으니 스스로 자립해 새 나라를 세우라는 권고였다. 당시는 사인들은 물론 천하의 영웅호걸들도 모두 한나라 중흥을 절대적인 명제로 받아들이고 있었다. 노숙만이 홀로 한나라 멸망을 예고하고 새로운 나라 창건을 주장했으니 획기적인 발상의 전환이라 아니할 수 없다. 이때 노숙의 나이 불과 스물아홉이었다.

손권은 여론이 두려워 감히 드러내놓고 동조할 수 없었다. 따라서 그는 겸양의 뜻을 표시했다.

"지금은 온 힘을 한곳으로 모아 한나라를 보좌하기를 바랄 뿐이오. 그대의 말은 내가 미칠 수 있는 바가 아니오."

그러나 손권은 노숙의 권고를 가슴속 깊이 새겨두었다. 이때부터 손권은 언젠가 제위에 오르고 말겠다는 의지를 품게 됐다. 그랬기에 그는 조조가 백만대군을 앞세워 위협을 가할 때 이에 굴하지 않고 대항할 수 있었다. 유비에게 형주를 과감히 양보해 정족의 형세를 이룬 것도 노숙의 원대한 비전과 전략에 따른 것이었고, 위와 촉 두 나라 사이에서 명분에 집착하지 않고 유연하게 실리를 추구할 수 있었던 것도 그 덕분이었다. 손권은 노숙이 제시한 원대한 비전과 전략을 따랐기에 한 나라의 황제가 될 수 있었다. 손권은 삼국 중 가장 늦은 황룡원년229년에 제위에 올랐다. 그때 손권은 제단에 오르면서 여러 신하들을 돌아보고 감개무량한 어조로 이렇게 말했다고 한다.

"옛적에 노숙이 말하기를 이것이 바로 내가 가야 할 길이라고 했소. 그는 가위 세상 일의 형세에 밝았다고 할 수 있겠소."

노숙이 이처럼 세상 형세에 밝고, 세상 사람들을 뛰어넘는 과감한 발상을 할 수 있었던 것은 그의 출신성분과도 관련이 있다. 노숙은 옛적 초나라 지역인 임회군 동성현 출신이었다. 그의 집안은 재산이 많고 부유했다고는 하지만 조상 중에 벼슬한 사람이 없는 것으로 볼 때 전통적인 사족 가문은 아니었다. 소년 시절에 가문을 이어받은 노숙은 재물을 풀고 전답을 팔아가며 난을 만나 가난하고 궁핍해진 사람들을 구제했다. 전형적인 의협의 행태였다. 이런 점들로 볼 때 노숙의 집안은 토호세력이었거나 신흥 세력가 출신이었을 것이다. 노숙은 여러 대에 걸쳐 한나라의 은혜를 받은 사족가문 출신이 아니었으므로 한 왕조에 대한 충성도가 낮았다. 게다가 오초 지방은 춘추전국시대 이래로 사실상 중국과는 별개의 문화권이었으므로 분리·독립적인 경향이 강했다. 이런 배경이 노숙으로 하여금 기성 사인들의 사고를 뛰어넘는 과감한 발상을 할 수 있게 해주었으리라.

손권에게 노숙을 천거한 사람은 주유였다. 그러나 당시 강동정권의 여론을 장악하고 있던 사람은 장소와 진송 등이었다. 이들은 강북에서 피난 온 전형적인 사족 명사 출신들로서 중앙 조정을 존숭하고 한나라의 부흥을 정치적 목표로 내세웠다. 장소는 첫눈에 노숙이 매우 위험한 사고를 가진 인물임을 알아차렸다. 따라서 그는 노숙이 나이도 어린데 겸손하게 자신을 낮출 줄 모를 뿐 아니라 거칠기만 하다고 비방하며 노숙의 임용을 반대했다. 그러나 손권은 전혀 개의치 않고 노숙을 귀하게 대했다. 노숙의 생각이 손권의 입맛에 딱 맞아떨어졌기 때문이었다. 노숙의 발상과 손권의 실력이 합쳐짐으로써 동오라는 독립국가가 탄생할 수 있었다. 노숙은 동오 건국의 이념적 기반을 제공했다.

| 역사의 裏面 | 한때 자립을 꿈꾸다

노숙은 한때 자립을 꿈꿨던 적이 있다. 원술의 사후 강회지방에 주인이 없자 정보, 장다, 허건 등 여러 떼강도들이 일어나 약탈을 일삼았다. 회남군 출신의 유엽은 황실 출신의 명사였으므로 정보가 그를 강제로 자기 패거리에 끌어들이려 했다. 유엽은 강도단의 일원이 되고 싶지 않았지만 혼자 힘으로는 어쩔 수가 없었다. 때마침 강동으로 피난했던 노숙이 조모의 상을 치르기 위해 회남으로 돌아왔다. 일찍이 노숙은 일가권속과 백여 명의 소년배를 이끌고 주유를 따라 강동으로 이주했다. 유엽은 노숙이 배포가 큰 인물임을 알고 있었으므로 그에게 편지를 보내 함께 기병하자고 제안했다.

"지금 양주 지방의 호걸들이 모두 다 병사를 일으켰소. 정보라는 자가 소호를 점거했는데 병력이 만여 명이나 되오. 정보 따위도 그 정도인데 하물며 우리들이야 어떻겠소. 놓칠 수 없는 기회이니 족하는 속히 결심하시오."

유엽의 제안이 솔깃했던 노숙은 그 계책에 동의했다. 노숙은 장례를 마친 뒤 강동으로 가 가족들을 데리고 다시 북쪽으로 돌아가려 했다. 주유가 노숙을 만류했다.

"지난날 마원이 광무제光武帝에게 다음과 같이 말했소. '지금 세상은 단지 군주만 신하를 선택할 수 있는 것이 아니라 신하 또한 군주를 선택할 수 있습니다.' 지금 나의 주인 손권은 현명한 자를 좋아하고 선비를 귀중히 여기기에 기이한 재능이 있는 자를 받아들여 벼슬을 주고 있소. 또한 나는 선대의 철인들이 비밀스런 논의를 한 것을 들은 바 있소. 유씨를 대신해 천하의 운을 이어받을 자는 반드시 동남에서 흥한다고 했소. 천체의 운행을 관측해서 일의 형세를 살펴보면 지금이 그 역법상의 계산에 딱 맞아떨어지오. 하늘의 조짐에 따라 나의 주군은 종국에 제업의 기반을 구축할 것이오. 지금은 군센 선비들이 용의 비늘에 매달리고 봉의 날개를 붙잡은 채 치달려야 할 때요. 우리가 곧 이 일을 달성할 수 있으니 족하는 유엽의 말을 귀담아듣지 마시오."

노숙은 주유의 말에 따라 강동에 남았다. 주유가 바로 손권에게 추천했으므로 노숙은 강동정권의 일원이 됐다. 주유의 판단은 결과적으로 정확했다. 노숙은 시대적 상황을 꿰뚫어보는 통찰력과 담대한 기상이 있었지만 군사적 지휘능력은 약했다. 노숙의 역할이 주로 외교적인 일에 국한됐던 까닭이 여기에 있었다. 노숙이 관우와 대립하면서 유화정책으로 일관했던 이유이기도 하다. 유엽은 결국 혼자 힘으로 정보를 처치하고 집단의 우두머리가 됐으나 나중에는 이를 감당할 수 없어 자진해서 유훈에게 휘하 병력을 넘겼다. 노숙이 유엽의 말대로 자립을 꾀했더라면 보다 강한 군벌의 좋은 제물이 됐을 것이다.

먼저 나서는 자는 남을 제어하게 되고 나서지 못하면 남에게 제어 받는 것이 난세의 법칙이다. 그러나 기회가 주어졌다고 아무나 나설 수 있는 것은 아니다. 잘못 나섰다간 패가망신에 이르게 될 뿐이다. 충분한 능력과 지지기반을 갖추지 못했다면 그저 주유의 말대로 뛰어난 주군을 선택해 함께 일을 이루는 것이 현명할 것이다.

| 僞 _ 거짓말 | 단도부회單刀赴會 일화

《삼국지연의》에 따르면 주유가 조조를 패퇴시켰을 때, 제갈량이 재빨

리 선수를 쳐 남군 등 형주의 요지를 다 차지했다고 한다. 한데 그 후 손권이나 노숙이 걸핏하면 유비나 관우에게 형주를 돌려달라고 당당하게 요구한다. 어째서일까? 형주는 제갈량의 묘책으로 취득한 것이 아니라 유비가 동오까지 찾아가 손권에게 사정을 해 빌린 것이기 때문이다. 이 때 유비는 장강 유역의 형주를 잠시 빌려주면 서천을 차지한 후 돌려주겠다고 약속했다. 손권에게 이 요구를 들어주라고 강력히 권고한 사람이 노숙이었다.

《삼국지연의》를 보면 노숙이 형주를 돌려받기 위해 자신의 군영이 있는 육구로 관우를 유인하는 장면이 나온다. 관평이 위험하다고 만류했으나 관우는 신경 쓰지 않았다. 회담 도중 주창이 큰소리로 떠드는 것을 신호로 관우가 노숙을 끼고 자리에서 일어났다. 복병을 설치했던 여몽과 감녕이 노숙의 신변이 염려돼 감히 움직이지 못했다. 그럴듯하지만 사실과 많이 다르다. 우선 관우와 노숙이 회담한 장소는 육구가 아니라 익양이었다. 여몽이 형주의 3개 군을 탈취한 후 유비와 손권이 대결을 벌일 때의 일이었다. 노숙이 유인한 것도 아니었고, 쌍방이 병력을 100보 밖으로 물린 후 공개적인 장소에서 벌인 회담이었다. 당초 신변을 염려했던 것도 동오의 장수들이었지 관우의 측근이 아니었다. 개인적 무용의 차이가 컸기 때문이다. 그럼에도 노숙은 꿋꿋이 회담장에 나갔고 관우에게 약속을 어긴 점을 엄히 추궁했다. 또 주창이라는 사람도 실존 인물이 아니다.

공융
孔融

시대를 잘못 태어난 비판적 지식인

공융은 삼국시대를 대표하는 비판적 지식인이었다. 해박한 지식에 조리 있는 논리를 지녀 그가 입을 열면 의론이 펄펄 일었고 고관들을 비롯한 조정 내외 모든 사람들이 그의 말에 귀를 기울였다. 그러나 그는 시대를 잘못 만났다. 당대는 권력자를 향해 입술만 삐죽거려도 목숨을 잃던 험한 시절이었다. 폭력이 횡행하는 무법천지의 사회, 언론의 자유가 보장되지 않는 사회였던 것이다. 비판적 지식인들에게는 한없이 암울한 시대였으리라. 공융 역시 당대 최고의 권력자 조조를 거침없이 비판하고 조롱하다가 살해를 당했다.

공융은 공자의 20대손이라 한다. 그는 어려서부터 총명하기로 유명했다. 효성이 깊고 학문을 좋아했으며, 여러 학문을 두루 익혀 박학다식했다. 이에 따라 젊은 시절 그는 평원군 출신의 도구홍陶丘洪, 진류군 출신의 변양邊讓 등과 어깨를 나란히 할 정도로 명사가 됐다. 그러나 그가 사도 양사楊賜의 관부에서 일하던 시절의 일화를 보면 사회적으로 원만한 성격은 아니었던 모양이다. 그는 늘 대의를 내세워 상사와 충돌하거나 일을 망쳐버리곤 했다.

동탁이 황제 폐립을 논의할 때, 공융이 매번 논리적으로 반박했다. 동탁의 심기를 거스른 탓에 그는 북해태수로 임명됐다. 북해군은 중국의 가장 동쪽 끝인 산동반도에 있었다. 당시 산동반군이 일어났으므로 공융이 북해로 가기 위해선 적진 한가운데를 통과해야만 했다. 죽으라는 이야기나 마찬가지였다.

그러나 공융은 단신으로 주야배도晝夜倍道해 북해군에 도착한 후 남아 있는 사민들을 수습하고 통합하기 위해 노력했다. 때마침 청주와 서주에서 2차 황건적이 크게 일어났다. 공융은 황건적을 방어하기 위해 백성들을 소집해 군사 훈련을 시키고, 사방에 격문을 날려 인근 주 및 군과 함께 황건적을 칠 대책을 논의했다. 하지만 공융은 북해군 관내에 침입한 황건적을 토벌하기 위해 출병했다가 오히려 적에게 포위되는 신세가 됐다. 유비와 태사자의 도움이 없었더라면 꼼짝없이 그곳에서 죽었을 것이다. 공융에게는 군사적 재능이 없었다. 공융은 결국 북해를 다스린 지 6년 만에 원소의 아들 원상에게 패해 쫓겨났다.

조조는 오갈 데 없어진 그를 조정에 불러들였다. 공융의 명망이 높았으므로 써먹을 데가 있으리란 생각에서였다. 그러나 이는 오산이었다. 끝없는 자부심으로 무장한 공융은 조조에게 통제될 인물이 아니었다. 공융은 점차 조조에게 불편한 존재가 됐다. 공융은 소위 명사로서 당대의 비판적 지식인 역할을 자임했다. 그는 항상 기성 권력에 대해 비판적이었다. 그는 변양, 이형 등 소위 비판적 지식인들과 교류하면서 조조의 공적과 권위에 흠집을 내는 일에 열심이었다. 조조가 처음 원소에 대항하고자 했을 때 원소의 강성함을 선전하며 당해낼 수 없을 거란 여론을 조성했던 것도 공융이었다. 조조는 공융이 조조의 권력이 지나치게 비대해져 언젠가는 참람한 행위를 할 것이라고 주장하며, 조조가 이미 큰 공을 이뤘으므로 이쯤에서 아름답게 퇴진해야 한다는 여론몰이에 나서자 가차 없이 처형해버렸다.

공융은 스스로 세상을 구제하고자 했다. 문제는 능력이 따라주지 못했다는 데 있다. 흔히 남을 비판하기를 좋아하는 사람들이 실제로 중책을 맡고 나면 의외로 무능함만 보여주는 경우가 많다. 입만 살아 있고 실무 경험이라곤 전무한 대부분의 비판적 지식인들이 이에 해당할 것이다. 공융이 그 전형적인 사례였다. 공융은 당대의 집권자들을 비판하고 조롱했다. 그렇다고 해서 군벌들을 물리치고 한실을 부흥하기 위한 분명한 방향이나 전략이 있는 것도 아니었다. 그저 비판을 위한 비판을 일삼았을 뿐이다. 폭력이 횡행하던 무법천지 세상에서 대책 없이 비판만 일삼는 인사들은 제아무리 공융 같은 당대의 지식인이라 할지라도 목숨을 부지하기 어려웠다. 하물며 조무래기 지식인들이나 삼류 인사들은 말할 것이 있으랴.

이를 보면 요즘 이와 비슷한 행태를 보이는 우리나라의 소위 비판적 지식인들은 현재 대한민국에 태어난 것을 얼마나 감사해야 할까. 폭력이 난무하던 절대군주정이나 독재체제하였더라면 습관적으로 무책임한 말을 쏟아내는 사람들은 참수형은 물론 일가족 몰살을 면치 못했을 것이다. 그럼에도 불구하고 제 자신을 키워주고 보호해주는 우리나라의 민주주의 체제를 틈만 나면 헐뜯고 훼방하려는 일부 지명인사들은 깊이 반성할 필요가 있다. 아무리 매명이 좋다 하더라도 말이다.

| 역사의 裏面 | **조조를 희롱하다**

공융은 고대의 전적에 해박했다. 조조 역시 다방면에 깊은 관심을 갖고 있었지만 전장을 누비느라 바쁜 그로서는 아무래도 학문의 너비와 깊이에서 공융을 따라갈 수 없었다. 공융은 자신의 알량한 지식으로 숱하게 조조를 기롱하곤 했다. 자존심이 강한 조조는 이 점을 마음속 깊이 새겨두고 있었을 것이다. 훗날 조조가 공융을 죽일 때 사적인 감정을 전혀 개입시키지 않았다고는 볼 수 없다. 약간의 지식을 가지고 함부로 잘난 체하다가는 다른 사람에게 깊은 원한을 살 수 있다는 점을 유념해야 한다.

공융이 조조를 기롱하거나 은근히 비방한 사례는 무수히 많다. 그중 몇 가지만 예를 들어보자.

한번은 조조가 술을 만들지 못하게 금지시킨 적이 있었다. 군대와 시중에 곡식이 부족했기 때문이다. 공융은 조조에게 편지를 써서 이 조치를 조롱했다.

"하늘에는 주기지성酒旗之星이 있고, 땅에는 주천군酒泉郡이 있으며, 사람들은 술의 덕을 아름답다 칭찬합니다. 요堯 임금도 천종千鍾 술을 마시지 않았다면 그 성스러움을 이루지 못했을 것입니다. 걸주桀紂가 여색을 좋아해 나라를 망하게 했으니 지금 영을 내려 남녀 간의 결합을 금지시키시지요."

공융이 조조를 대놓고 비판한 것은 그가 워낙 술을 좋아했기 때문이었다. 그는 재사들과 어울려 술을 마시며 늘 이렇게 말하곤 했다.

"좌상에 손님들이 항상 가득 차고 술잔에 술이 비어 있지 않으면, 내가 걱정할 것이 무엇이랴."

어느 날 조조는 원술과 통모했다는 혐의로 태위 양표를 잡아들였다. 조정 내 사족 세력의 중심 역할을 하던 그의 죄를 다스려 상습적으로 여론을 선동하는 세력들을 위압하기 위한 조치였다. 양표가 체포됐다는 소식을 들은 공융은 어찌나 급했던지 관복도 차려입지 않은 채 도포 차림으로 조조를 찾아왔다.

"양공은 4대에 걸쳐 맑은 덕을 행해 천하의 선비들이 다 추앙하는 사람입니다. 주서周書에 따르면 부자형제지간에도 죄를 연좌시키지 못한다고 했습니다. 하물며 사돈지간의 죄를 물을 수 있겠습니까?"

조조가 짤막하게 대꾸했다.

"천자의 뜻에 따른 것이오."

공융이 반박했다.

"만일 주나라 성왕成王이 소공召公을 죽였다면 주공周公에게 아무 관련이 없다고 할 수 있겠습니까?”

성왕의 두 숙부였던 주공과 소공은 함께 섭정을 했고, 실질적인 권력은 성왕이 아닌 주공의 수중에 있었다. 공융은 이 예를 들어 천자의 뜻을 핑계 대는 조조를 정면으로 비판한 것이다. 물론 이 정도 비판에 뜻을 꺾을 조조가 아니었다. 양표의 목숨을 구한 것은 만총의 소신 있는 업무처리였지 공융의 비판이 아니었다. 조조는 능력도 없으면서 정사에 일일이 간여하는 공융을 귀찮게 여기기 시작했다.

조조가 업성을 함락시켰을 때 조비가 원희의 처를 취했다. 이때 공융이 편지를 보내 조조가 원씨 집안에 대해 관대한 처분을 내린 것을 칭찬했다. 그 내용 중에 다음과 같은 구절이 있었다.

“무왕이 은나라 주왕을 토벌한 후, 달기를 주공에게 하사했습니다.”

조조는 공융이 박식하므로 당연히 이 주장에 근거가 있을 것이라고 믿었다. 후일 조조가 공융을 만나 그 출전을 물어보자 그의 대답이 걸작이었다.

“지금 이루어진 일로 볼 때, 아마 그랬을 것이 틀림없다는 생각이 들었습니다!”

조비가 원희의 부인을 빼앗았음에도 조조가 이를 추인한 것을 비꼰 것이었다.

조조는 집안일까지 들춰 비방하는 그가 더욱 미웠을 것이다. 조조는 공융의 박식함과 입담을 즐겼지만 내심 그를 좋아하지 않았다. 말만 앞섰지 실제로는 뭘 맡겨도 제대로 처리할 능력이 없어 난세에 써먹을 데가 없었다. 공융은 비슷한 부류들과 작당해 뒤에서 쑥덕공론이나 일삼았는데, 대부분 궤변으로 세상을 미혹하는 내용이었다.

공융에 관한 다른 일화

공융은 어려서부터 매우 조숙했다. 그와 관련해 아래와 같은 일화들이 전해져 온다.

공융은 일곱 형제 가운데 여섯째였다. 공융의 나이 네 살 때 형제가 모여 배를 먹는데 그는 늘 작은 것을 집어 먹었다. 형들이 이상하게 여겨 그이유를 물었더니 공융이 대답했다.

"저는 작은 아이니까 작은 것을 먹는 것이 당연합니다."

집안사람 모두가 공융을 매우 특이하게 여겼다.

나이가 열 살 됐을 때, 공융은 부친을 따라 경사京師에 갔다. 공융은 이기회에 하남윤河南尹 이응李膺을 찾아갔다. 이응은 당고 명사의 핵심으로 청렴하고 절개가 곧으며 진실해 뭇 선비들의 추앙을 받던 인물이었다. 그는 원래 생활태도가 질박하고 신중해 조용히 은거하기를 좋아했다. 따라서 당대의 명사이거나 가문 간에 세교가 있는 사이가 아니면 만나주지 않았다. 공융이 그의 집을 찾아가 문지기에게 말했다.

"나는 이사군과 세교가 있는 집안의 자제입니다."

이응이 공융을 불러들여 물었다.

"그대의 조상님이 나와 세교가 있었던 분인가?"

공융이 대답했다.

"그렇습니다. 저의 조상님인 공자孔子께서 그대의 조상님인 이노군李老君과• 덕德과 의義가 한가지로 높아 서로 스승과 벗의 관계를 맺었습니다. 그런즉 저와 부군이 누대에 걸쳐 세교가 있었다 한 것입니다."

불과 열 살밖에 안 된 아이가 공자가 주나라에 갔을 때 노자에게 예禮에 대해 물었다는 고사를 끌어대니 좌중에 있던 사람들 중에 감탄하지 않는

• 노자의 별칭.

사람이 없었다. 다만 태중대부 진위만이 삐딱하게 말했다.

"어려서 총명한 아이치고 커서 대성하는 이가 별로 없소이다."

공융이 바로 말을 받았다.

"어르신께서 말씀하시는 것을 보니 어려서는 매우 총명하셨겠습니다."

이응이 크게 웃으며 말했다.

"이 아이는 자라서 반드시 큰 그릇이 될 것이다."

큰 그릇인지는 모르겠으나 공융의 버릇없는 태도는 어렸을 때도 마찬가지였던 것 같다.

| 僞 _ 거짓말 | 공융이 조조에게 처형당한 일화

《삼국지연의》에서는 조조가 유표와 유비를 치기 위해 형주정벌에 나서자 공융이 "어지지 않은 자가 어진 자를 치니 어찌 패하지 않으리오!"라고 말했기 때문에 처형된다. 유비의 덕을 드러내기 위해 지어낸 이야기다. 또 그가 공자의 20대손임을 강조하면서 마치 그가 공자의 정통을 이은 훌륭한 유학자인 것처럼 묘사한다. 이는 그가 원술을 '총중고골塚中枯骨'이라 폄하하면서 유비에게 도겸의 뒤를 잇도록 권유한 일로 호의를 보인 것이다. 실제로 공융은 정통 유학자가 아니었다. 그가 이형과 주고받은 이야기들을 보면 유학적 관점에서 볼 때 패륜에 가까운 내용들이 많다. 조조도 천하의 윤리를 어지럽혔다는 이유로 그를 죽였다. 공융의 고담준론을 보면 그가 도가적인 청담사상에 가까운 생각을 가졌음을 알 수 있다.

예형

祢衡

조조와 그의 무리를 모욕하고 매도하다

예형은 왜 조조와 그의 무리들을 모욕하고 매도했을까? 그가 미친 사람이었기에 광패한 행동을 한 것일까? 아니면 《삼국지연의》에서 암시하고 있는 것처럼 조조와 그 일당이 역적질을 하고 있다고 봐 이에 저항하는 수단으로 비방과 조롱을 선택한 것일까? 그가 보인 빼어난 재능으로 볼 때 미친 사람은 아니었을 것이다. 마찬가지로 후자의 경우라고 하기에는 너무 무모한 행동이었다. 권력자를 보고 입술만 삐죽거려도 마음속으로 비난했다는 이유로 살해당해야 했던 폭력의 시대가 아니었던가. 그어느 것도 아니었을 것이다. 나는 예형의 사례에서 좌절한 지식인의 전형을 본다. 암담한 시기에 연이은 좌절을 겪어 심성이 비뚤어진 그런 사람 말이다.

예형이 뛰어난 재능을 가졌던 것은 사실로 보인다. 그가 약관의 나이에 허도로 올라왔을 때 많은 사람이 그에게 열광한 것도 그런 까닭에서였을 것이다. 공융이나 양수와 같은 당대의 일급 문화인들이 그를 높이 평가한 것을 보면 예형은 분명 다방면에 탁월한 능력을 지녔을 것이다. 조조가 그를 조롱하기 위해 조회에서 북치는 관원으로 임용했을 때, 그가 즉석에서 연주한 것이 '어양참과漁陽參撾'라는 유명한 음곡이 돼 후세에 전해졌다거나, 조조의 영문을 찾아와 지팡이로 땅을 치며 조조에게 욕설을 퍼부었는데 제법 가락이 있고 곡조가 맞았다는 것을 보면 그가 예능 쪽에도 다양한 재주가 있었음을 알 수 있다.

문제는 그의 오만방자한 성품이었다. 흔히 나름대로 똑똑하다고 자부하는 사람들 중 자신의 재주만을 믿고 남을 무시하기를 좋아하는 사람들이 있다. 예형이 그런 사람이었다. 예형은 자신의 재능이 천하 제일이라고 믿었다. 따라서 세상이 자신을 알아주고 받들어줘야만 한다고 굳게 믿었다. 그러나 세상은 그렇게 만만하지 않았다.

예형이 처음 허도에 온 때는 조조가 헌제를 맞아들인 지 얼마 지나지 않아서였다. 난를 피해 뿔뿔이 흩어졌던 사대부들은 조정이 정상화되리라 기대하고 천자가 있는 허도로 몰려들었다. 그들은 조정에 등용되기를 원했다. 예형도 그런 사람들 중 하나였다. 그런데 허도에는 새로 몰려든 인사들이 넘쳐났다. 그만큼 출사의 기회를 잡기도 어려워졌다. 기회를 잡지 못한 사인들은 삼삼오오 어울리며 인맥을 만들거나 모임을 갖고 자신의 재능을 드러내기를 원했다. 여러 가지 기기묘묘한 주장과 이론이 난무했다. 그중에서도 단연 인기를 끌었던 사람이 바로 예형이었다. 그 정도로 그의 재능이 특출했다. 문제는 그의 건방지기 짝이 없는 성품이었다.

예형은 얄팍한 재주만을 믿고 오만방자하게 행동했다. 좋고 싫은 것을 적나라하게 드러냈을 뿐만 아니라 자기만 못한 사람은 상대조차 하지 않았다. 예형은 말솜씨가 좋고 논리가 정연했는데, 논쟁을 벌이면 반드시 이기려고 들었다. 처음 그의 기발한 생각에 열광하던 사람들도 하나둘 떠나가기 시작했다. 원하던 관직의 길도 멀어지고 그는 점차 외톨이가 돼갔다. 스스로 잘났다고 생각하는 사람들일수록 남이 무시하는 것을 못 견디는 법이다. 사람들이 그를 싫어하면 할수록 예형은 더욱 심성이 비뚤어졌다. 홀로 오연한 체하며 세상과 다른 사람들을 헐뜯는 것으로 자신을 내세웠다. 예형은 글재주 하나에 의지해 세상과 다른 사람들을 조롱했다.

조조가 공융의 거듭된 추천에 마지못해 예형을 불렀을 때, 예형은 이미 오랜 불운에 꼬일 대로 꼬인 상태였다. 자신을 용납하지 않는 세상에 대한 분노를 대책 없이 표출하던 그는 결국 무식한 황조의 손에 살해당했다.

예형이 처음부터 체제를 부정했던 것은 아니다. 그랬더라면 허도에 벼슬하러 오지도 않았을 것이다. 다만 성격적 결함이 있어 남을 깔보고 우쭐대다가 세상 사람들의 배척을 받게 됐다. 어쩌면 스스로 통제할 수 없었을 것이다. 남들의 조그만 잘못도 헐뜯고 비꼬지 않고서는 배길 수 없는 성격이었기 때문이다. 그렇다고 이런 부류의 사람들에게 능력이 있는 것은 아니다. 신랄하게 비꼬고 남의 결점을 찌르는 것을 보면 두뇌가 명석한지는 모르겠으나, 실질적인 일을 맡겨놓으면 무엇 하나 제대로 해결하지 못하기 때문이다. 공융도 그러했으니 예형 따위는 말할 것도 없었다. 어쨌든 예형도 혼자 잘난 척하다가 몸을 망쳐 세상의 웃음거리가 됐다.

시대가 너무 살벌했던 탓일까? 당시는 권력자에 대한 가차 없는 비판과 조롱이 허용될 수 없는 시대였다.

| 역사의 裏面 | **예형이 높이 평가한 사람들**

예형이 그나마 높이 평가한 사람은 공융과 양수뿐이었다. 공융은 예형의 재능을 높이 평가해 헌제에게 표문을 올려 그를 천거했고, 조조에게도 여러 번 그를 등용할 것을 권고했다. 이처럼 자신을 알아준 공융에게도 예형은 매우 건방지게 굴었다. 예형은 허도의 인물들을 평가하면 "큰 아이는 공융이 있고, 작은 아이로는 양수가 있을 뿐이오. 나머지 사람들은 다 무능하니 헤아릴 것도 없소"라고 말하곤 했다. 제 딴에는 칭찬이었으나 공융의 연배가 아버지뻘 된다는 점을 감안한다면 이것이 얼마나 무례

한 말인지 알 수 있다. 그럼에도 공융은 오로지 그의 재능을 아껴 친근하게 대했다. 이들은 서로 만나면 늘 고담준론을 늘어놓곤 했는데, 재기발랄한 내용이긴 했지만 당시의 관념을 파격적으로 뛰어넘는 발상들이었다. 예를 들면 이런 것이다.

"부모와 자식 간에 특별히 친할 이유가 없다. 비유하자면 생선그릇에 생선을 잠시 보관했을 뿐 아닌가."

또 이런 말도 했다.

"만약 기근을 만났는데 아버지가 늙고 쇠약하면 차라리 나머지 사람들을 넉넉하게 먹여 살려야 한다."

지극히 공리주의적이라 할 수 있으나, 인간의 정서나 유교의 핵심인 충효사상과는 정면으로 충돌되는 주장이었다. 사실 '청담사상'이란 것도 난세를 만난 지식인들이 가치관에 혼란을 겪으면서 자신들의 처지를 합리화하려 한 산물에 불과하다. 공융과 예형은 바로 청담사상의 효시라고 할 수 있는 사람들이다. 이들은 당시 절대적으로 받아들여지던 기존의 가치관을 무시하고 조롱하는 일로 낙을 삼았다.

그런데 위에 인용된 주장들은 원래 공융의 생각인지 아니면 예형의 발상인지 확실하지 않다. 분명한 사실은 예형이 허도의 지식인들 사이에서 한창 인기를 끌고 있을 때 위와 같은 파격적인 주장들을 널리 퍼트렸다는 것이다. 조조는 정치적 이유로 공융을 죽이면서 그가 위와 같은 패륜적 언동을 함으로써 천하의 도리를 위배하고 윤리를 해쳤다는 이유를 죄목으로 들었다. 하지만 과연 그것들이 공융의 생각이었을까? 아마도 아닐 것이다. 공융이 그 정도로 경박하지는 않았을 것이다. 사대부들 사이에서 널리 명성을 얻고 있는 공융을 죽이면서 여론이 악화될 것을 우려한 조조가 그의 명예를 훼손시키고자 사실관계를 조작했을 것이다. 예형이 생각나는 대로 떠들어대던 것을 창의적인 발상을 좋아했던 공융이 그저 재미있게 들어준 정도 아니었을까?

| 僞 _ 거짓말 | 《삼국지연의》에서 조조 무리를 규탄한 일화

《삼국지연의》를 보면 조조의 부름을 받은 예형이 스스로를 한나라의 신하라 칭하며 조조의 무리들이 군주를 기만하는 것을 규탄하는 장면이 나온다. 또 순욱, 순유, 곽가, 정욱 등 당대의 재사들과 장요, 허저, 이전, 악진 등 역전의 용사들을 매도하는 장면이 나온다. 이를 보면 예형이 마치 한나라의 충신으로서 의도적으로 조조의 무리를 모독한 것처럼 보인다. 실제로 이런 일은 존재하지 않았다. 게다가 예형의 목적은 당초 조조에게 벼슬을 구하는 것이었다. 단지 사람들이 오만방자한 그를 알아봐 주지 않으니 자제력을 잃어 광패한 짓을 저질렀을 뿐이다.

최염
崔琰

조조가 최염을 죽일 수밖에 없었던 까닭

　　최염은 왜 죽었을까?《삼국지》의 저자 진수는 최염이 억울하게 죽었다고 했다. 공융, 허유, 누규처럼 옛 친분을 믿고 함부로 행동한 바도 없는데 이유 없이 죽어 세상 사람들이 애석하게 여겼다고 했다.《품삼국品三國》을 쓴 이중톈도 최염의 죽음은 억울하다고 평가했다. 조조가 신경과민으로 비정상적인 처분을 했다고 주장한다. 굳이 이유를 댄다면 개인 감정에 따른 보복살인이었을 것이라고 한다.

　　필자가 보기에는 그렇지 않다. 조조는 의도적으로 없는 죄를 엮어 최염을 죽였다. 꼭 죽여야만 했던 이유들이 있었던 것이다. 그중 가장 중요한 것 3가지만 들어보자.

　　첫째, 최염은 정권유지에 위협이 됐다. 최염은 10여 년간 인사업무만을 담당하면서 늘 공정하고 투명하게 일을 처리했다. 최염이 발탁한 문무의 인재들이 위나라 조정 내외에 가득했고, 이들은 모두 최염을 믿고 따랐다. 최염은 사인계급의 중심인물이었다. 아직 한나라에 대한 충성을 완전히 버리지 않은 사족계급의 중망을 받고 있던 최염은 정권에 잠재적 위협이 됐다. 게다가 그는 단순한 문관이 아니었다. 젊어서는 검객으로 이름을 날렸을 만큼 강기가 있는 인물이었다. 조조의 눈에는 너무도 위험한 인물이었다.

둘째, 최염은 상사의 심기를 거슬리게 하는 특기가 있었다. 최염은 스스로 너무나 잘났기에 윗사람들에게 굽히기를 싫어했으며, 주저하지 않고 직언을 했다. 원소에게 처음 등용된 후 최염은 원소의 병사들이 옛 무덤들을 파헤쳐 부장품들을 도굴하는 행위를 비판했다. 사실 병사들의 행위는 군자금을 마련하려던 원소의 지시에 따른 것이었다. 또한 최염은 원소가 조조를 토벌하려 남쪽을 향해 군대를 진격시키자 이에 반대했다. 허도를 향해 진격하는 것은 천자를 거역하는 일이라는 게 그 이유였다. 이와 같은 행태는 조조에게도 마찬가지였다. 첫 대면에서 조조가 기주의 호적을 살펴보며 "30만 병력을 징발할 수 있으니 기주는 과연 큰 주로구나" 하며 감탄하자 최염이 바로 맞받아쳤다. 도탄에 빠진 백성들을 구하고 풍속을 교화할 생각은 하지 않고 갑병들의 수만 세며 좋아하고 있느냐고 말이다. 무안을 당한 조조는 최염에게 사과할 수밖에 없었지만 내심 무척이나 괘씸했을 것이다. 조조가 앙심을 품었을 것이 분명하다.

셋째, 최염은 너무 잘났다. 최염은 목소리가 시원시원하고 용모가 뛰어났으며 눈매가 맑았다. 수염 길이가 4척이나 되는 위풍당당한 풍모였으므로 사람들은 그 모습을 우러러봤다. 조조도 경탄하지 않을 수 없을 정도였다고 한다. 가뜩이나 볼품없는 외모에 콤플렉스를 지니고 있던 조조가 질투하지 않을 수 없었을 것이다.

한마디로 최염은 너무 잘나서 죽었다. 최염은 세인들의 중망重望을 받았고, 너무 바르고 곧았으며, 당당한 풍모를 지녔다. 최염은 문무를 겸전했지만 조조 휘하에서 한번도 장수가 되거나 군무에 종사하지 못했다. 조조는 최염과 같이 위풍당당하고 문무를 겸전한 인사에게 군대를 맡기는 일은 너무 위험하다고 여겼을 것이다. 조조의 관점에서 최염은 그만큼 잘난 인물이었다. 자고로 '보스'들은 자기보다 잘난 사람을 별로 달가워하지 않는 경향이 있다. 최염의 치명적 약점은 스스로를 감추고 낮출 줄 몰랐다는 점 아닐까?

최염이 죽게 된 직접적인 계기는 양훈 사건에서 비롯됐다. 양훈은 특별한 재주가 없었지만 청렴하고 정직한 성품을 지니고 있었기에 최염이 그를 추천해 관리로 삼았다. 조조가 위왕에 등극했을 때, 양훈이 조조의 공적과 덕망을 찬양하는 글을 지어 바치자 세상 사람들이 그를 비웃었다. 사람들은 이처럼 권세에 아부나 하는 사람을 천거한 것 자체가 최염의 잘못이라고 몰아붙였다. 여론이 악화되자 최염이 양훈에게 원고를 구해 읽어보고는 짤막한 답장을 보냈다.

"표문을 살펴보니 일이 훌륭할 뿐이오! 시대여, 시대여. 마땅히 변화가 있어야 할 때일진저.省表, 事佳耳! 時乎時乎, 會當有變時."

문장이 너무 생략돼 있어 다의적으로 해석이 가능했다. 어떤 사람이 이 글에는 조조의 업적을 능멸하고 원망하며 비방하는 뜻이 담겼다고 중상 모략했다. 조조가 매우 화를 내며 말했다.

"쌍말에 '딸을 낳았을 뿐'이라는 말이 있듯이 '뿐耳'이라는 말은 좋은 뜻이 아니다. '마땅히 변화가 있어야 할 때일진저'라는 문구는 그 뜻이 가리키는 바가 매우 불순하다."

이때 최염을 중상모략한 사람이 누구였을까? 아마도 정의나 정이 같은 조식의 측근이었을 것이다. 어쩌면 양수였을 수도 있다. 이들은 모두 조조를 최측근에서 보좌하고 있었다. 최염은 조식이 그의 조카사위였음에도 공개적으로 조비의 왕위계승을 지지했기에 조식 진영의 원한을 샀다. 후계구도와 관련해 조조의 불안한 심경을 간파하고 있던 이들이 이 애매한 구절을 교묘하게 악용해 최대 정적을 제거하려 했을 것이다.

조조는 최염이 자신을 비방하고 폄훼했다는 이유로 잡아들여 머리를 깎는 형벌을 내리고 역소에서 짐을 나르는 죄수로 삼았다. 최염은 죄수가 됐음에도 기가 죽거나 반성하는 기색이 없었다. 사람들과 만나 이야기할 때면 규룡과 같은 수염을 꿈틀거리며 눈을 들어 똑바로 쳐다봤다. 최염을 참소했던 이들이 다시 그가 불평하는 기색이 여전하다고 일러바쳤다. 조조는 여러 차례 고위 관리를 보내 최염에게 자살을 강요했다. 최염이 목숨을 끊기 전에 말했다.

"조공의 뜻이 여기까지 이르렀는지는 내 미처 몰랐다!"

죽는 날까지 자신이 죽어야 하는 이유를 몰랐으니 최염도 꽤나 자기중심적인 인물이었던 듯하다. 너무 잘난 죄, 상사를 불편·불안하게 한 죄를 짓고도 이를 몰랐으니 말이다.

| 僞 _ 거짓말 | **최염이 조조의 위왕 등극에 반대했다?**

《삼국지연의》에 따르면 조조는 건안21년[216년] 위왕에 올랐다. 만조백관이 조조를 왕위에 추대하려고 하자 상서 최염이 극구 반대했다. 조조가 하옥시키려 하자 최염이 고개를 빳빳이 들고 눈을 부릅뜨며 천자를 속이는 역적이라고 조조를 욕했다. 그러자 조조가 몽둥이로 그를 때려죽이게 했다. 사실과 다르다. 최염은 조조의 위왕 등극에 반대한 적이 없다. 오히려 조조가 왕이 되자 공신의 하나로서 상서로 승진하기까지 했다. 최염이 죽은 것은 조조가 왕위에 오른 후 2년이 지난 건안23년[218년]의 일이다. 최염은 외견상으로는 딱히 죽을죄를 지은 것이 없었다.

고매한 인격자인가, 매명인사인가

   화흠은 고매한 인격자인가, 겉만 그럴듯하게 꾸미고 매명을 일삼는 위선자인가? 여러 사서들에 나타난 화흠의 모습은 도무지 종잡을 수가 없다. 사료에 따라 이것이 과연 한 사람에 대한 이야기인가 의심될 정도로 평가가 엇갈리기 때문이다.

   먼저《삼국지》의 가장 기본이 되는 사서인 진수의《삼국지》에 나온 그의 모습을 살펴보자. 화흠은 청빈한 삶을 살았으며 늘 행실이 신중했다. 윗사람을 충성으로 섬겼고, 아랫사람들에게는 은덕을 베풀었다. 윗사람에게 간언해야 할 일이 있으면 풍간을 통해 은유적으로 표현했을 뿐 직설적으로 논박하지 않았다. 평소에 청빈해 재물과 봉록을 하사받으면 다 친척과 친지들에게 나눠주고 집에는 한 가마니의 곡식도 쌓아놓지 않았다. 한번은 조비가 포로로 잡은 노비들을 대신들에게 하사했는데, 화흠만은 이들을 다 풀어주고 시집 · 장가까지 보내주었다.

   화흠의 훌륭한 행실에 관한 사례는 이외에도 무수히 많다. 이 기록대로라면 그는 참으로 훌륭한 도덕군자였음이 분명하다.

   그런데《조만전曹瞞傳》과《후한서》'복황후전伏皇后傳'에는 화흠의 전혀 다른 모습이 기술돼 있다. 건안19년214년 여름 조조는 케케묵은 사안을 끄집어내어 복황후를 폐위하기로 결정했다. 이때 복황후를 폐출하고 살해한 일에 앞장을 선 사람이 청빈한 군자로 이름 높던 화흠이다. 화흠은 황제가 보는 앞에서 복황후의 머리채를 잡고 궁 밖으로 끌어냈다고 한다. 화흠은 복황후와 그녀의 집안사람들을 다 멸족했다. 이 일은 조조가 헌제의 저항 의지를 꺾기 위해 벌인 일이었다.

고결한 인격자에 덕망 있는 학자와 황후의 머리채를 질질 끌고 나와 살해해버리는 패륜아, 마치 지킬박사와 하이드 같은 모습 아닌가. 너무 놀라운 변신이어서 《조만전》과 《후한서》에 나오는 이 기록을 믿지 않는 사람들도 많다. 그러나 화흠에 관한 상반된 기록들은 다 사실일 것이다. 《삼국지》나 《후한서》가 근거도 없이 이런 기록을 남겼다고 볼 수는 없기 때문이다. 이 모순된 기록들은 화흠의 바른 태도와 행실이 다 본심에서 우러나왔다기보다 명성을 탐해 스스로를 꾸미고 홍보하고자 한 데서 비롯된 것 아닐까 하는 의구심을 자아낸다.

아마도 화흠은 출세를 위해서라면 무슨 일이든지 할 수 있는 사람이었을 것이다. 그의 도덕군자연하는 처신은 출세에 필요한 명성을 얻기 위한 수단이었을 것이다. 이 점을 간파했기에 조조는 당시 악역 담당이었던 어사대부 치려조차도 꺼리는 황후 폐출의 악행을 화흠에게 맡겼을 것이다. 화흠은 매명을 하는 사람이었다. 비록 명망은 높았지만 허울뿐이었고 실질적 능력은 보잘것없었다. 예장과 회계를 손책에게 싱겁게 뺏긴 일만 봐도 큰일을 할 수 없었다는 것을 쉽게 알 수 있다.

어쨌든 화흠은 황후를 폐출하고 황제를 협박하는 악역을 충실히 수행함으로써 본인이 얻고자 했던 높은 지위를 얻을 수 있었다. 그는 치려를 대신해 어사대부가 됐고, 조비 대에 이르러서는 건국공신으로 대접받아 삼공의 지위에 오르고 갖은 영화와 명예를 누렸다.

오늘날 화흠과 같은 사람이 우리 주변에는 없는가. 도덕군자 행세를 하면서 신중하게 처신하고, 좋은 평판을 얻기 위해 노력하지만, 실은 이것이 다 자신의 지위와 명성을 높이기 위한 수단인 그런 사람 말이다.

화흠과 왕랑은 비슷한 연배로서 다 당대의 명사였다. 《세설신어世說新語》 등을 보면 이 두 사람을 비교하는 여러 일화가 전해온다. 이 이야기들에 따르면 당시 사람들은 왕랑보다 화흠을 더 높게 평가했던 것 같다. 그러나 화흠이 손책에게 항복한 과정을 보면 그가 얼마나 겉 다르고 속 다른 사람인지 알 수 있다.

화흠이 예장태수가 돼 오로지 덕치에 의지하니 실제로 영향력이 미치는 곳은 군의 치소 인근 지역뿐이었다. 여러 종적들과 산월족이 잡거하고 있던 여타 지역은 도적과 군소 군벌들이 판을 쳤다. 이 사정을 잘 알고 있던 손책은 굳이 병력을 동원해 무력으로 병합할 필요조차도 없다고 생각했다. 일단 군대를 인근에 주둔시켜 위협을 가하면서 우번을 시켜 화흠을 회유하게 했다. 손책이 그에게 임무를 설명했다.

"화자어華子魚는 스스로 이름이 높다고는 하나 나의 적수가 될 수 없소. 만약 성문을 열고 항복하지 않는다면, 단 한 번 북과 징을 울려 그를 죽일 수 있을 것이오. 경이 먼저 가서 나의 뜻을 제대로 전하도록 하시오."

우번이 바로 가서 화흠을 만났다.

"저는 명부께서 전 회계태수 왕부군과 더불어 중원에서 명성이 으뜸간다고 들었습니다. 비록 동쪽 구석에 처박혀 살고는 있으나 항상 우러러 보고 있었습니다."

화흠이 말했다.

"나는 왕회계만 못하오."

우번이 물었다.

"예장의 물자와 식량, 병기와 장비 및 사민의 용맹과 전투력을 회계군과 비교해보면 어디가 더 낫습니까?"

화흠이 대답했다.

"예장이 많이 부족합니다."

우번이 말했다.

"명부께서 왕회계만 못하다 말하는 것은 겸양이 지나친 것입니다. 그러나 예장 병사의 정예함이 회계만 못하다는 것은 사실대로 존중할 만합니다. 토역장군 손책은 불세출의 지략을 가지고 있으며 병사를 부리는 솜씨가 귀신과 같습니다. 전에 양주목 유우를 패주시키는 것을 제가 직접 보았습니다. 남쪽으로 저희 군을 평정했던 것 또한 제가 이미 본 바와 같습니다. 지금 명부께서는 외로운 성을 지키고자 하나 스스로 물자와 식량이 부족하다는 것을 알고 계십니다. 빨리 계책을 도모하지 않으면 후회해도 소용이 없습니다. 지금 대군이 이미 척구에 이르렀으니 저는 곧 돌아가야만 합니다. 내일 중에 항서를 가지고 찾아오는 자가 없으면 저는 그대와 영영 작별을 고할 수밖에 없습니다."

화흠이 말했다.

"강표에 머문 지 오래되어 항상 북쪽으로 돌아가고 싶었소. 손회계가 오면 나는 곧 떠나겠소."

우번이 돌아가 손책에게 그대로 보고했다.

한편 우번이 돌아가자 화흠은 자신의 공조 유일을 불러들였다. 화흠은 명분을 잃게 될까 염려했다. 겉모습 꾸미기를 중시하는 사람이었다. 유일에게 우번이 한 이야기를 해주고 함께 대책을 의논하자, 유일도 역시 화흠에게 손책에게 항복할 것을 권했다. 화흠이 말했다.

"나는 주상이 임용했고 이미 부절을 쪼개 갖고 있는 국가의 관리요. 지금 경의 계책에 따르면 죽을죄를 짓게 될까 두렵소."

유일이 말했다.

"왕랑도 조정에 의해 임용됐고 또 그때 회계의 병력이 매우 강했습니다. 그럼에도 정상을 참작해 이미 용서를 받았는데 부군께서는 무엇을 염려하십니까?"

유일이 핑곗거리를 만들어줬으므로 화흠은 밤새 항서를 작성했다. 다음 날 날이 밝자 관리에게 항서를 들고 가 손책의 군대를 맞이하게 했다. 화흠은 갈건^{葛巾}에 도포를 입고 성 밖에 나와 손책을 영접했다.

| 僞 _ 거짓말 | 화흠이 조비 승계에 결정적 역할을 했다?

《삼국지연의》에서는 조조가 죽고 그 집단이 우왕좌왕할 때 화흠이 헌제를 협박해 조비를 왕에 봉하는 조서를 받아옴으로써 조비 승계에 결정적 역할을 하는 것으로 나온다. 또 조비가 찬위할 때 화흠이 앞장서서 헌제를 협박해 조비에게 선양하게 한다.《삼국지》는 물론《후한서》등 어느 사서에도 이런 기록이 없다. 단지 조비가 헌제에게 선양받을 때 화흠이 그 의례를 집전했다는 기록만 있을 뿐이다. 오히려 화흠은 시류를 거역하는 시늉을 내기까지 했다. 물론 이름을 의식한 위선이었겠지만 말이다.

평생 절조를 지켜 은거하다

관녕은 난세를 피해 숨어 산 은자이다. 《삼국지》 시대에는 불과 100년도 안 되는 기간 동안 한에서 위, 위에서 진으로 두 번이나 왕조 교체가 일어났다. 무척 혼란스러운 시기였던 것이다. 이러한 난세를 맞아 학문하는 자의 양심이 어떠해야 하는지를 보여준 모범적 사례가 바로 관녕이다.

관녕은 학문을 한 전형적인 사대부였다. 사대부는 관리로서 출사해야만 그 존재 가치를 인정받을 수 있었다. 그런데 《삼국지》 시대는 사대부가 봉사해야 할 대상인 국가 자체가 사라진 때였다. 이러한 상황에서 사대부들은 각자 자신의 생각과 양심에 따라 다양한 행태를 보이게 된다. 어떤 이들은 재빨리 국가를 대신해 군벌들에게 출사했고, 어떤 이들은 난을 피해 이주하거나 유랑했다. 한편 관녕처럼 혼탁한 세상과 타협하지 않고 은거한 이들도 있었다. 새롭게 등장한 실력자들인 군벌들은 알고보면 세상의 혼란을 틈타 권력을 도적질하려는 강도단의 두목에 지나지 않았다. 조정에 나아가봐야 조조의 찬역에 협조하게 될 뿐이었다. 유학의 가르침에 충실한 사람일수록, 또 행동과 양심이 일치하는 사람일수록 은자의 길을 선택하는 경우가 많았다.

젊은 시절 관녕은 왕렬, 병원, 화흠 등과 함께 청주에서 이름난 명사였다. 천하에 대란이 일어나자 청주 지방은 극심한 혼란에 빠졌다. 때마침 공손도가 바다 건너 요동지방을 평정해 안정을 되찾았다는 소식이 전해졌으므로 청주의 많은 사대부들이 요동으로 피난했다. 관녕도 병원과 함께 요동으로 갔는데, 이때 공손도를 만나보고는 그가 흑심을 품고 있다는 것을 알아채고 곧바로 양평성 밖 북쪽 골짜기로 가서 초막을 짓고 살았다. 관녕은 제자들에게 《시경》《서경》 등을 강의하고 살았다.

위나라가 세워지고 조비가 제위에 오른 후 관녕은 37년 만에 가족들을 데리고 고향으로 돌아왔다. 동문수학한 사도 화흠의 천거에 따라 조비가 초청했기 때문이었지만, 위나라 조정에 출사하지는 않았다. 위나라는 관녕의 높은 명망을 이용하고자 했으므로 조비는 물론 그의 뒤를 이은 조예, 조방도 계속해서 그를 조정에 불렀다. 관녕은 번번이 늙고 병들었음을 이유로 취임을 고사했고, 그때마다 관직도 높아졌다. 나중에는 일국의 총리급인 태위에 임명됐으나 관녕은 관직에 나아가지 않았다.

관녕의 이러한 태도에 의심을 품은 조예는 청주자사 정희에게 명령해 관녕의 동태를 조사·보고하라고 했다. 그런데 이때 정희의 보고 내용이 재미있다.

"관녕은 아직은 혼자 거동할 정도로 건강합니다. 신이 볼 때, 관녕이 계속해서 사양하는 이유는 홀로 오래 숨어 살았고, 나이가 들고 지력이 쇠해 스스로 벼슬을 감당할 수 없어 그러는 것입니다."

정확한 표현일 것이다. 실제로 관녕도 자신이 중책을 감당할 능력이 없음을 알고 있었을 것이다. 그는 끝까지 숨어 살다가 여든넷 나이에 죽었다. 관녕의 처신은 진정한 지식인이라면 어떻게 행동해야 할지 다시금 돌이켜 생각해보게 한다. 우리 주변을 돌아보면 출세를 위해 줄을 대고 곡학아세하는 학자나 지식인들이 얼마나 많은가. 또 양심을 저버리고 권력과 지위만을 좇다가 패가망신하는 이들이 얼마나 많은가. 스스로의 한계를 정확히 알고 지조와 양심을 지키는 것이야말로 학문하는 자의 바람직한 자세가 아닐까?

젊은 시절 관녕은 화흠 및 병원과 함께 명망 높은 대학자인 진식에게서 수학했다. 세 사람은 사이가 좋아 항상 붙어 다녔으므로 당시 사람들이 이 셋을 일컬어 '한 마리 용'이라 불렀다. 화흠이 용의 머리이고, 병원은 용의 배, 관녕은 용의 꼬리라는 것이었다. 화흠이 가장 뛰어나다는 평판을 얻었던 셈이다.

그러나 이는 겉으로 꾸미길 잘하는 화흠에게 당시 사람들이 현혹됐기 때문일 것이다. 화흠은 관녕, 병원에게 있었던 소위 진정성이 없었다. 《세설신어》 등 동시대 사람들이 기록한 일화를 살펴봐도 화흠은 겉 다르고 속 다른 가식적인 면이 있었다.

화흠이 병원, 관녕과 함께 공부하던 시절의 일이다. 한번은 셋이 채마밭에서 호미질을 하고 있었는데 돌멩이들 사이에서 금덩이가 하나가 나왔다. 비록 흙투성이였지만 노다지였다. 관녕은 그것이 돌덩이인지 금덩이인지 모르고 그냥 지나갔다. 병원은 돌멩이를 고르다가 금덩이를 발견했지만 관심을 갖지 않았다. 마지막으로 화흠은 이 금덩이를 집어 들고 이리저리 살펴보다가 멀리 던져버렸다고 한다. 세 사람의 물욕을 풍자한 이야기이리라.

또 한번은 관녕과 화흠이 둘이서만 집 안에서 공부를 하고 있었다. 그때 갑자기 밖에서 풍악이 울렸다. 효렴으로 천거돼 명예로운 관직을 하사받고 금의환향하는 관리의 행차였다. 관녕은 음악 소리를 듣지 못한 채 공부를 계속했지만, 화흠은 책을 던져버리고 길에 나가 한참 동안 행렬을 구경하다 돌아왔다. 나중에 이 사실을 안 관녕은 점차 화흠을 멀리하기 시작했다고 한다.

이 두 일화를 보면 화흠이 비록 겉으로는 당시 도덕과 품평 기준에 따라 관인군자 행세를 열심히 했지만, 마음속으로는 출세와 영달을 꿈꾸던 사람임을 알 수 있다. 도덕적이고 윤리적인 행태와 남의 모범이 되는 몸가짐은 명성을 얻고 출세를 하기 위한 하나의 포장이었을 뿐이다. 이에 비해 관녕은 오로지 자신을 수양하고 학문을 닦는 일에만 힘썼다. 그의 생애가 이를 증명한다.

당시 관녕 이외에도 혼탁한 세상과 타협하지 않고 숨어 산 은자들이 있었다. 관녕과 함께 요동으로 망명했던 왕렬, 형주에서 후학들을 가르친 수경선생 사마휘, 제갈량의 장인 황승언, 방통의 집안 어른인 방덕공 등이 다 그런 사람이었다. 왕렬은 심지어 공손도의 초빙을 피하기 위해 시장에서 장사를 해 먹고살면서 스스로 이름을 더럽혔다고 한다.

| 僞 _ 거짓말 | 《삼국지연의》에 은자들이 등장하지 않는 까닭

《삼국지연의》에는 주로 어린아이들이나 좋아할 싸움 이야기나 남을 속이는 술책들이 많이 나온다. 당연히 절개와 지조를 지키며 숨어 산 은자들의 이야기는 거의 나오지 않는다. 관녕은 화흠이 복황후를 끌어내는 장면에서 그와 화흠을 비교한 《세설신어》의 기사가 잠깐 인용될 뿐이다. 《삼국지연의》에 비교적 멋있게 등장하는 은자는 수경선생 사마휘뿐이다. 그것도 그가 제갈량을 유비에게 소개하지 않았더라면 다뤄지지 않았을 것이다. 과연 권력 투쟁의 한복판에 뛰어들어 치고받는 일에 기여한 사람만이 역사의 주역이라 할 수 있을까?

전주
田疇

절의를 내세워 조조에게 맞서다

전주는 참으로 독특한 인물이다. 그는 독서인이었지만 유학자는 아니었다. 평생 의리와 지조를 지키려 노력했으며 검술에도 능했다는 것을 보면 의협한 인물이었다.

산동에서 반군이 일어나자 유주는 조정과 연락이 두절됐다. 유주목 유우는 조정에 보낼 사자를 엄선했다. 그때 나이 스물둘의 전주가 선발됐다. 전주는 자신의 심복 20여 명만을 데리고 북방 초원을 돌아 장안을 향해 갔다. 도처에 반군과 도적이 일어나 통행이 어려웠기 때문이다. 조정에서 험한 길을 뚫고 온 전주의 공을 치하해 벼슬을 내렸으나 그는 사양하고 유주로 돌아왔다. 유우에 대한 의리를 지키기 위함이었다. 그런데 그가 돌아왔을 때 유우는 이미 피살됐고 유주는 공손찬의 천하가 됐다. 전주는 유우의 묘를 찾아가 곡을 하고 조정에 갔다 온 결과를 보고했다. 공손찬이 전주를 잡아들여 죽이려 했으나, 많은 사람들이 의리의 사나이인 전주를 죽였다가는 민심이 떠날 것이라고 경고하는 바람에 할 수 없이 놔주었다.

전주는 고향인 우북평군 무종현으로 돌아와 집안사람들과 그를 따르던 사람들을 모아놓고 맹서했다.

"주군에 대한 원수를 갚지 못했으니 어찌 세상에 얼굴을 내놓을 수 있겠는가!"

　그는 자신을 따르는 사람들을 수백 명 이끌고 서무산(徐無山) 깊은 계곡으로 숨어들었다. 전주는 평탄한 지형을 골라 농사를 지으며 자급자족했다. 소문을 듣고 찾아온 사람이 모여 5천여 호나 됐다. 전주는 원로들과 협의해 일종의 정치적 공동체를 만들고 공동규약을 제정했다.

　서무산 공동체가 자리를 잡자 원소와 그 뒤를 이은 원상이 전주를 회유했으나 그는 일절 응하지 않았다. 한번은 오환족이 유주를 침입해 우북평군의 고관과 명사들을 살해한 일이 있었다. 전주는 복수하려는 뜻이 있었으나 힘이 미치지 못하는 것을 늘 한탄했다.

　때마침 조조가 오환족 정벌에 나서면서 전주를 초빙했다. 전주가 곧바로 길을 떠나 조조를 찾아갔다. 전주는 조조를 만나 오환족 정벌의 길잡이가 되겠다고 자청했다. 전주는 서무산에 오래 거주했으므로 인근 지리를 손바닥 훑듯 소상히 파악하고 있었다. 전주의 도움으로 조조는 지름길을 이용해 유성을 급습함으로써 오환족을 대파했다.

　조조는 전주의 공로를 포상하고자 그를 열후에 봉하고 식읍 5백 호를 하사했다. 전주는 이를 사양하고 받지 않았을뿐더러 특별히 하사해준 재물도 다 친척과 지인들에게 나눠주었다. 당시의 법에 따르면 조정에서 하사한 관직이나 작위를 거절한 자는 처벌하게 돼 있었다.

　"한 사람의 뜻을 이루기 위해 나라의 법제를 훼손할 수 없다."

　조조가 네 차례나 그를 열후에 봉하려고 했지만 전주는 자신의 뜻을 꺾지 않았다. 전주는 처음부터 조조에게 봉사할 생각이 없었다. 그가 조조의 부름에 응한 것은 단지 조조의 힘을 빌려 오환족에게 복수하려 했기 때문이다. 조조는 전주의 뜻을 꺾음으로써 절의를 내세우며 출사하지 않으려는 자들에게 본보기를 삼으려 했으나, 전주가 끝까지 버티는 바람에 하는 수 없이 포기하고 말았다. 전주는 처음부터 목숨을 버릴지언정 혼탁한 세상과 타협할 생각이 눈곱만큼도 없었다.

| 역사의 裏面 | **보호협회 성격을 띤 서무산 공동체**

 전주가 서무산에 들어가 은거하자 많은 사람들이 그를 따라 입산했다. 그를 따르는 무리가 많아지자 상호 간에 분쟁이 자주 발생해 질서 유지가 필요하게 됐다. 전주는 여러 집단의 장로들을 소집해 규약을 정하고 자신이 맹주로 추대되어 이 규약을 집행하는 책임을 맡았다. 일종의 민주적 공동체 사회가 성립한 것이다.

 전주의 서무산 공동체는 자발적으로 조직하고 협의에 따라 규약을 제정하는 등 그 의사결정이 민주적이었다. 당시 분위기로 볼 때 참 특이한 사례였다. 그럼 서무산 공동체의 본질은 무엇이었을까? 전주의 서무산 공동체는 국가가 무너졌을 때 나타나는 지역강도단, 이른바 군벌이나 무장세력과는 성격이 좀 다르다. 강도단보다는 로버트 노직^{Robert Nozick}이 말한 '보호협회'적 성격이 강했다.

 사회계약설에서는 국가가 성립하기 이전의 상태를 '자연상태'라고 부른다. 자연상태에서 개인은 스스로 생명과 안전, 재산을 지킬 수 없다. 노직에 따르면 이 상황에 처한 사람들은 보호협회를 조직하고 협회에 가입하는 사람들에게 일정한 보호를 제공하는 대신 회비를 받게 된다고 한다. 보호협회들이 상호 경쟁해 하나의 공동체 내에 하나의 보호협회가 성립되면 그것이 바로 국가라는 것이다.

 노직의 보호협회론은 '성선설'에 기초한 것이다. 이는 '성악설'에 기반한 필자의 국가강도론과 다르나 국가의 근본 구성원리는 같다. 노직은 자연상태에서 사람들이 안전을 구하기 위해 선의로 자율적인 협회를 조직할 것이라고 본 반면, 필자는 법과 제재가 존재하지 않는 상황에서 사람들은 타인을 약탈하고 강취하기 위해 강도단을 구성할 것이라고 본 것이다.

 《삼국지》에서 천하대란 이후의 상황을 보면 기존 국가가 붕괴하고 일종의 자연상태로 돌아가자 사람들은 향촌과 씨족을 기반으로 무장한 채 서로 약탈했다. 이들이 바로 향당과 종적이며, 그 후에 성립된 군벌연합 체제의 가장 기본 단위가 됐다. 이들은 타인의 침탈로부터 스스로를 보호하기 위해 조직됐다는 점에서 보호협회적인 면도 없지 않았지만, 그 운영의 비민주성·반인권성과 이익 극대화를 위해 기회만 생기면 서로 약탈하고 공격했다는 점에서 지역강도단에 더 가까웠다. 한마디로 난세에는 보호협회보다 지역강도단이 훨씬 더 설득력 있다. 이런 점에 있어서 전주의 서무산 공동체는 확실히 이례적 현상이었다.

| 僞 _ 거짓말 | 너무나 짤막해 거짓말이랄 것도 없는

전주는 《삼국지연의》에서 워낙 짤막하게 언급돼 있어 그에 대한 거짓말이라고 할 만한 것도 없다. 굳이 지적한다면 전주를 원소의 장수 출신이라고 기술한 정도랄까.

전주가 서무산 공동체를 운영할 때 그와 함께 협력한 사람들도 역시 의리와 절개를 중시하는 경향이 있었다. 그중 형옹이란 사람이 있었다. 그는 효렴으로 천거돼 사도부의 초빙을 받았으나 사양하고 서무산에 들어가 전주를 도왔다. 형옹은 후일 조조를 따랐다. 형옹은 행실이 발라 '덕행당당형자앙德行堂堂邢子昻'이라는 별명을 얻었다.

허정

許靖

난세를 만나 천하를 유랑하다

세상이 어지러워지자 학문하던 선비들은 제 한 몸 지키기도 어려워졌다. 많은 사대부들이 가족 또는 친구들과 함께 보다 안전한 곳으로 피난했다. 어떤 사람은 난을 피해 이리저리 떠돌아다니기도 했다. 온갖 고난을 겪으며 유랑 생활을 한 가장 대표적인 인물이 허정이다.

젊은 시절 허정은 사촌동생 허소와 함께 '여남월단평'을 했던 유명한 인물 품평가였다. 허정은 출사가 비교적 늦었다. 하는 수 없이 방앗간을 운영하며 생계를 유지한 적도 있었다 한다. 그는 동탁이 집권한 후 상서랑이 돼 인사를 담당했다. 당시 그의 상관은 이부상서 주비였다. 주비가 오경 등과 의논해 한복, 유대, 장자, 공주, 장막 등을 지방관으로 내보내 동탁에 대한 반기를 들게 했을 때 그 실무를 담당한 이가 바로 허정이었다. 동탁이 주비를 죽여버리자 생명의 위협을 느낀 허정은 관동으로 도망쳤다. 이때부터 그의 기나긴 유랑 생활이 시작됐다.

허정은 처음에 예주로 가 예주자사 공주에게 의탁했으나 얼마 지나지 않아 공주가 패망했다. 허정은 다시 양주로 달아나 양주자사 진의에게 의지했다. 또다시 진의가 죽자 오군도위 허공의 보호를 받았다. 손책이 강동을 침공해 허공을 죽이자 허정은 다시 회계태수 왕랑에게 달아났다. 허정은 왕랑과 친분이 있었으므로 그의 보호를 받았다. 이때 허정은 친족들은 물론 동향 출신들을 거둬들여 생계를 보살펴줬으므로 많은 사람들이 그를 따랐다. 왕랑이 손책에게 패해 바다로 도망치자 허정도 그를 따르는 백여 명의 무리들과 일엽편주에 몸을 싣고 망망대해로 나아갔다. 이때 겪은 고생은 그가 조조에게 보낸 편지에 생생히 묘사돼 있다.

"도중에 민, 월을 지나며 만 리 길을 갔는데 한나라 땅은 보이지 않고 풍파에 표류했습니다. 식량이 떨어져 풀을 먹었으며 굶어 죽은 자가 태반이었습니다. (…) 남해에서 형주로 북상하고자 하였으나 창오군의 여러 이족과 월족이 봉기해 노약자들이 몰살을 당했습니다. 저 허정은 바닷가를 따라 오천 리를 더 달아났는데 도중에 전염병이 돌아 큰어머께서 운명하셨고, 함께 따르던 사람들과 처자식들이 거의 다 죽었습니다. 다시 서로 돕고 의지하며 교지군에 도착했는데, 그동안 살해당하거나 병으로 죽은 자가 많아 남은 사람은 열에 한둘뿐이었습니다. 살아남은 사람들의 고생과 고통을 어찌 이루 말할 수 있겠습니까."

인근 주로 이주해 비교적 쉽게 자리를 잡았던 다른 사람들에 비해 허정은 지독하게도 운이 없는 편이었다. 그러나 그 외에도 당시 이처럼 모진 고통을 겪은 사람들이 무수히 많았으리라.

허정은 교지군에 이르러서야 태수 사섭의 따뜻한 대접을 받을 수 있었다. 그러나 허정은 익주를 거쳐 천자가 있는 조정으로 돌아가고자 했다. 어렵게 알아본 끝에 허정은 유장의 초청을 받아 익주로 들어갈 수 있었다. 유장은 그를 파군태수, 광한태수를 거쳐 촉군태수에 임명했다.

유비가 촉에 입성한 후 그를 중용했다. 허정의 마음은 조정에 있었기에 유비에게 진심으로 충성하지는 않았다. 오로지 익주의 사대부들 사이에서 높은 존경을 받던 그의 명망을 이용하려던 유비의 의도에 맞춰 조심스럽게 처신할 수밖에 없었다. 허정은 나이가 일흔이 넘었지만 후배들을 아끼고 사랑하며 함께 청담을 논하기를 즐겨 했다. 제갈량을 포함한 익주의 사대부들이 모두 그를 존경했다.

유비가 성도를 포위했을 때, 허정은 촉군태수로 있었다. 익주의 수도였던 성도가 촉군의 한 현이었으므로 허정의 위치는 서울시장과 경기도지사를 합친 정도의 요직이었다. 허정은 나이가 이미 일흔이었지만 죽는 것이 두려웠나 보다. 하긴 어떻게 살아왔던 인생이던가. 구차한 목숨 하나 지켜보고자 5천 리 바닷길을 헤치고 이역만리를 떠돌아다니다 간신히 얻은 안온한 삶이 아니던가. 성의 함락이 임박했음을 누구나 감지할 수 있게 됐을 때 수도 방위의 책임을 지고 있던 허정은 몰래 성을 빠져나와 유비에게 항복하려 했다. 하지만 이 계획은 유장의 부하들에게 들키는 바람에 수포로 돌아갔다. 유장은 이미 유비에게 항복할 마음을 굳힌 상태였기 때문에 허정의 배반 행위를 문제 삼지 않았다.

유비는 익주를 장악한 후 널리 명사들을 초빙하고 인재들을 발굴해 적재적소에 기용했다. 허정은 익주의 선비들에게 가장 존경받는 인사였으므로 많은 사람들이 그를 중용할 것을 추천했다. 제갈량도 그중 한 사람이었을 것이다. 유비는 허정이 비겁하게도 성도의 함락이 임박하자 항복하려 했다는 말을 들었기 때문에 내심 그를 경멸했다. 유비가 허정을 박대하고 등용하지 않자 법정이 유비를 설득했다.

"세상에는 헛되이 명성이 높으나 실질이 없는 자들이 있습니다. 허정이 바로 그런 사람입니다. 그러나 주공께서는 이제 막 대업을 창업하셨으므로 천하 사람들의 중론을 무시할 수는 없습니다. 허정의 헛된 명성이 온 세상에 널리 퍼져 있으므로 만약에 그를 예우하지 않는다면 세상 사람들은 주공께서 어진 사람을 천시한다고 말할 것입니다. 세상 사람들을 현혹시키려면 오히려 그를 더욱 존경하고 귀하게 대우하는 척해야 합니다."

유비는 법정의 말에 따라 허정을 자신의 비서실장 격인 좌장군장사로 삼았다. 유비가 허정을 영입하자 그때까지 유비에게 의심스런 눈길을 보내던 익주의 이름난 선비들이 자연스럽게 유비 진영에 합류하기 시작했다. 허정과 같이 명성은 높으나 실질이 없는 사람도 소용이 있다는 점을 보여주는 사례다. 소위 정권의 정통성을 보강해주는 역할이다.

허정은 이런 까닭에 유비 정권에서 매우 극진한 대우를 받았다. 유비가 한중왕이 되자 허정은 태부가 돼 국가 원로 대접을 받았으며, 제위에 오른 후에는 사도가 돼 삼공의 반열에 올랐다.

| 僞 _ 거짓말 | **유장과 얽힌 일화**

《삼국지연의》에는 허정이 유비에게 항복했다는 소식을 듣고 유장이 혼절하는 이야기가 나온다. 딱 한 줄 간략하게 기술돼 있을 뿐인데, 허정의 시도가 실패했으니 사실과도 맞지 않는다. 이외에도 유장이 유비에게 항복하는 대목에서 엉터리 같은 기사들이 적지 않다. 예를 들면 동화가 유장에게 항복을 만류하는 장면이 나오는데, 사실 이때 동화는 성도에 없었다. 또 초주가 동화의 말에 따라 하늘의 뜻을 들어가며 반박하는데, 초주는 훨씬 후대 사람으로 유장과는 아무런 관련이 없는 인물이다.

5장

삼국 정립의 의의

합종연횡

천하대란이 일어나자 중국은 사실상 3개 세력권으로 재편됐다. 황제와 조정을 납치해 관중으로 들어간 동탁 세력, 하북 반군의 맹주 원소, 그리고 황하 이남의 여러 군소군벌 집단들의 연합체가 추대한 원술이 바로 3대 세력이었다. 천하대란의 발단은 동탁이 쿠데타를 통해 집권한 데 이어 소제少帝를 폐립한 것에서 시작됐다. 관동의 주군과 의병들이 동탁의 전횡에 반발해 일제히 봉기하자 중국은 동탁의 조정과 산동의 반군 양대 세력으로 재편됐다. 그런데 이 구도는 그리 오래가지 않았다. 반군의 공세에 밀린 동탁이 황제를 끼고 장안으로 들어가자 닭 쫓던 개 꼴이 된 반군들은 저마다 독자 세력을 확보하느라 상호쟁투하기 시작했다. 이들은 서로 연합하거나 세력이 강한 측에 붙어 스스로를 보호하고자 했다.

산동반군의 중심은 사세오공四世五公의 관록을 자랑하는 원씨 집안이었다. 동탁이 원외, 원봉을 비롯한 원씨 집안을 몰살시킨 것에 격분한 이 집안 문생고리 출신의 지방관들이 반군의 주력이었던 것이다. 이들은 저마다 원씨를 위해 복수하고 나라를 바로잡는 것을 '모토'로 삼았다. 당연히 원씨 집안을 대표할 만한 누군가가 반군 총수로 추대돼야 했다. 그런데 문제는 가장 유력한 후보자가 두 명이었고, 이 둘 사이에는 복잡한 가족 관계로 인한 깊은 반목이 있었다는 데 있다. 한 사람은 원소였고, 다른 한 사람은 원술이었다. 원소는 원씨 집안의 적장자로 젊어서부터 후계자 대접을 받았지만, 사실은 원술의 부친이 첩에게서 낳은 서자였다. 백부인 원성이 젊은 나이에 후사 없이 죽자 사후 입양돼 적장자의 위치를 얻게 됐을 뿐이다. 원술은 이를 인정하지 않았다. 그는 원소를 '종년의 자식'이라 멸시하며 자신이야말로 원씨 집안을 대표할 유일한 후계자라 자처했다. 원소는 황하 이북의 기주에 자리를 잡고, 원술은 황하 이남의 남양에 근거지를 마련했다. 이렇게 되자 황하 이북의 반군과 호걸들은 다 원소를 맹주로 추대해 그의 지휘를 따랐고, 황하 이남의 여러 세력들은 모두 원술을 중심으로 뭉쳤다. 처음에는 원술의 세력이 무척 외로웠으나 강동의 호랑이 손견이 그와 연합하면서 원소 못지않은 호대한 세력을 구축하게 됐다. 여기에서 '하북의 원소, 하남의 원술'이란 말이 생겨났다. 양자의 세력이 대등했기에 조정에서는 반군의 중심이 누구인지 갈피를 잡지 못할 정도였다. 이로써 3대 세력이 정립되기에 이르렀다. 동탁은 황제를 낀 채_협 천하를 호령했고, 원소는 이에 대항해 새로운 황제를 세우려고_{신립} 했으며, 원술은 스스로 황제가 되고자_{자립} 했다.

　동탁이 왕윤과 여포의 손에 죽자 관중은 곧 혼란에 빠졌다. 조정의 권력을 장악한 이각, 곽사 등은 일개 장교 출신들로서 국가를 운영할 기본적 자질이 없었기 때문이다. 이들은 헌제가 관동으로 탈출한 후 완전히 구심력을 잃은 채 서로 치고받고 싸우면서 서서히 역사의 뒤안길로 사라졌다. 관동의 상황은 훨씬 복잡했다. 갑자기 군벌화한 여러 세력들은 스스로의 생존을 위해 또는 이익 극대화를 위해 서로 합종연횡하기 시작했는데, 그 양대 축은 물론 원소와 원술이었다. 원술은 원소를 견제하기 위해 북방의 공손찬을 끌어들였고, 원소는 공손찬과 싸우는 동안 남방의 원술을 방어하기 위해 연주목 유대와 그의 뒤를 이은 조조를 후원해줬다. 여기에 서주의 도겸이 원술 측에 가담함으로써 관동은 크게 '원소-조조' 연합과 '원술-공손찬-도겸' 동맹 간의 세력 대결장이 됐다.

관도대전과 적벽대전

관도대전은 중원의 패권을 결정한 중대한 전환점이었다. 원소-조조 연합은 원소가 공손찬을 멸하고 조조가 원술을 제거함으로써 최종 승자가 됐다. 이제 중원을 제패할 실력자는 원소와 조조 두 사람만 남았으니 양자 간의 대결은 피할 수 없는 운명이었다.

원래 조조는 원소의 객장 출신이었다. 조조가 연주를 차지하고 원술, 여포, 도겸과 싸우면서 위기 상황에 처할 때마다 병력과 물자를 지원해 줘 재기를 도운 것이 원소였다. 두 사람 간의 관계는 주종관계였지 대등한 관계가 아니었다. 세력도 북방의 4대 주를 차지한 원소가 이제 막 연주와 예주에 세력을 마련한 조조에 비해 훨씬 강했다. 그런데 조조가 관중에서 탈출해 나온 한나라의 황제 헌제를 옹립하면서 상황은 일거에 역전됐다. 조조가 황제의 권위를 빌려 원소에게 지시를 할 수 있게 된 것이다. 양자 간에 중원의 패권을 놓고 쟁패를 벌인 것이 바로 관도대전이다. 관도대전의 승리로 중원의 패권은 조조에게 돌아갔다. 보통 이때까지의 중국 역사는 중원의 패권이 곧 중국의 패권이었다. 그런데 예상치도 못했던 변수가 생겼다. 중원 쟁패 과정에서 조연에 머물러 있던 유비가 장강 이남의 변방에 세력을 구축한 손권과 손을 잡고 적벽에서 조조의 천하통일을 저지한 것이다. 이로써 삼국정립의 단초가 마련됐다.

그런데 유비가 손권과 손을 잡고 조조의 천하통일을 저지한 일이 과연잘한 일일까? 오늘날의 촉한정통론자나 후한의 중흥을 간절히 바랐던 당대 지배계층 사인의 시각에선 당연히 잘한 일이고 자다가도 벌떡 일어날 쾌거일 것이다. 적벽대전과 관련된 수많은 일화, 야사, 문학이 창작되고 시중에 널리 유포되는 이유다. 그러나 당시 계속되는 전란으로 고통받고 위협받던 민중의 관점에서도 과연 그러한 것일까? 황건적의 난이 일어난 해가 서기 184년이다. 관도대전에 이어 조조가 원소의 근거지였던 업성을 함락시킨 것이 204년이다. 유비와 손권이 유표처럼 대세에 순순히 따랐더라면 천하통일은 훨씬 앞당겨졌을 것이고, 백성의 생존을 극단적 위협으로 몰아넣었던 천하대란은 금세 종식됐을 것이다. 이로써 국가는 다시 하나로 통일되고, 백성들의 삶은 차차 안정돼갔을 것이 분명하다. 그런데 유비가 이를 저지함으로써 삼국이 분열됐고, 이들 간의 서로 먹고 먹히는 싸움이 이후로도 80년 가까이 더 진행됐다. 지속적 전란상 태에 빠진 삼국은 모든 자원을 총동원해 싸우는 총력전 태세로 들어갔다. 이 기간 동안 백성들의 고통은 이루 말할 수 없었다. 수많은 전선에서 무수히 죽어 나간 것은 강제 징집된 백성들이었고, 전쟁 물자를 대느라 가혹한 착취와 수탈을 당한 것도 후방에 남아 있던 백성들이었다. 장기간 지속되는 전시동원 체제하에서 백성들은 심지어 정상적인 가정생활조차 영위하지 못하는 경우가 많았다. 대부분의 백성들이 병사로 징집돼 언제 끝날지 모르는 병영생활을 계속해야만 했기 때문이다. 결국 천하는 조조, 유비, 손권 그 누구의 후손도 아닌 사마염의 진나라에 의해 통일됐다.

100년간의 투쟁, 적벽대전 이후에 연장된 70년간의 투쟁이 과연 누구와 무엇을 위한 것이었던가. 한나라는 실정을 저질러 스스로 망한 왕조였다. 한나라를 중흥한다는 것은 지난 수백 년간 한나라의 국록을 먹고 산 지배계층인 사인계급 입장에서는 의리상 당연한 일이었을 수도 있다. 그러나 국가로서의 기본적 기능도 수행하지 못해 자멸한 나라와 왕조를 되살린다는 것이 국가로부터 아무런 보호도 받지 못한 채 무한 수탈당하던 백성들의 시각에서 본다면 아무런 의미가 없는 일이었다. 따라서 적벽대전 이후의 길고 지리한 전쟁은 결국 세상의 권력을 독점해보겠다는, 그래서 이를 제 후손들에게 물려주겠다는 추악한 야심가들의 사적 욕망을 충족시키기 위한 싸움에 불과했던 것이다. 어느 누구에게도 정통성이 있다고 할 아무런 근거가 없다.

촉한정통론에서 정통으로 인정하는 유비라는 사람 역시 알고 보면 황실의 구성원도 아니었다. 전한 효경제의 먼 후손이라 자칭하지만 세계世系도 불분명하고 후한 황실과는 촌수도 셀 수 없을 정도로 먼 사이였다. 그는 원래 변방에서 이권에나 개입하던 조폭 출신으로, 천하가 혼란해진 틈을 타 천자가 되겠다는 사적 야망에서 시작한 사람이었다. 적벽대전 이전까지는 조정에 대한 충성심이라고는 눈곱만큼도 없었던 공손찬의 말장으로 시작해 도겸, 원소, 유표로 주인을 바꿔가면서 오로지 자신의 주체할 수 없는 욕망을 실현시켜보고자 여기저기 떠돌던 객장 출신이었다. 그런 그에게 무슨 정통성이 있으며 후한 왕조를 계승할 자격이 있단 말인가. 또 설사 있다 한들 그것이 민중의 기나긴 고통과 바꿀 만한 가치가 있었던 것일까.

삼국정립 후의 변화

적벽대전 직후 바로 삼국이 성립된 것은 아니다. 400년간 지속된 한나라를 멸하고 새로운 나라를 세우는 것은 쉬운 일이 아니다. 사람들의 마음속에서 한나라의 영광이 지워지는 데는 상당한 시일이 필요했다. 220년을 전후해 위, 촉, 오 삼국이 세워지고 중국은 3개 나라로 분열된다.

삼국의 정립은 그간의 정세에 많은 변화를 가져왔다. 삼국이 정립됐다는 것은 지역강도단 간의 쟁패구도가 국가강도단 간의 대립으로 바뀌었다는 것을 의미한다. 위, 촉, 오 세 나라는 각기 독립적인 별개의 국가였다. 지역강도단에서 국가강도단으로 단계가 업그레이드된 것이다. 지금까지의 싸움이 내전이었다면 이후로는 국가 간의 전쟁이 된 것이다. 내부적으로 주군과 부하 사이의 관계에도 큰 변화가 생겼다. 이전까지는 군벌연합체의 구성원으로서 상하관계와 주종관계를 이루긴 했어도 기본적으로는 상호 대등한 계약관계였다. 상황과 시류에 따라 계약관계를 청산하고 다른 세력과 새로운 주종관계를 설정해도 도덕적으로는 비난의 대상이 되지 않았다. 삼국이 정립되면서 각국 내부에서는 주종관계가 군신관계로 바뀌었다. 당시의 지배적 사상인 유가, 법가, 도가 어느 학문에서도 군신 간의 의리와 충성을 강조하지 않는 경우는 없었다. 이제 군신 간의 의리를 배반하는 것은 반역이자 변절로서 엄중한 도덕적 비난을 피할 수 없게 된 것이다. 따라서 반란이나 배반은 더욱 어려워졌고, 삼국은 적어도 내부적으로는 서서히 안정을 되찾게 됐다.

이는 백성들의 입장에서도 상당히 바람직한 변화였다. 적어도 국내적으로는 사회가 안정됐기 때문이다. 백성들은 각각의 국가체제 내에서 안심하고 생업에 종사할 수 있게 됐고, 확대재생산이 가능해졌다. 극도의 혼란 속에서 격감됐던 인구가 회복되고 경제도 되살아나기 시작했다. 그러나 완전한 평화는 아니었다. 이 세 나라가 서로 정통임을 자처하면서 끊임없이 상대방을 병합하고자 전쟁을 일으켰기 때문이다. 이릉대전과 제갈량의 북벌, 수차례에 걸친 조비의 남정, 손권의 반격에 따른 합비대전 등이 다 이런 맥락에서 이뤄졌다. 다 부질없는 일이었으나, 이 과정에서 백성들은 계속 고통을 겪어야만 했다. 전장에서 희생되고 후방에서 물자를 조달하는 일은 다 백성들의 몫이었다. 결국 세상은 전쟁을 종식시켜 백성들의 고통을 덜어줄 대안을 찾게 됐다. 인민의 고락이 정통성의 근거가 될 수밖에 없었고, 이 일에 가장 성공한 자가 새로운 통일국가를 건립하게 된다. 이것이 사마씨의 진나라다.

그는 과연 만고의 충신이었나

제갈량은 권신이었다. 그의 권력은 황제를 능가했다. 촉나라의 모든 일은 그의 수중에서 처리됐다. 오죽하면 후주 유선이 이렇게 말했을까.

"정무는 갈씨葛氏 보고 하라 하고, 과인은 제사나 지내겠소."

유선 역시 이러한 상황을 달가워하지 않았다. 그가 제갈량의 사후 사당을 설치하는 문제에 대해 유독 인색하게 굴었던 까닭이 여기에 있다. 유선은 어쩔 수 없이 제갈량의 권력 독점을 방관했을 뿐이다.

제갈량이 국가의 권력을 독점하게 된 것은 단지 재능이 부족했던 유선이 국사를 돌보지 않았기 때문만은 아니었다. 제갈량이 치열한 권력 투쟁을 통해 경쟁자들을 제거했기 때문이다.

제갈량은 권력욕이 매우 강했다. 그는 함께 탁고託孤를 받았던 이엄을 숙청했고, 팽양과 요립 등 잠재적인 경쟁 상대들을 하나하나 제거해 나갔다. 집요한 공작의 산물이었다. 자신이 제어하기 어려웠던 관우나 유봉이 죽게 내버려 둔 것도 이와 같은 맥락으로 볼 수 있다.

이처럼 권력에 대한 독점욕이 강했던 제갈량이 군국의 대권을 장악하게 됐을 때, 그 결과는 걱정스럽지 않을 수 없었다. 유비 역시 이러한 상황의 도래를 심히 우려했다.

사실은 저 유명한 '탁고 사건'도 이러한 유비의 걱정과 염려 속에서 발생한 것이다. 《삼국지》의 저자인 진수를 포함해 후세의 학자들은 탁고 사건을 '진실로 가장 모범적인 군신 간의 관계를 보여준 것'으로 칭송한 다. 탁고의 장면으로 다시 돌아가보면 전혀 사실이 아님을 알 수 있다.

죽음이 임박한 유비가 제갈량을 백제성으로 불러 이렇게 말했다.

"그대의 재능은 조비보다 열 배나 나으니 반드시 나라를 안정시킬 수 있을 것이고, 종국에는 천하대사를 바로잡을 수 있을 것이오. 만약 내 후 사를 이을 자식이 도울 만하다면 도와주시오. 만약 그가 재능이 없다면 그대가 스스로 내 자리를 취해도 좋소!"

이 말을 들은 제갈량은 땀에 온몸이 젖도록 이마를 땅에 찧어 피를 흘 려가며 유선에 대한 충성을 맹서했다. 이것이 서로 두 마음을 품지 않고 국가와 자손의 장래를 전적으로 맡긴 장면으로 이해되는가?

애당초 유비는 자신의 사후 제갈량에게 권력을 독점시킬 생각이 없었 다. 유비는 제갈량에게 필적할 만한 재능을 지닌 인물인 유파에게 권력 을 분점시켜 상호 견제와 균형을 이루게 하고자 했다. 불행히도 유파는 유비 사망 직전에 죽었다. 유비는 어쩔 수 없이 이엄에게 그 역할을 맡겼 으나 그는 재능이 부족했다. 이 상황에서 유비는 제갈량에게 마지막으로 어린 군주에 대한 충성의 다짐을 받아둘 필요가 있었다. 이것이 탁고의 본질이다.

이엄은 역시 제대로 임무를 수행하지 못했고 결국은 책을 잡혀 제갈량 에게 숙청당했다. 이로써 촉나라 조정에는 아무도 제갈량의 권력 독점을 막을 수 있는 자가 없게 됐다. 이는 유비의 의도와 사뭇 다른 결과였다.

삼국시대는 전형적인 난세로서 하극상의 시기였다. 실력주의가 판을 쳐, 능력만 있으면 황제를 폐하고 스스로 군주의 지위에 오를 수 있었다. 이런 세상에 모든 권력이 제갈량 한 사람에게 집중됐으니 그가 마음만 먹는다면 국권을 농단하거나 제위를 찬탈하는 일조차 그다지 어렵지 않 게 된 것이다. 그럼에도 제갈량은 찬탈의 길로 나아가지 않았다. 이것이

오늘날 제갈량이 만고의 충신으로 추앙받고 있는 이유다.

제갈량이 유선을 내치고 황위를 빼앗지 않은 것은 그의 충성심 때문이었다고 볼 수도 있다. 그러나 다른 한편으로는 단지 당시의 상황이 그럴 수밖에 없었기 때문이었을 수도 있다. 삼국시대 촉의 위치는 매우 취약했다. 위와 오 같은 강대한 적국에 둘러싸인 상태에서 함부로 찬탈을 시도했다간 내우외환이 겹쳐 조기에 패망하고야 말았을 것이다.

만약 제갈량이 북벌에 성공해 천하를 제패했다면 어찌 됐을까? 그가 끝까지 한나라의 충실한 신하로 남을 수 있었을까? 모든 권력과 중망이 제갈량에게 집중된 상황에서 군국의 대권을 황제에게 되돌려주고 물러나는 것은 쉽지 않은 일이었을 것이다. 그렇다면 후세 사람들에게 만고의 충신으로 칭송되고 있는 그가 《삼국지연의》에서 간교한 역적이요 찬탈자로 묘사되고 있는 조조나 사마의와 무슨 차이가 있는 것일까?

| 역사의 裏面 | **황씨 부인**

중국인들이 공자 다음으로 존경한다는 제갈량은 어떤 결혼을 했을까? 정략결혼이었다. 제갈량은 형주에서 이름난 명사였던 황승언의 딸과 결혼했다.

원래 제갈량과 황승언은 사제지간으로 만났다. 제갈량은 숙부 제갈현을 따라 형주로 이주한 후, 형주 지방의 저명한 학자들인 방덕공, 사마휘, 황승언을 스승으로 모시고 학문을 연마했다.

황승언에게는 과년한 딸이 하나 있었다. 재능과 학문은 뛰어났지만 인물이 볼품없었다. 머리카락은 노랗고 얼굴은 시커먼 것이 호감을 주는 인상이 아니었다. 반면 제갈량은 일등 신랑감이었다. 제갈량은 신장이 여덟 척에 얼굴이 백옥같이 흰, 한마디로 말해 키 크고 잘생긴 남자였다. 게다가 집안 좋고 수재로 이름까지 났으니 무엇 하나 빠진 구석이 없었다. 황승언은 일찌감치 제갈량을 사윗감으로 점찍어뒀다. 황승언은 제갈량과의 친분이 깊어지자 슬며시 의중을 떠봤다.

"남자는 장성하면 결혼을 해야 하고 여자도 다 컸으면 시집을 가야 하는 법이라네. 들기로는 자네가 배필감을 찾는다 하던데 나에게는 못난 딸이 하나 있네. 얼굴은 검고 머리카락은 노랗지만 재주만은 가히 자네와 어울릴 만하다네."

제갈량은 신붓감의 얼굴도 보지 않고 즉석에서 혼인을 승낙했다.

제갈량은 황승언의 사위가 됨으로써 형주정권의 핵심 세력과 친인척 관계를 맺게 됐다. 황승언은 형주 지방 최고의 명문가인 채풍의 사위였으며, 형주목 유표와는 동서지간이었다. 당시 형주의 군권을 쥐고 있던 채풍의 아들 채모와도 처남매부지간인 셈이었다. 제갈량은 황승언의 딸과 결혼함으로써 형주정권의 핵심 인맥에 편입될 수 있었다.

제갈량이 계속해서 학문을 할 수 있었던 것도 이 결혼 덕분이었다. 유표가 예장태수로 임명했던 숙부 제갈현이 죽고 나자 제갈량은 몸소 밭을 갈고 농사를 지으며 가족들을 부양해야만 하는 처지가 됐다. 말이 주경야독이었지 외부의 도움 없이는 생계조차 걱정해야 하는 형편이었다. 제갈량은 결혼을 통해 형주의 명문가들과 인척관계를 맺음으로써 이들의 후원을 받아 학업을 계속할 수 있었다.

세상 사람들은 제갈량과 황씨 부인의 결혼을 비웃었다. 사람들 사이에 이런 농담이 회자됐다고 한다.

"아내를 취하려거든 공명처럼만 하지 말게나. 기껏해야 황씨 영감 추녀 딸이나 얻게 될 터이니."

제갈량과 황씨 부인의 사이는 어땠을까? 기록은 없지만 둘 사이의 소생이 제갈첨 한 명밖에 없는 것으로 보아 속궁합이 잘 맞았던 것은 아닌 것 같다. 두 사람 사이는 동지적 관계에 가까웠을 것으로 보인다. 황씨 부인은 지혜롭고 학문이 출중해 제갈량에게 훌륭한 조언자가 됐다. 제갈량이 집안 살림 걱정 없이 청렴한 생활을 할 수 있었던 것은 모두 황씨 부인의 내조 덕이었다.

| 僞 _ 거짓말 | 제갈량이 동남풍을 일으킨 일화

《삼국지연의》는 적벽대전에서 제갈량이 동남풍을 빌었기에 주유와 황개가 화공에 성공할 수 있었다고 기록한다. 제갈량이 마치 호풍환우할 수 있는 신이적神異的 인물인 것처럼 묘사되고 있는 것이다. 전혀 사실과 다르다. 적벽대전의 승리는 전적으로 주유의 공 덕분이었다. 만약에 동남풍이 불었다면 이는 자연현상이었을 것이다. 제갈량은 적벽대전에서 유비와 손권의 동맹 체결을 성공시키는 외교적 역할 이외에는 한 일이 없다. 이때까지도 제갈량은 군사적인 일에는 거의 관여하지 않았다.

제갈량 2
諸葛亮

제갈량은 탁상물림의 선비

제갈량은 탁상물림 선비였다. 고금의 전적에 두루 능통해 경천위지할 재목이라고 일컬어졌으나 기실은 창의성이 부족했다. 그의 전술·전략이란 것도 다 알고 보면 탁상에서 얻은 고전적 방법을 답습한 것에 불과했다. 《삼국지연의》에서 기술한 것처럼 신출귀몰한 전술가도 아니었고, 호풍환우하는 귀기에 가까운 신묘한 능력은 더더구나 없었다.

제갈량이 천하제일의 기재라는 명성을 얻은 것은 사실 사마의의 평가 덕분이었다. 제갈량이 오장원에서 죽자 촉군은 영채에 불을 지르고 달아났다. 사마의가 타다 남은 촉군의 영채와 보루 및 처소를 자세히 살펴보고 말했다.

"천하의 기재로구나!"

이전에도 제갈량을 경천위지할 만한 재능을 지녔다고 높이 평가한 사람이 있었다. 수경선생 사마휘였다. 제갈량이 풍구에게서 병법공부를 마치고 돌아오자 사마휘가 그를 만나 세상일에 대해 토론했다. 사마휘가 무릎을 치면서 감탄했다.

"과연 일류로다! 천하의 일류로다!"

이런 일화들로 볼 때 제갈량이 매우 뛰어난 재능을 지녔던 것은 확실하다. 그러나 《삼국지연의》에 나오는 것처럼 동남풍을 부르고, 돌덩이로 팔진도를 쌓는 등 신이한 인물은 결코 아니다. 실제로는 탁상물림의 선비였다고 보는 것이 정확할 것이다. 그가 융중에서 유비에게 제시했다는 '천하삼분지계'도 그다지 독창적인 것은 아니었다. 노숙도 이미 유사한 생각을 했기 때문이다. 오히려 해적 출신의 감녕이 주장한 '장강일통론'이 보다 더 현실적이고 창의적이지 않았을까. 그의 북벌전략도 알고 보면 한초지전 시 장량의 전략을 답습한 것에 불과했다. 게다가 돌다리도 두드려보는 소심한 성격으로 인해 위연의 '자오곡진격론'과 같은 과감한 계책을 채택하지 못했다.

제갈량은 자신에게 책략이나 군사작전에 대한 재능이 부족하다는 사실을 알고 있었다. 이런 면에서는 유파나 법정이 자신보다 낫다는 점을 인정했으니까 말이다. 인재를 보는 능력도 부족했다. 제갈량이 중용한 사람들을 보면 마속, 양의, 장완 등 다 평범한 인물들이었다. 엘리트 코스를 밟기는 했지만 제갈량처럼 책상 앞에서 세상을 깨친 유형의 인물들로, 모두 맡은 바 소임을 다하지 못했다. 오히려 건달이나 병졸 출신에서 관우, 장비, 조운, 마충, 이회, 위연 등을 발굴한 유비의 안목이 훨씬 더 뛰어났다. 그럼에도 제갈량은 국가 관리자로서의 훌륭한 덕목을 지니고 있었다. 공정무사했고 신상필벌했다. 경제 진흥에도 열심이었다. 제갈량의 주특기는 국가를 조직하고 관리하는 능력이었지 탁월한 군략가는 아니었다.

제갈량에 대한 당시 사람들의 평가는 여러 가지가 있지만, 여기서는 《삼국지》의 저자인 진수의 평가를 옮겨보기로 한다.

제갈량은 상국相國이 돼 백성을 어루만지고 나라의 제도를 정비했으며, 관료제도를 간소화해 시의 적절하게 제어했고, 진실로 열린 마음으로 공정한 도리를 펼쳤다.

유익한 일을 한 사람이면 원수라 할지라도 반드시 상을 주었고, 법을 위반하고 태만한 자에 대해서는 친척이라 할지라도 필히 벌을 내렸다. 죄를 자복하고 개전의 정이 있는 자에게는 비록 죄가 무겁다 할지라도 석방했으며, 교묘하게 말을 꾸며 죄를 모면하려는 자에 대해서는 비록 죄가 가볍다 할지라도 반드시 사형에 처했다. 선한 일을 하면 비록 작은 일이라도 상을 주지 않은 적이 없고, 악행을 하면 사소한 일이라도 처벌하지 않는 일이 없었다. 여러 가지 일에 정통했으며 사물의 근본적인 이치를 알아 명분을 따르고 실질을 취하며 거짓되고 허황한 사람과는 함께하지 않았다.

끝내 촉나라 사람들이 다 존경하고 아꼈으며 형벌과 정사가 엄격해도 원망하는 자가 없었으니 이는 마음을 공평하게 쓰고 형벌과 포상이 명료했기 때문이다. 가위 통치가 무엇인지 아는 훌륭한 인재로서 관중과 소하에 비교할 만하다. 그러나 해마다 군사를 동원했으나 성공하지 못한 것은 아마도 임기응변하는 장수로서의 책략은 그의 장점이 아니었기 때문 아닐까!

| 역사의 裏面 | **식소사번**食少事煩

제갈량은 촉의 승상이 되고 나서는 모든 일을 직접 꼼꼼히 챙겼다. 매사를 직접 챙기다 보니 아침부터 밤늦게까지 온종일 땀을 흘려가며 일해도 시간이 부족했다. 제갈량은 심지어 직접 장부를 조사하기까지 했다. 워낙 촉에 인재가 없다 보니 실무진의 일처리 수준이 못 미덥기도 했지만, 막중한 책임을 맡았으니 실수가 있어서는 안 된다는 그의 강박관념도 작용했다.

이를 보다 못한 주부主簿 양과楊顆가 제갈량에게 충언했다.

"다스림에는 체계가 있어야 하고 위와 아래가 서로를 침범해서는 아니 됩니다. 집안일을 살펴보아도 어떤 이는 밭을 갈고 어떤 이는 밥을 지으며 닭이나 개, 소나 말도 각자 맡은 일이 있어야 집안일이 질서 있게 돌아가는 법입니다. 집주인이 모든 일을 혼자 처리하려 들면 몸과 마음이 피곤해 끝내 한 가지 일도 제대로 처리하지 못하게 됩니다. 집주인의 지혜가 닭이나 개, 노비보다 못해서일까요? 아닙니다. 가장으로서의 법도를 잃었기 때문입니다.

이와 같은 이유로 한漢 헌제惠帝 시절의 재상이었던 병길丙吉은 길에 죽어 있는 사람에 대해서는 그 이유를 묻지 않았고 소가 헐떡거리는 것을 보고는 걱정했습니다. 사람이 죽은 것은 지방관이 처리해야 할 일이고, 소가 헐떡거리는 일은 농사와 기후에 관한 것으로 재상이 살펴봐야 할 일이었기 때문입니다. 한 문제文帝 시절의 승상 진평陳平은 화폐나 곡물의 수량에 대해서는 알려 하지 않았는데 이는 담당자가 따로 있기 때문이라고 했습니다. 실로 병길과 진평은 통치의 체계에 통달했다 할 수 있습니다. 그러나 승상께서는 서류 뭉치를 살펴보시느라 진종일 땀 흘려 일하시니 어찌 수고롭지 않겠습니까?"

제갈량은 양과에게 깊이 사과했다. 그러나 제갈량의 이러한 직무 습관은 쉽게 고쳐지지 않았다. 군진에 임해서도 모든 일을 일일이 챙기는 것은 여전했다. 사마의는 제갈량의 이러한 습관까지도 간파했다. 제갈량이 싸움을 독촉하고자 사자를 보내면 사마의는 매번 제갈량이 어떻게 먹고 자는지 또 일하는 방식은 어떠한지에 대해서만 물어볼 뿐 군사문제에 대해서는 일절 묻지 않았다. 제갈량의 사자가 대답했다.

"제갈공은 새벽에 일찍 일어나시고 밤에 늦게 침상에 드십니다. 곤장 이십 대 이상의 형벌은 다 친히 참관하십니다. 식사를 하시는 양은 한 달에 몇 되를 넘기지 않습니다."

사자가 돌아간 후 사마의가 주변 사람들을 돌아보고 말했다.

"제갈량이 머지않아 죽겠구나."

"어찌 그걸 아십니까?"

측근들이 궁금해하자 사마의가 대답했다.

"먹는 것은 적고 일은 분주하니, 어찌 몸이 오래 버틸 수가 있겠는가?"

여기서 '식소사번食少事頻'이란 말이 유래됐다. 요즘은 뜻이 다소 변질돼 헛되이 바쁘게 일하면서 이룬 것은 적은 상황을 일컬을 때 사용되곤 한다.

제갈량의 용렬한 자손들

제갈량의 아내가 된 황씨 부인은 매우 지혜롭고 학문적 실력이 출중해 오히려 제갈량에게 가르침을 줄 정도였다 한다. 여기서 황씨 부인의 재능을 신격화하는 많은 민간 설화들도 생겨났다. 그런데 천하의 기재 제갈량과 신비한 능력의 소유자 황씨 부인의 사이에서 태어난 자식들은 그다지 뛰어나지 않았던 모양이다. 그저 뽕밭이나 일구고 소나 키우면 될 만한 인물이었던 듯싶다. 그럼에도 이들은 제갈량의 후광에 힘입어 촉나라 조정의 중심 인물이 됐다. 하지만 결국은 나라와 가문이 함께 패망하는 결과를 낳았다.

등애가 쳐들어왔을 때, 촉의 조정과 백성들은 제갈량의 장남 제갈첨이 그의 부친처럼 신묘한 능력을 보여줘 나라를 구해주리라 기대했다. 제갈첨의 허명이 높았기 때문이다. 하지만 제갈량은 생전에 제갈첨에게 그다지 큰 기대를 걸지 않았던 것 같다. 건흥12년234년 제갈량이 무공武功으로 출병하면서 제갈근에게 쓴 편지에는 이렇게 적혀 있었다.

"제갈첨은 지금 이미 나이가 여덟 살인데 총명하고 지혜로워 사랑받을 만합니다. 그렇지만 이 아이가 조숙한 것으로 보아 큰 그릇이 되지 못할 것이 염려됩니다."

제갈첨은 나이 열일곱에 공주와 결혼하고, 촉나라의 요직을 두루 역임했다. 제갈첨은 서화에 재주가 있고 기억력이 좋았으므로 사람들이 그를 아끼고 칭찬했다. 조정에서 행한 일 중 선정이나 아름다운 일이 있으면 비록 제갈첨이 건의하거나 주창한 일이 아니었어도 백성들이 늘 이렇게 말하곤 했다.

"이는 갈후葛侯가 한 일이다."

제갈량을 추모하는 마음이 제갈첨에게 과도한 명성과 기대를 안겨준 것이다. 제갈첨은 대장이 돼 부현에서 등애의 군대를 맞아 싸우다가 패전했다. 황권의 아들 황숭의 말을 듣지 않은 채 험한 지형을 버리고 평지에서 전투를 벌였기 때문이다. 황숭은 끝까지 싸우다 죽었으나 제갈첨은 전장을 빠져나와 면죽으로 달아났다. 전략적 식견이 부족한 제갈첨이 부현을 포기함으로써 강유의 군대가 검각에 고립됐다. 이로 인해 결국은 촉이 멸망하기에 이르렀다.

제갈첨은 이후 면죽관에서 또다시 등애의 부대와 야전을 벌이다 대패했다. 이 싸움에서 제갈첨은 맏아들 제갈상과 함께 전사했다. 촉이 멸망한 후에도 제갈첨의 둘째아들 제갈경은 살아남았다. 제갈경은 하동으로 이주됐고, 먼 훗날 사마씨의 진나라에서 강주자사를 지냈다.

| 僞 _ 거짓말 | 팔진법

《삼국지연의》에서 제갈량이 수시로 구사하는 팔진법八陣法은 무척 신비하게 묘사되곤 한다. 한번 갇히면 빠져나올 방법이 없으며 심지어 사람들이 아닌 돌무더기로 만들어지기도 한다. 또 이 팔진법은 제갈량이 처음 창안한 것이라고 한다. 사실과 다르다. 원래 팔진법은 중국 고대의 보병 전술인 방진을 응용·발전시킨 것으로, 야전에서 기동성 있는 기병에 대비하기 위한 진법이었을 뿐 그렇게 신묘한 효력을 가진 것은 아니었다. 손빈이 발전시켰으며, 후한의 두헌이 연연산에서 흉노를 칠 때 사용했다. 제갈량은 풍구에게 병법진도를 배웠을 때 이 진법을 익혔을 것이다.

사마의

司馬懿

살아남기 위해 참고 견디다

　사마의가 처음부터 간교하고 잔인한 권력욕의 화신은 아니었다. 그저 난세를 맞아 살아남기 위해 전력을 다해 노력한 사람이었을 뿐이다.

　사마의가 조조의 위나라에 대해 충성심이 그다지 강하지 않았다는 것은 분명하다. 처음 조조가 사마의를 불렀을 때, 그는 병을 핑계로 관직에 나아가지 않았다. 조조의 장래가 불투명하다고 봤기 때문이다. 어쩌면 당시 대부분의 사인들처럼 사마의 역시 한실의 부활을 기대했는지도 모른다. 사마의가 처음 출사한 것은 이미 대세가 기운 건안13년[208년], 나이 서른에 이르러서였다. 그것도 조조의 강압에 따른 것이었다.

　사마의는 젊어서부터 재능이 뛰어나다고 명성이 높았으므로 천하의 재사 양수와 함께 조비의 측근에서 일하게 된다. 그러나 조조 생전 내내 중책에 기용되지는 못했다. 조조의 조정에는 기라성 같은 인물들이 즐비했기 때문이다. 사마의가 승승장구하기 시작한 것은 조비 즉위 이후의 일이었다.

　그런데 사마의와 관련된 유명한 일화가 하나 전해져 내려온다. 이른바 '낭고상狼顧相'에 관한 일화였다. '낭고상'이란 이리나 늑대처럼 눈이 옆면에 붙어 있어서 고개를 돌리지 않고도 360도를 살필 수 있는 얼굴상을 말하는데, 자고로 이런 상을 가진 사람은 반역을 할 것이라고 의심받았다. 이 일화에 따르면, 조조는 사마의가 낭고상을 가지고 있다는 말을 듣고 이를 시험해보고자 했다. 조조는 사마의에게 뒤를 돌아보지 못하게 엄명을 내린 후, 사람을 시켜 뒤에서 칼로 찌르게 했다. 사마의가 피할 수 있는지 보기 위함이었다. 교활한 사마의는 칼을 피하지 않음으로써 조조의 의심을 피할 수 있었다.

또 조조는 사마의에게 군권을 맡겨서는 안 된다고 조비에게 신신당부했으며, 그래서 사마의는 조비의 재임 기간 내내 후방에서 병참 지원 역할만 맡게 됐다는 설도 있다.

이와 같은 설들은 사실이 아닐 것이다. 조조는 의심이 많은 사람이었다. 조조는 말년에 이르러 후계를 위협할 만한 요소는 가차없이 제거했다. 조조가 사마의에게 조금이라도 의심을 품었다면 그는 살아남지 못했을 것이다.

오히려 사마의는 조비 시절에 무군대장군撫軍大將軍을 역임하는 등 군무에 깊숙이 개입했다. 그가 전투 병력을 직접 지휘하지 않았던 것은 조진, 조휴와 같이 유력한 무장들이 있었기 때문이지 조비에게 의심을 받았기 때문은 아니었다. 또 사마의는 2대에 걸쳐 어린 황제를 보필토록 탁고를 받았다. 조씨 황조가 사마의의 충성심을 의심했다면 있을 수 없는 일이었다.

사마의와 관련된 여러 일화들은 모두 그를 의심하고 경계하는 내용들이다. 이런 일화들을 보면 마치 사마의가 처음부터 반역의 흉모를 품고 있었던 것처럼 보인다. 이는 아마도 사마의가 쿠데타를 통해 집권한 후, 그의 권력과 야심이 비대해지자 이를 경계하는 측에서 지어낸 말일 것이다.

사실 사마의는 겉으로는 관대했으나 내심 시기심이 많았으며, 권모술수와 임기응변에 능했다. 그가 후일 정적들에게 한 행위를 보면 꽤나 잔인한 성품이기도 했다.

그렇다고 그가 처음부터 반역을 꿈꾸던 흉역한 사람은 아니었을 것이다. 그는 인재가 넘치는 위나라 조정에서 치열하고 성실하게 노력함으로써 차곡차곡 경력을 밟아 올라간 전형적인 관료가 아니었을까 싶다.

| 역사의 裏面 | **고평릉의 난**

사마의가 위나라 정권을 완전하게 장악하게 된 사건이 '고평릉高平陵의 난'이다. 이 쿠데타를 일으켰을 당시 사마의의 나이는 무려 일흔하나였다. 그 나이에 무슨 욕심이 있어 목숨을 걸고 쿠데타를 감행했을까. 단순히 노욕 때문만은 아니었다. 이 난의 배경에는 보혁 갈등, 세대 간의 갈등으로 포장된 치열한 생존 경쟁이 있었다.

위나라 명제 조예가 죽은 뒤 사마의와 조상이 공동으로 집권하자 곧이어 때아닌 보혁논쟁이 일어났다. 신진사류의 중심인 하후현이 인사제도, 지방관제 등에 대한 과감한 개혁안을 들고 나오자, 구세력의 중심인 사마의가 극력 반대했다. 하후현의 구상은 자신들이 장악하고 있는 상서대에 인사권을 독점시키고, 상위 직급의 수를 늘려 신진사류들의 입신출셋길을 보장하자는 것이었다. 사마의를 비롯한 구세력은 갑자기 제도를 바꾸려 들면 기득권을 침해하게 되고, 기득권을 침해하게 되면 반드시 혼란이 야기된다는 입장이었다. 보혁논쟁의 배후에는 하후현을 중심으로 한 조상 일파와 사마의를 축으로 하는 구세력 간의 세대 갈등이 자리 잡고 있었다. 잠시 방심했던 사마의는 조상일파에 밀려 권력의 핵심에서 물러났다. 이후 10년 동안 모든 권력은 조상과 그의 주변 인물들의 수중에 들어갔다.

그런데 사마의가 이처럼 허무하게 밀려난 것을 보면, 적어도 그때까지는 그에게 권력 독점욕이 없었던 것이 틀림없다. 많은 사람들은 사마의가 일흔이 넘은 나이에 쿠데타를 일으켰고, 정적들을 무자비하게 숙청한 것을 보고 그를 흉중에 야심을 품고도 긴 세월 동안 이를 감춰온 흉악하고 교활한 늙은이로 묘사한다. 지나친 왜곡이다. 그가 이런 인물이었다면 그렇게 쉽사리 젊은 세대들에게 권력을 내줬을 리가 없다.

고평릉의 난을 통해 사마의가 정권을 탈환할 수 있었던 이유는 정권을 장악하고 있던 소위 신진사류들의 무능과 부패, 실정 탓이었다. 조상 등은 기존 제도나 법령을 개혁한다고 탁상공론을 일삼았으며, 일만 번잡하게 해 사람들을 피곤하게 만들었다. 또 자기 절제가 부족해 이권 획득에만 열중했으며, 친소親疏관계에 따라 편파적인 인사를 하는 등 교만방자하게 행동했다. 게다가 대책도 없이 촉나라를 정벌했다가 참패를 겪음으로써 국가를 위기로 몰아넣기까지 했다.

사마의 등 구세력이 볼 때 조상 집권 말년은 심각한 국가적 위기 상황이었다. 동오와 서촉 등 외적은 밖에서 칼을 갈고 있는데, 집권자는 무능·부패할뿐더러 오로지 편가르기를 통해 정권 유지에만 열중했다. 고평릉의 난은 사마의 등 노인들이 나라를 구하기 위한 일념에서 일으킨 쿠데타였다. 물론 기득권 세력이라 할 수 있는 '올드 멤버'들이 똘똘 뭉쳐 반격을 가한 것을 보면 권력 집단 내의 생존 게임이었다고도 볼 수 있다. 그러나 우국충정의 마음이 없었다면 일흔이 넘은 늙은이들이 무슨 욕심이 더 남아 목숨까지 걸고 거사를 감행했겠는가. 결국 고평릉의 난은 보혁투쟁의 결과도 아니었고, 세대 간의 갈등도 아니었으며, 단지 권력 집단 내 생존 경쟁의 결과도 아니었다. 오로지 나라를 구하기 위한 충성심의 발로였다.

| 僞 _ 거짓말 | 사마의와 제갈량의 대결

《삼국지연의》에서는 사마의를 제갈량의 숙적으로 부각시키기 위해 제갈량의 3차에 걸친 북벌 시 그를 상대한 것이 모두 사마의였다고 기술한다. 그러나 이는 사실이 아니다. 제갈량은 승부의 분수령이 된 1차 북벌 시 조진 및 장합과 싸웠지 사마의와 싸우지 않았다. 사마의는 당시 남양 완성에 주둔 중이었다. 사마의가 관중에 등장하는 것은 제갈량의 2차 북벌 이후부터였다. 1차 북벌 시 제갈량을 패퇴시킨 것은 실전 경험이 풍부한 장합이었다.

육손

陸遜

불행하게 죽은 백전백승의 명장

육손은 백전백승의 명장이었다. 《삼국지》를 통틀어 한 번도 패전하지 않은 장수는 육손밖에 없다. 그것도 이릉대전, 석정싸움 등 삼국이 명운을 걸고 싸운 주요 전투에서 모두 승리를 거뒀다. 육손은 유비, 관우와 같은 당대 명장들과의 대결에서도 승리를 거뒀으며, 조휴의 대군도 대파했다.

육손의 탁월한 군사운용 능력은 불리한 상황에서도 빛을 발휘했다. 가화5년²³⁶년 손권이 북쪽으로 위나라를 정벌하면서, 육손과 제갈근에게 서쪽 형주 방면에서 양동작전을 펼치게 했다. 이때 위나라의 신속한 대응에 손권이 군대를 후퇴시키는 바람에 육손이 보낸 사자가 위군의 포로가 됐다. 이로 인해 육손의 부대는 양양 인근에서 고립된 채 군대의 동태와 모든 상황이 위군에게 낱낱이 밝혀진 상태가 됐다. 이 상황에서도 육손은 태연하게 병사들에게 밭을 일구고 순무와 콩을 파종하게 했으며, 평상시와 같이 여러 장수들과 어울려 바둑을 두고 활을 쏘며 놀았다. 장기적으로 주둔할 태세였다. 육손은 마치 비책이 있는 것처럼 보여 병사들을 안정시킨 후, 역으로 대대적인 공세를 취했다. 위나라 군대가 위세에 눌려 물러나자 육손은 이 틈을 이용해 천천히 군대를 후퇴시켰다. 회군 도중 육손은 부장들을 보내 강하군의 여러 현을 습격해 전과를 챙기는 것도 잊지 않았다. 육손은 패전 가능성이 높은 불리한 상황에서도 침착하게 대응해 승리를 이끌어냈다. 군대를 운용하는 솜씨를 유감없이 보여준 한판이었다.

이처럼 천재적인 군사 지휘관이었음에도 육손은 무력에 의한 천하제패를 지양했다. 그는 군주가 지닌 덕의 우열에 따라 삼국 간 분쟁의 승패가 좌우될 거라 믿었다. 육손이 뛰어난 군사적 능력에도 불구하고 한 번도 선공에 나서지 않은 이유였다. 그가 지휘한 주요 전투는 모두 방어전이었다. 참으로 유학자의 풍모를 지닌 장군이었다. 육손이 존재했기에 위나라는 오와 긴 국경선을 맞대고 있으면서도 감히 남방을 넘볼 엄두를 내지 못했다.

육손이 공세적으로 군대를 운용하지 않은 데는 당시 국제 정세에 관한 냉철한 인식도 한몫을 했다. 위나라의 국력이 강해 쉽게 도모할 수 없으며, 따라서 굳게 수비하면서 북방의 형세 변화를 기다려야 한다는 것이 그의 지론이었다. 그는 오로지 강남을 지키면서 덕정을 베풀어 병사와 백성들을 휴식하게 함으로써 장기적으로 국력을 키워야 한다고 생각했다. 삼국 간 경쟁의 승패는 오로지 어느 나라와 군주가 보다 더 백성들을 잘 보살피고 행복한 삶을 영위할 수 있도록 보장할 수 있느냐에 달렸다고 본 것이다.

육손은 통치자로서도 매우 훌륭했다. 그는 항상 백성들이 안심하고 생업에 종사할 수 있는 환경을 조성하고자 했으며 유교적 덕정을 펼쳤다. 흔히 《삼국지》 2세대의 최고 인물들로 위의 사마의, 촉의 제갈량, 오의 육손을 꼽는다. 능력만 가지고 평가한다면 육손이 최고였다. 육손은 사마의를 능가하는 군사 지휘 능력과 제갈량 못지않은 통치자로서의 자질을 균형 있게 갖췄다. 유교적 관점에서도 유학자의 이상에 가장 가까운 사람은 육손이었다. 실제 통치 행태를 보면 사마의와 제갈량은 엄한 법질서를 강조하는 법가적 경향이 강했다. 육손은 덕치와 교화를 숭상했다. 그럼에도 후세 유학자들에게 육손은 잊히고 제갈량만이 마치 유교적 관리의 전형인 것처럼 숭앙된 이유는 무엇일까? 촉한정통론의 영향 탓이다. 육손의 입장에서는 상당히 억울한 일이다.

| 역사의 裏面 | 육손의 죽음

육손은 어떻게 죽었을까? 기록을 보면 적오8년245년, 손권이 여러 차례 사자를 보내 질책하자 육손이 울화가 치밀어 예순셋을 일기로 사망했다고 한다. 울화로 암에 걸렸거나 혈압이 올라 뇌병변이 나타났을 수도 있지만, 스스로 목숨을 끊었을 수도 있다.

손권이 육손에게 사자를 보내 심문하고 질책한 일은 동오의 후계 문제로 인한 갈등에서 비롯됐다. 원래 동오 태자였던 손권의 장남 손등이 요절하자 오나라 조정은 차남인 태자 손화와 삼남인 노왕 손패를 중심으로 두 파로 나뉘어 서로 싸웠다.

갈등의 중심에는 손권의 장녀인 전공주가 있었다. 전공주는 평소에 손화의 모친인 왕부인과 사이가 몹시 나빴으므로 손화가 태자가 되자 위기감을 느꼈다. 손화가 제위에 오르는 날에는 자신과 전씨 일족이 무사하지 못할 것이 틀림없었다. 전공주와 노왕당은 무슨 수를 써서라도 태자 손화를 실각시키려 했다. 당시 전공주는 수시로 궁에 드나들며 손권의 신임을 단단히 얻고 있었다.

전공주의 집요한 공작에 손권이 태자 손화를 폐출하려 하자 태자태부 오찬이 극렬히 반발했다. 손권이 고집을 꺾지 않자 오찬은 여러 차례 육손과 편지를 주고받으며 함께 걱정했고, 태자 손화를 보호하기 위한 대책을 논의했다. 손권은 이를 매우 위험하게 여겼다. 육손은 승상 겸 상대장군으로 형초의 모든 병력을 지휘했다. 동오의 절반에 해당하는 병력을 지휘하는 외방의 장수와 도성 내에 있는 태자가 작당한다는 것은 곧 제위까지도 위협할 수 있는 상황이었다.

오찬은 즉시 체포돼 심문을 받았다. 육손과 모의해 역모를 꾸몄다는 죄목이었다. 오찬은 심한 고문을 받았고 그 후유증으로 옥중에서 죽었다. 손권의 칼날은 육손에게 향했다. 손권이 보낸 사자가 육손에게 오찬과의 음모에 대해 심문하면서 그를 범죄자 다루듯이 했다. 질문과 답변이 오갈 때마다 육손은 심한 심적 고통을 겪었다. 명민한 육손이 손권의 의도를 간파하지 못했을 리가 없다.

육손은 깊은 고민에 빠졌다. 그는 일평생 손씨 정권을 위해 충성을 다했다. 형주를 빼앗아 동오의 국토를 갑절로 늘렸고, 조휴의 대군을 석정에서 격파해 손권을 제위에 오를 수 있게 해줬다. 육손은 국가에 당당한 지분이 있었다. 이제 손권은 최대 동업자를 내치려 하고 있었다. 자식들의 안전한 기업^{基業} 인수를 위한 것이라는 게 그 명분이었다. 육손은 한 번도 그것을 빼앗아보겠다는 생각조차 해본 적이 없었는데도 말이다.

육손에게 남은 것은 두 길뿐이었다. 손권에게 반기를 들고 반역을 도모하느냐 아니면 그대로 담담하게 죽음을 받아들이느냐. 육손은 후자를 선택했다. 반란 성공 여부를 계산해서 내린 결정은 아니었다. 육손은 철저하게 유가적인 인물이었다. 신하는 군주에게 충성해야 하고, 한번 맺은 군신의 의리는 저버려서는 안 되는 것이었다.

| 僞 _ 거짓말 | **어복포의 팔진 이야기**

《삼국지연의》에 따르면 이릉대전에서 승리한 육손이 유비를 추격하다 어복포에서 제갈량이 돌무더기로 만들어둔 팔진에 갇혀 죽을 뻔했다가 황승언의 도움으로 빠져나왔다고 한다. 사실이 아니다. 《삼국지연의》의 작가는 이렇게 해서라도 제갈량이 육손보다 우수했다는 점을 보여주고 싶었을지 모르나 군사적 능력에서는 육손이 제갈량을 훨씬 앞섰다. 육손이 추격을 중지한 것은 조비가 동오를 침공할 것을 우려했기 때문이다.

손권
孫權

말년에 독재자가 된 위대한 군주

　손권은 위대한 군주였다. 조조를 물리치고 유비와 싸워 이겼으며 관우를 죽였다. 《삼국지》 제일의 영웅들이 다 그에게 무릎을 꿇었다. 당연히 자부심을 가질 만했다. 손권은 조조, 유비 등 필생의 숙적들이 다 죽고 나자 천하에 자신과 비견할 만한 영걸이 없다고 생각했다. 이렇듯 자대하니 점점 더 완고해지고 독재적이 됐다. 손권은 말년에 독단적이고 의심 많은 전제군주가 됐다.

　젊은 시절의 손권은 유연하고 냉철한 전략적 사고의 소유자였다. 그는 스스로를 낮춰 예의로서 부하들을 대했다. 그가 손책 사후의 위기상황을 원만히 수습할 수 있었던 비결이었다. 손권은 '정통론'이니 '군주의 위신'이니 하는 명분에 집착하지 않고 오로지 힘의 역학관계와 실리에 입각해 정세를 판단했다. 이것이 그가 삼국 간의 외교관계에서 주도권을 행사하며 실익을 챙길 수 있었던 이유다. 손권은 유비에게 형주를 빌려주는, 예상을 뛰어넘는 양보를 했다. 이 보고를 받은 조조가 얼마나 놀랐던지 글을 쓰던 붓을 떨어뜨렸을 정도다. 이로 인해 동맹이 굳건해지고 삼국정립의 구도가 이뤄지게 됐다.

　손권은 촉한보다 더 큰 세력을 가졌으면서도 유비를 황제로 인정했고, 형주를 되찾기 전까지는 조비에게 칭신을 했다. 이릉에서 유비를 격파하고도 오히려 먼저 손을 내밀어 화해를 제안한 것도 그였다. 손권은 위나라의 남침을 수차례 물리치고 유비가 죽은 후에야 스스로를 황제라 칭했다. 유연한 자세로 천하의 형세가 준비될 때까지 기다린 것이니 그가 얼마나 냉철하고 이성적인 인물인지 알 수 있다.

이 덕분에 동오는 위나라에 버금가는 강대국이 될 수 있었다. 애당초 손권이 강동정권을 계승했을 때 동오의 실력은 형편없었다. 손권은 강동의 궁벽한 오지에 있는 중소군벌 집단을 이어받았을 뿐이다. 손권은 형주를 병합하고 교주를 흡수해 위나라를 능가할 정도로 강역을 넓혔다. 손권 치하의 동오는 재주 있는 인재와 용맹한 장수들이 무수히 많았다. 제갈량도 동오는 정권이 안정돼 도모할 수 없다고 판단했을 정도였다. 손권이 자부심을 가질 만했다.

그러나 손권이 말년에 고집불통의 독재자가 된 것은 그의 자대함 이외에 근본적인 문제가 있었다. 그것은 동오의 정치체제에 내포된 구조적인 모순이었다. 동오는 본질적으로 식민지 지배체제의 성격을 지니고 있었다. 게다가 국토는 지리적으로 하나의 구심점이 없고 분절된 형태를 띠었다. 특히 강동지역과 형주지역은 서로 세력이 대등한 경쟁적 관계였다. 여건이 이렇다 보니 동오는 군벌연합체적 성격을 벗어나지 못했다. 사병집단을 거느린 군벌들이 대를 이어가며 각 지역을 나눠 통치했다. 본질적으로 분권적이며 분열적 경향이 강했다.

손권은 이러한 분열적 경향을 극복하기 위해 자신의 수중에 권력을 독점하고자 했다. 기염의 사건과 교사 여일의 사건도 다 이런 일련의 계획에서 파생된 불행한 사건들이었다. 이러한 시도는 가혹한 통치의 악순환을 낳았다. 후사를 둘러싼 황실 내의 갈등까지 격화되자 손권은 이를 계기로 창업공신과 지방군벌 등 기성세력들을 모조리 숙청하기 시작했다. 이 과정에서 동오의 앞날을 이끌어갈 일급 인재들이 모조리 제거됐다. 이로 인해 손권이 죽고 난 후 오나라에는 어리고 약한 황제를 제대로 보필할 사람이 남아 있지 않았다. 동오는 이어지는 권신들의 전횡으로 인해 패망의 길로 접어들었다. 결국 손권은 자신이 세운 나라를 스스로 무너뜨린 셈이었다. 동오의 내재적 한계가 낳은 불가피한 결과였다.

| 역사의 裏面 | 전공주와 주공주

손권은 보부인과의 사이에서 노반魯班과 노육魯育 두 딸을 낳았다. 손상향의 예에서 보듯 손씨 집안 여인들은 대체로 성격이 강맹했다. 손권의 딸들도 예외가 아니었다. 오죽하면 노반과 노육의 별명이 대호大虎, 소호小虎였을까. 노반은 당초 주유의 아들 주순周循에게 시집갔다가 과부가 되자 전종全琮에게 개가했으므로 전공주라 불렀다. 한편 노육은 주거朱據와 결혼했으므로 주공주라 했다.

전공주와 주공주는 동오의 궁정 내 암투와 권력 투쟁에 깊숙이 개입했다. 전공주는 태자 손화의 모친인 왕부인과 사이가 나빴으므로 손화가 제위를 계승하게 되면 시집인 전씨 집안이 무사하지 못할 것을 걱정했다. 전공주는 노왕당을 만들어 손패를 후계자로 밀면서 태자 손화와 왕부인을 제거할 기회를 노렸다. 손권이 중병에 걸리자 왕부인은 저도 모르게 얼굴에 희색이 돌았다. 치열한 후계 다툼 끝에 드디어 승기를 잡았다고 생각했을 것이다. 전공주가 기회를 노치지 않고 왕부인을 참소했다. 왕부인이 손권의 위중함을 보고 오히려 기뻐하며 마치 태후라도 된 것처럼 행동했다는 것이었다. 여기에 태자 손화 역시 손권의 쾌유를 빌기는커녕 외숙 장휴와 손권 사후의 대책을 숙의했다는 말도 덧붙였다. 이는 효과 만점이었다. 왕부인은 자살했고 손화는 폐출 위기에 몰렸다. 손권이 태자를 폐출하려 하자 주거가 강하게 반대하다 사약을 받고 죽었다. 전공주를 위시한 노왕당의 집요한 공작의 결과였다. 이로써 전공주와 주공주의 원한은 더욱 깊어졌다.

정쟁이 격화되자 명이 얼마 남지 않은 손권은 태자 손화와 노왕 손패를 모두 폐출하고 막내 손량을 후사로 삼았다. 손량이 어렸으므로 오나라는 권신들의 세상이 됐다. 결국 오나라는 전공주로 인해 후계 구도가 크게 흔들렸고 이것이 패망의 원인이 됐다.

전공주는 끝내 권력에 집착했다. 손준이 쿠데타로 정권을 장악하자 전공주는 그를 성적으로 유혹해 권력을 공유하는 데 성공했다. 당시 나이 마흔이었던 전공주는 손준에게 당고모뻘이었고 나이도 스무 살 정도 위였으니 두 사람의 관계는 패륜이었다. 원한을 품고 있던 주공주가 황실의 젊은이들과 손잡고 반격을 꾀했으나 모의가 사전에 적발돼 실패했다. 주공주는 처형됐고 그녀의 두 아들들도 모함을 받아 죽었다.

그러나 권력은 영원한 법이 없다. 전공주도 결국은 손준의 뒤를 이은 손침에 의해 실각됐다. 황제 손량이 점차 장성하자 전공주는 그의 편을 들어 권신 손침을 제거하려 했다. 일찍이 전공주는 손권이 살아 있을 때 자신의 손녀딸을 손량의 부인으로 맞아들이게 했다. 권력을 독점하려는 이 시도는 모의가 사전에 발각되는 바람에 실패로 돌아갔다. 전씨 일가가 모의의 핵심 세력이었다. 이 사건으로 인해 그녀가 그토록 지켜주려 애써왔던 전씨 일가는 모두 멸족됐다. 전공주는 귀양지인 예장에서 쓸쓸히 죽었다. 평생을 권력 투쟁에 몰두했던 한 여인의 말로였다.

| 僞 _ 거짓말 | 손권이 우유부단한 군주였다?

《삼국지연의》에서 손권은 우유부단한 군주로 나온다. 하지만 실제의 손권은 결단력 있고 담대한 인물이었다. 손권의 대담성을 보여주는 일화가 하나 있다.

적벽대전 후 약 10년 정도 지나서 조조가 강동으로 원정을 왔다. 이때 손권이 직접 선단을 이끌고 나와 강상에서 시위했다. 한번 해보자는 기세웠다. 이에 조조군은 감히 배를 내지 못하고 육상에서 화살만 쏴댔다. 화살은 동오군 선단의 방패와 휘장에 막혀 아무런 피해를 주지 못했다. 손권이 시위를 마치고 돌아가면서 병사들을 시켜 조조를 조롱하게 했다.

"승상님, 화살을 꾸어주셔서 고맙습니다."

손권의 이러한 대담함은 조조로 하여금 이렇게 한탄하게 했다.

"자식을 나으려면 저런 자식을 나았어야 하는데…."

《삼국지연의》에서는 이것도 제갈량이 한 일이라고 꾸며댔다.

조비
曹丕

삼국통일을 서두르다

조비는 약 7년간 제위에 머물렀다. 이 짧은 기간 동안 그는 세 차례나 대대적으로 군사를 일으켜 동오정벌을 시도했다. 1차 정벌은 황초3년^{222년} 이릉대전 직후 이뤄졌다. 조비는 삼로군을 일으켜 동오의 건업, 무창, 강릉 방면을 동시에 공격했으나 손권의 견고한 수비로 인해 실패했다. 2년 뒤인 황초5년^{224년} 조비는 용주라는 거대한 함선을 건조하고 수군을 조련하는 등 철저한 준비를 한 후 다시 동오정벌에 나섰다. 바로 장강을 건널 계획이었으나 동오의 장수 서성이 장강변을 따라 길게 요새를 구축하고 상륙을 저지했기에 뜻을 이루지 못했다. 이때 조비는 거센 풍랑을 만나 타고 있던 배가 뒤집힐 뻔한 위기를 겪기도 했다. 다시 2년에 걸쳐 수륙군을 정비한 조비는 황초7년^{226년} 3차 동오정벌에 나섰다. 조비는 수군과 육군 양방향으로 진격하고자 했으나 그해 겨울 유난히 추운 날씨로 내륙의 강물이 꽁꽁 얼어붙어 수군이 전진하지 못하는 바람에 싸움 한 번 못해보고 돌아올 수밖에 없었다.

심혈을 기울였던 원정이 허망하게 끝났던 탓일까? 조비는 3차 원정에서 돌아온 후 얼마 지나지 않아 불과 마흔의 젊은 나이에 죽고 말았다.

조비는 제위 기간 내내 동오정벌을 준비하고 이를 실행에 옮기는 일에 전력을 기울였다. 집요할 정도의 집념이었다. 처음 제위에 올랐을 때 가장 신임하던 태위 가후에게 천하를 통일할 방안에 대해 물었던 것을 보면 조비는 처음부터 당대에 삼국을 통일하겠다는 분명한 목적을 가지고 있었음이 틀림없다. 사실 당시 위나라는 조조 말년의 잦은 원정과 이에 따른 병력과 물자 차출로 상당히 피폐해져 있었다. 그럼에도 조비가 집요할 정도로 동오 정벌에 총력을 기울였던 까닭은 무엇일까?

여러 사서의 기록들은 조비가 마치 자신의 수명이 길지 않을 것 같다는 예감에 그렇게 서둘렀을 것이라고 한다. 유명한 관상가인 주건평이나 고원려가 조비의 수명이 마흔에 그칠 것이라고 암시했고, 조비가 이를 귀담아들었기에 마음이 조급했다는 이야기다. 믿거나 말거나 한 이야기지만, 이런 일화들은 당시 사람들도 조비가 뭔가에 쫓기듯이 다급하게 천하통일의 길에 나선 것에 대한 의문을 품었다는 반증이기도 하다.

조비가 당대에 빨리 천하통일을 이뤄야만 한다는 강박관념을 지녔던 것은 확실하다. 필자가 보기에 그 이유는 적어도 세 가지가 있다.

첫째, 치열한 후계경쟁을 거쳐 제위에 오른 조비는 가능한 한 빠른 시일 내에 자신의 능력을 입증해 보일 필요가 있었다. 그는 자신이 황제가 된 것이 올바른 선택이었음을 입증하기를 원했다.

둘째, 조비는 자기 과시욕이 매우 강한 사람이었다. 그가 쓴 《전론典論》이란 책에는 스스로 자화자찬하는 내용이 나오는데 일종의 병이 아닌가 싶을 정도로 지나치다. 조비는 어마어마한 무훈을 세움으로써 자신의 과시욕을 충족시키고 싶었을 것이다.

셋째, 조비는 후손의 안전과 번영을 위해서라도 반드시 천하통일을 해야 했다. 후한 말기는 군신 간의 도리가 무너진 하극상의 시대였다. 삼국이 무력대치하고 있는 상황이 계속된다면 군권을 쥔 권신이 어리고 무능한 황제로부터 나라를 빼앗을 가능성이 상존했다. 이러한 현상을 예방하기 위해서는 통일을 이뤄 안정되고 평화로운 나라를 후손에게 물려줄 필요가 있었다.

　조비는 문무의 능력도 부족했지만 그릇도 작고 편협했다. 오히려 조비의 특장이라면 음험한 음모와 계략에 있었다. 조비는 마음이 좁고 시기심이 강해 창업군주나 수성군주로서 그다지 적합한 인물은 아니었다.

　조비가 왕위에 오르자마자 제일 먼저 취한 조치는 경쟁자였던 조창과 조식을 제거하는 것이었다. 최대 라이벌이었던 조식은 봉지에 있으면서 천자의 사자를 위협했다는 죄목으로 고발당했다. 담당 관리들이 처벌을 요구했으나 조비는 친모인 변태후를 의식해 함부로 처단할 수 없었다. 변태후는 평소 막내아들 조식을 가장 사랑했다. 그녀의 무언의 압력에 못 이긴 조비는 조식을 죽이지 못하고 작위만 감하는 선에서 그쳤다. 조창 역시 조조의 장례식이 끝난 후 봉지로 내려갔다. 조창은 3년 뒤 업성에 입조했다가 의문사를 당한다. 《세설신어》에 따르면 조비가 조창과 바둑을 두면서 간식거리인 대추에 독을 발라뒀다고 한다. 자신은 독이 없는 것만 골라 먹었기에 무사했고 조창은 손에 잡히는 대로 먹었으므로 중독돼 죽었다는 것이다.

　그다음 조비는 조식의 측근들인 정의와 정이를 숙청하고 그들의 일족을 멸했다. 후계경쟁에서 조식의 편을 들었던 양준도 보복을 당했다.

　조비는 또 그동안 쌓인 사적 원한들을 갚기 위해 권력을 남용했다. 첫 번째 제물은 조홍이었다. 조홍은 조비가 태자 시절 돈을 빌려 달라 했으나 거절한 일이 있었다. 이에 앙심을 품은 조비는 조홍의 아랫사람이 잘못한 일을 가지고 조홍에게 그 책임을 물어 죽이려 했다. 조홍은 변수의 싸움에서 조조의 목숨을 구한 사람이었다. 이번에도 변태후가 개입하는 바람에 조홍은 죽음만은 면하고 관직과 작위와 봉토를 삭탈당했다.

　조비는 매우 집요한 성격이었다. 한번 앙심을 품으면 그냥 지나가는 법이 없었다. 기회를 노려 포훈을 죽인 것도 한 사례였다. 포훈은 조조를 연주목으로 추대해 기반을 잡게 한 제북상 포신의 아들이었다. 조비는 태자 시절에 그가 총애하던 곽부인의 동생이 죄를 짓자 이 일을 담당한 포훈에게 눈감아줄 것을 청탁한 일이 있었다. 포훈은 이 일을 법대로 처리했다. 모든 내용을 일일이 조조에게 보고하고 지시에 따랐으므로 곽부인의 동생은 죄를 면제받지 못했다. 이 일로 앙심을 품은 조비는 포훈이 사소한 일로 법망에 걸려들 때까지 끈질기게 기다렸다가 결국 그를 죽여버리고 말았다. 또 우금에 대한 조비의 조치를 보면 그가 얼마나 야박한 사람인지 알 수 있다.

| 僞 _ 거짓말 | 선양행사에서 일어난 이상기후

《삼국지연의》에 따르면 조비가 헌제에게 선양을 받은 후 수선대 위에서 천지신명에게 절을 하자 갑자기 하늘이 새까매지더니 회오리바람이 일고 모래와 돌이 비 오듯 쏟아졌다고 한다. 또 조비가 놀라 기절한 뒤 반나절 만에 정신이 돌아왔다고 한다. 전혀 사실이 아니다. 촉한정통론에 입각해 조비의 선양 행위가 하늘도 노할 역적질임을 강조하기 위해 조작된 내용이다. 조비의 선양행사는 매우 엄숙하고도 평온하게 진행됐다.

조진

曹眞

제갈량의 북벌을 저지한 위나라 명장

제갈량의 한실중흥 꿈을 좌절시킨 것은 사마의가 아니다. 조진이다. 조진은 장합을 앞세워 가정에서 촉군을 격파함으로써 제갈량의 북벌 꿈을 좌절시켰다. 기곡에서 조자룡을 격파하고 촉군에 점령됐던 농우4군[농서, 남안, 천수, 광위]을 다 회복한 것도 조진이었고, 진창싸움에서 제갈량의 진격로를 미리 예측하고 대비해 촉군을 물리친 것도 조진이었다.

조진은 조휴와 더불어 조조가 의도적으로 키운 차세대 주자다. 조휴는 10대의 어린 나이에 홀로 난을 피해 천하를 주유해 조조에게서 "우리 집안의 천리마구나!"라는 찬탄을 들을 정도로 담력 있는 인물이었다. 한편 조진은 소싯적에 사냥을 나가 호랑이를 한 방에 쏴 잡을 정도로 굳세고 용감한 무장이었다. 조진은 조휴와 번갈아가며 최정예 기병대인 호표기를 맡아 조조를 호위했고, 중령군이 돼 중앙군을 통솔했다. 조조가 죽었을 때 조비가 여룡여호[如龍如虎]한 1세대 맹장과 책사들이 득실거리는 가운데에서도 순조롭게 정권을 이양받을 수 있었던 것은 이들이 확고하게 중앙군을 장악하고 있었기 때문이다. 조진과 조휴는 조비의 등극과 함께 위나라 정권의 새로운 핵심세력이 됐다.

조진이 제갈량을 격파했을 때, 마침 그의 최대 경쟁자였던 조휴가 석정싸움에서 참패하고 실의에 빠져 죽었다. 그는 혁혁한 전공을 내세워 검리상전^{劍履上殿}, 입조불추^{入朝不趨} 등의 특전을 부여받았다.● 이런 특전은 통상적으로 신하의 권력이 천자를 능가할 정도가 됐을 때나 가능한 것이었다. 조진은 큰 꿈을 그리게 됐다. 내친 김에 조진은 촉을 정벌해 조조도 해내지 못한 위업을 이뤄보고자 했다. 이 일이 성공했더라면 아무도 조진의 앞날을 막을 수 없었을 것이다. 사마씨도 촉을 정복한 덕에 진나라를 창건할 수 있었다는 점을 상기해보라.

조진의 이 야심을 꺾은 것은 어느 누구도 아니었다. 오로지 하늘이었다. 촉나라 정벌에 나서면서 조진은 위나라 병력의 대부분을 동원했다. 장합과 곽회는 물론 남양에 주둔하던 사마의마저 그의 지휘를 받았다. 20만이 넘는 대군으로 4개 방면에서 총공격에 나섰으나 불행하게도 큰 장마를 맞았다. 한 달 넘게 내린 비로 계곡물이 불어 병사들은 한 발짝도 앞으로 나갈 수 없었다. 조진은 진퇴양난의 위기에 빠졌다. 피해가 점점 늘어가고 군량도 다 떨어지자 조진은 하는 수 없이 회군을 명령했다. 애당초 많은 관료들의 반대를 무릅쓰고 출정한 원정길이었다. 싸움 한 번 제대로 못 해보고 수많은 병사들만 잃고 돌아오자 그에 대한 혹독한 비판 여론이 일었다. 조진은 실각 위기에 처했다. 참담한 심정이었을 것이다. 너무 욕심을 부리다 모든 것을 잃어버리게 된 조진은 곧 건강이 악화돼 죽었다.

조비는 조진과 조휴 및 사마의와 진군, 네 사람을 고명대신으로 지명해 아직은 어린 조예를 보필하게 했다. 이 네 사람이 상호 견제와 균형을 이루게 한 것이다. 그런데 군권을 놓고 조진과 조휴 사이에는 암묵적인 경쟁관계가 형성됐다. 조진과 조휴는 서로 무리하게 경쟁을 벌이다 자멸하고 말았다. 이로 인해 엉뚱하게도 사마의가 어부지리를 얻게 됐다. 유력

● 검리상전: 신을 신은 채 천자의 전각에 오를 수 있는 특전. 입조불추: 입조할 때 종종걸음을 치지 않아도 되는 특전.

한 종친 출신 무장들이 건재했으므로 전혀 기회가 없을 듯 보였던 사마의에게 권력 장악의 기회가 생긴 것이다. 조진이 촉나라 정복에 성공했다면 그 이후의 역사는 크게 달라졌을 것이다. 하늘이 돕지 않은 것이다.

| 역사의 裏面 | **조진은 조씨인가, 진씨인가**

조진은 조휴와 마찬가지로 어려서 고아가 돼 조조의 손에서 자랐다. 조조는 조진과 조휴를 여러 아들들과 함께 키우며 조비와 같은 거처를 사용하게 했다. 조진과 조휴가 용맹하고 무술에 능했으므로 차세대에 조비를 보필하게 할 재목으로 본 것이다. 조휴가 조조 집안의 일원인 것은 확실하다. 그러나 조진의 출신에 대해서는 여러 가지 이설이 있다.

먼저 《위서魏書》를 보면 조진은 조조의 집안 동생뻘 되는 조소의 아들이라고 한다. 조소는 충성스럽고 성실하며 재주와 지혜가 있었다. 조조가 그를 매우 신임하고 친근하게 대했다. 초평연간190-193년 조조가 처음 기병했을 때 조소는 병력을 모집하러 조조와 함께 이곳저곳 돌아다녔다. 당시 예주자사였던 황완은 산동의 반란에 가담하지 않고 동탁이 지배하는 조정의 편을 들었다. 황완이 주와 군의 병사들을 보내 조조를 잡아 죽이려 했다. 졸지에 습격을 당한 조조는 간신히 몸을 빼내 도망쳤고 조소만이 홀로 죽음에 이르렀다. 아마도 조조를 달아나게 하고 홀로 추격병을 막다가 해를 당했을 것이다. 조조는 이를 매우 애통하게 여겨 고아가 된 조소의 아들 조진을 맡아 키웠다는 것이다.

다른 주장은 《위략魏略》이라는 책에 나온다. 조진은 본래 성이 진秦씨였으나 조씨 집안에 입양됐을 뿐이라는 것이다. 일설에 조진의 부친은 진백남으로 젊어서부터 조조와 친하게 지냈다고 한다. 흥평말년195년 원술의 군대가 조조를 공격해 위험을 가했다. 한번은 조조가 외출을 했다가 원술군에 발각돼 추격을 당했다. 조조가 진백남의 집을 발견하고 그의 집으로 달려 들어가자 진백남이 문을 열고 받아들였다. 원술의 추격병들이 쫓아와 조조의 행방을 묻자 진백남이 대답했다.

"내가 바로 조조다."

원술의 병사들이 즉시 진백남을 죽였다. 조조가 그의 공을 생각해 그의 아들인 조진을 거둬 키우고 성을 조씨로 바꾸게 했다는 것이다.

어느 이야기가 진실일까? 조조가 조진을 조휴와 함께 차세대 주자로 키우고 후대에 조비를 보필하도록 힘을 실어준 것을 보면 원래 집안의 조카뻘이었다는 《위서》의 기록이 맞을 것이다. 《위략》에 기록된 내용은 사마의가 조진의 아들 조상을 죽이고 정권을 빼앗은 것을 합리화하기 위해 조작한 것일 가능성이 높다. 원래 조진과 조상이 황실의 일원이 아니었다고 주장함으로써 자신의 쿠데타를 정당화했을 것이란 말이다. 원래 《위략》은 신빙성이 떨어지는 대목이 많기로 유명하기도 하다.

| 僞 _ 거짓말 | **조진의 연전연패는 조작이다**

《삼국지연의》에서 조진은 제갈량의 1차 북벌을 막으려다 연전연패한다. 그를 대신해 사마의가 출동해 촉군을 물리친다. 조진은 진창싸움을 지원하러 가서도 대패한다. 이는 모두 조진을 깎아내려 사마의를 높이려는 조작이다. 《삼국지연의》는 진나라 건국의 기초를 다진 사마의를 제갈량의 유일한 적수로 비정하고, 제갈량을 높이고자 사마의를 높이고 조진을 깎아내린 것이다.

유비 진영 최고의 군략가

방통은 유비의 제일가는 책사였다. 방통은 주유의 공조가 된 후 인재들을 찾아내고 육성하는 일에 열심이었다. 사람을 평가할 때 늘 지나치게 장점만을 찾아내 칭찬하곤 했다. 다른 사람들이 이를 괴이하게 여기자 방통이 그 이유를 설명했다.

"지금 천하대란이 일어나니 아름다운 도리가 쇠퇴해 착한 사람은 적고 악한 사람이 많습니다. 미풍양속과 도리를 권장하기 위해서는 사람들의 아름다운 점만을 찾아내 칭찬해야 합니다. 그렇지 않으면 세상 사람들이 존경할 사람이 적어지고, 사표가 될 만한 사람이 없으면 선한 행동을 하고자 하는 사람도 적어질 것입니다. 칭찬한 사람 중 열에 다섯만 건진다 해도 세상을 교화하고 뜻있는 선비들이 분발하게 하는 데 효과가 있지 않겠습니까?"

이를 보면 방통이 세상 풍속을 교화하는 일에 가치를 두는 유학자적 풍모를 지닌 것처럼 보인다. 그러나 그의 뜻은 더 큰 일에 있었다. 그가 주유의 장례 문제로 동오를 방문했을 당시 동오 사람들과 인물평을 나눈 내용을 보면 알 수 있다. 방통은 고옹의 아들이며 동오의 차세대 주자 중 한 사람인 고소와 자신을 비교하면서 이렇게 말한 바가 있었다.

"세상 풍속을 교화하고 인물들을 모아 통솔하는 일은 내가 경을 따라

갈 수 없으나, 제왕을 보좌해 비책을 논하는 점에 있어서는 내가 조금 더 낫습니다.”

실제로 방통은 목민관으로서의 재능은 형편없었다. 뇌양현령으로 재직 시 무능해서 면직된 것만 봐도 이를 알 수 있다.

방통은 유비의 군사참모가 된 이후에야 제 기량을 발휘하기 시작했다. 그는 유비에게 서촉을 정벌해 근거지로 삼은 후 옹주 및 량주와 연합해 천하패권을 다투라고 권고했다. 천하삼분론은 제갈량에게서 처음 나왔으나 구체적인 실천방안을 제시한 것은 방통이었다. 유비의 서촉 입성을 강력하게 권유하고 진공 전략을 수립한 것도 방통이었다. 방통은 부수관의 회합에서 유비에게 유장을 납치할 것을 권했고, 가맹관에서 회군할 때에도 바로 성도를 기습하는 안을 상책으로 제시했다. 이러한 안들은 상당한 위험부담이 있었으나 성공만 한다면 피 한 방울 흘리지 않고 익주를 취하는 기책이었다. 그러나 매사에 신중한 유비는 이 안들을 받아들이지 못했다. 유비가 안전하고 신중한 전략만을 채택하는 바람에 익주를 평정하는 데 3년이나 걸렸고, 그 풍요로웠던 주는 전란으로 풍비박산이나 남아난 것이 없게 됐다. 방통 또한 그 높은 뜻을 이루지 못한 채 기나긴 전쟁의 와중에서 전사하고 만다.

《삼국지연의》에서 방통은 제갈량에 버금가는 책사로 나올 뿐이다. 심지어 제갈량을 질시한 나머지 무리한 공격을 벌이다 낙봉파에서 적의 매복에 걸려 죽었다고 한다. 근거 없는 이야기다. 방통이 비록 너무 일찍 죽어 남긴 공적이 적기는 하지만, 유비 진영에서 제일가는 군략가는 방통이었다. 군사참모로서의 능력만을 본다면 제갈량은 방통은커녕 법정에도 미치지 못했다. 제갈량 스스로도 계략을 짜거나 군주를 설득하는 능력에 있어서는 법정을 따라가지 못한다고 자인한 바 있다. 이런 점을 보면 진중에서 전략을 세우고 기발한 책략을 개발하는 면에서 제갈량은 방통의 상대가 되지 못했을 것이다. 방통과 제갈량은 서로 역할이 달랐다. 방통이 유비와 함께 종군하면서 전략·전술을 구사했다면, 제갈량은 후방에서 백성들을 다스리며 병사와 물자를 보급했다. 제갈량이 소하였다면 방통은 장량이었다. 그가 요절한 것은 유비에게 무척 큰 손실이었다.

| 역사의 裏面 | 유비를 동오에 억류하라는 계책을 내다

유비가 형주를 빌리려 동오로 손권을 찾아갔을 때 주유가 그를 억류할 것을 주장했다. 이 꾀는 당시 주유의 참모였던 방통에게서 나왔다.

유비가 방통을 만난 후 한 첫 질문 역시 이에 관한 것이었다.

"경은 주유의 공조였소. 내가 오로 갔을 때 주유가 손권에게 나를 억류하라고 비밀리에 권했다는데 그런 일이 있었소? 이제 내가 주군이 됐으니 경은 이것에 대해 감추려 하지 마시오."

방통이 그런 음모가 있었음을 시인하자 유비가 뒤늦게 그 계획이 얼마나 위험했는지를 깨달았다고 한다.

유비가 형주를 빌리는 일에 성공한 후 유비와 손권 진영 사이에서는 서촉을 정벌하는 문제로 논란이 벌어졌다. 동오가 서촉을 정벌하는 일을 핑계로 형주를 되찾으려 했기 때문이다. 이 일에 앞장선 사람은 주유였다. 유비와 손권의 서촉 정벌 논쟁의 이면에 제갈량과 방통의 치열한 두뇌싸움이 있었으리라 유추할 수 있다.

당시 방통은 제갈량과 더불어 복룡, 봉추로 불릴 정도로 이름난 형주의 신진기예였으나 유비에게 등용되지는 않았다. 방통이 유비에게 출사하기를 원했다면 그것은 어려운 일이 아니었다. 방통은 제갈량과 친구이자 사돈이었다. 제갈량의 누이가 방덕공의 아들 방산민에게 시집갔는데 방통은 방덕공의 조카였다. 또 두 사람은 수경선생 사마휘에게 동문수학한 사이였다. 방통이 유비의 막하에 들어가기 원했다면 얼마든지 제갈량을 통해 말을 놓을 수 있었다. 사마휘 역시 방통을 높게 평가하고 있었으므로 유비에게 그를 추천했을 것이다.

이를 보면 유비가 방통을 발탁하지 않은 것이 아니라 방통이 유비를 선택하지 않은 것이 분명하다. 방통은 애초에 유비에게 몸을 맡길 생각이 없었다. 아마도 유비의 능력이나 장래성을 낮게 평가했을 것이다.

그가 가장 먼저 선택한 사람은 주유였다. 방통은 적벽대전 후 남군태수가 된 주유의 공조가 됐다. 주유가 요절하자 그의 영구를 이끌고 동오로 가 장례를 지내준 것도 방통이었다. 이를 보면 그가 주유를 유비보다 더 높게 평가했음을 알 수 있다.

방통이 유비에게 임용된 것은 동오에서 주유의 장래를 치르고 돌아온 후의 일이었다. 주인을 잃어 갈 곳이 없어졌으므로 하는 수 없이 유비의 휘하에 들어간 셈이다.

| 僞 _ 거짓말 | **뇌양현장 방통의 일화**

뇌양현장이 된 방통이 100일 넘도록 정사는 돌보지 않고 술만 마시자 유비가 노해 장비를 보내 잡아들이라 했다. 방통이 술에 취한 채 관사에 나타나 그동안 밀린 일들을 한나절 만에 다 처리했다. 《삼국지연의》에 나오는 이 이야기는 오히려 장온의 일화와 유사하다. 유비가 관내 순찰 중 광도현에 이르렀는데 현장 장온이 술에 취해 일을 처리하지 않고 있었다. 유비가 노해 처형하려 하자 제갈량이 간청해 면직에 그쳤다. 방통이 현장이 됐다가 면직된 일은 사실이나 실적이 없었기 때문이지 술 때문은 아니었다. 또한 당시 유비에게 방통을 중용할 것을 건의한 사람도 노숙이지 제갈량이 아니었다.

법정
法正

유비에게 두터운 신임을 받은 책사

　법정은 유비의 일등공신이자 일급 책사였다. 법정이 행실이나 도덕성 면에서 많은 문제점을 가지고 있었음에도 유비는 그를 무한 신뢰했다. 그의 공훈이 혁혁하고 그의 지모에 의지한 바가 컸기도 했지만, 유비는 인간적으로 법정을 좋아했던 것 같다. 도덕군자연하는 제갈량보다는 법정이 자기와 같은 유형의 인물이었기 때문일 것이다.

　방통이 익주 정벌 중 전사하자 법정은 유비의 제일가는 책사가 됐다. 제갈량도 자인했듯이 남아 있는 유비 진영 사람들 중 법정의 지모와 책략이 가장 뛰어났기 때문이다. 건안22년217년 한중을 정벌할 것을 제안한 것도 법정이었다. 한중은 익주의 겨드랑이에 해당하는 전략적 요충지였다. 한중을 장악해야 익주를 안전하게 지킬 수 있게 되고, 또 이곳을 바탕으로 관중과 량주로 진출할 수도 있었다. 법정은 조조와 손권이 유수구에서 서로 대치하고 있는 틈을 노려 한중을 정벌할 계획을 세웠다. 유비는 평생 전장을 돌아다녔으면서도 전술이나 군대 운용에 서툴렀다. 유비가 한중싸움에서 하후연을 죽이고 승리를 거둘 수 있었던 것은 전적으로 법정의 책략 덕분이었다. 조조는 유비가 하후연을 공격한 내용을 자세히 들은 뒤 의문을 제기했다고 한다.

　"나는 전부터 유비가 이처럼 능수능란하게 용병을 하지 못한다는 것을 잘 알고 있다. 반드시 누군가 가르쳐준 사람이 있을 것이다."

유비는 한중을 차지하게 됨으로써 그토록 열망하던 한중왕이 될 수 있었다. 한중왕은 한고조 유방이 최초로 얻은 왕위였다.

적벽대전 후 공안의 좁은 땅에 갇혀 지내던 유비에게 활로를 찾아준 것도 법정이었다. 당시 유비는 주유의 견제와 감시하에서 움치고 뛸 수 없는 상황이었다. 장송과 법정이 제 발로 찾아와 익주를 넘기겠다고 제안했을 때 유비는 무척이나 반가웠을 것이다. 평소에 입에 달고 살던 신의와 도리는 어디로 갔는지, 유비는 남의 기업을 빼앗는 계획에 냉큼 동의했다.

유비는 궁벽한 처지에 있던 자신에게 활로를 열어주고 한중까지 차지해 왕위에 오르게 해준 법정이 매우 고마웠을 것이다. 유비는 법정을 끔찍이 아꼈다. 지극히 자기중심적이어서 타인은 물론 가족의 안위에도 관심이 없던 유비가 법정의 안전만은 염려했다. 유비는 제갈량의 말은 안 들어도 법정의 말이라면 들었다. 유비가 이릉대전에서 대패한 후 제갈량이 한탄했다고 한다.

"법정이 살아 있었더라면 주상을 말려 동오를 정벌하러 가지 않게 할 수 있었을 텐데. 또 동오를 정벌하러 갔더라도 이처럼 처참하게 패해 나라가 뒤집어질 지경에 이르지는 않았을 텐데."

법정은 결코 훌륭한 인격자라 할 수 없는 사람이었다. 사람 보는 눈 하나만은 특출했던 유비가 법정의 사람됨이 어떠한지를 몰랐을 리가 없다. 그럼에도 유비가 법정을 무한 신뢰했던 이유는 무엇일까? 책략가로서 탁월한 능력을 높이 산 점도 있었겠지만, 유비 자신도 속이 시커멓기는 법정과 진배없었으니 서로 배짱이 잘 맞았기 때문일 것이다. 초록은 동색이라 했던가.

법정은 행실이나 인간성이 별로 좋지 않았다. 법정은 유학을 숭상하는 선비들과 달리 품행을 수양하는 일에 소홀했고 유가적 덕목에 구애받지 않았다. 장송, 맹달, 팽양 등 함께 어울리던 친구들도 다 비슷한 부류였다. 모두 두뇌는 비상했으나 의리라고는 전혀 없는 인물들이었다. 배신을 밥 먹듯이 한 것으로 보아 인격적으로도 문제가 있었을 것이다. 이러한 까닭에 법정은 관중에서 제법 행세깨나 하는 사족 가문 출신이었음에도 동향 사람들에게 배척을 받았다. 고향 사람들에게조차 비방과 중상을 당한 법정과 그의 패거리들은 유장에게 중용될 수 없었다. 유장 밑에서 한직을 전전하던 이들은 판세 역전을 노리고 함께 모의해 유비를 끌어들여 익주를 차지하게 했다.

유비에게 익주를 차지하게 한 덕분에 정권의 실세가 되자 법정의 진면목이 그대로 드러났다. 법정은 권력을 이용해 평소의 감정을 풀었다. 과거 자신에게 한 끼 식사라도 대접했던 이들에게는 푸짐하게 보답을 해주었지만 눈을 한 번 흘겨본 정도의 원한 관계만 있더라도 무자비한 보복의 칼날을 휘둘렀다. 법정이 제멋대로 살상한 사람이 여러 명에 이르렀다. 정도가 지나치다 생각한 사람들이 제갈량을 찾아와 제지해줄 것을 요청했다.

"법정이 촉군에서 전횡을 하고 있으니 장군께서 주공께 아뢰어 그를 좀 제지해야 합니다."

제갈량이 답했다.

"주공께서 공안에 계실 때 바깥으로는 북쪽 조조의 강성함을 두려워하고, 동쪽 손권의 핍박에 시달리며, 안으로는 손부인이 측근에서 변란을 일으킬까 두려워 참으로 진퇴가 어려운 상황이었습니다. 주공께서 지금처럼 웅비해 다른 사람의 통제를 받지 않게 된 것은 다 법정의 보좌 덕분입니다. 법정이 좀 제멋대로 행동한다 해서 어찌 그것을 금지할 수 있겠습니까!"

법정의 사람됨이 어떠했는지 잘 알려주는 일화다. 법정이란 인물은 참으로 속 좁고 옹졸한 인물이었다. 힘 좀 생겼다고 으스대고 사적 원한을 갚는 일에 쓰는 행위는 예나 지금이나 소인배들이 하는 짓거리다. 그것도 국가의 권력을 사유화해 개인적 목적을 위해 사용했다면 전형적인 직권남용에 해당한다. 행위로서 동기를 판단해보건대 법정이 유비를 도운 것은 결국 권력 좀 잡아 휘둘러보겠다는 심산이었을 것이다. 그것도 자신을 등용했던 착하기만 한 유장을 배신해가면서 말이다. 한실중흥의 대의와는 전혀 무관한 일이었다.

제갈량이 법정의 이런 행위를 수수방관했던 까닭은 힘이 없어서였을 것이다. 이는 유비와의 역학관계에서 법정이 제갈량보다 우위에 있었음을 드러내주기도 한다.

| 僞 _ 거짓말 | 한중정벌을 지휘한 것이 제갈량이다?

《삼국지연의》에 따르면 유비에게 한중정벌을 처음으로 권고한 것은 법정이었지만, 한중정벌을 계획하고 군대의 작전을 지휘한 것은 모두 제갈량의 역할로 나온다. 법정은 단지 황충의 감군監軍으로 나서 하후연과의 싸움에 대해 조언했을 뿐이다. 사실과 다르다. 한중정벌뿐 아니라 하후연을 죽이고 조조를 물리친 것이 다 법정의 책략에서 나왔다. 제갈량은 이때 성도에 머물며 후방에서 물자와 병력을 지원하는 역할만 했다.

맹달
孟達

화려한 언변과 술수를 지닌 배신의 달인

맹달은 지극히 자기중심적인 인물이었다. 자신의 이익을 위해서라면 남을 속이는 일은 아무렇지도 않게 했다. 그의 겉모습과 말솜씨는 매우 훌륭했다. 늘 여유 있는 태도에 아취 가득한 풍모를 지녔고 언변과 기지가 매우 뛰어났다. 그러나 그의 마음속에는 신실함이 없었고 남을 위해 자신의 이익을 희생할 생각은 눈곱만치도 없었다. 그는 전형적인 반사회적 인물이었다. 이런 유형의 사람들은 남을 이용하고 속일 때 전혀 양심의 가책을 받지 않으며, 세상의 이목이나 윤리쯤은 가볍게 여긴다. 이런 맹달에게 군주에 대한 의리, 충성심은 아무런 의미가 없었다. 그 결과 맹달은 《삼국지》에서 가장 많이 군주를 배신한 사람이 됐다.

맹달이 언변이나 기지만 뛰어났던 것은 아니다. 군사적 지휘 능력도 탁월했다. 그는 독력으로 형주와 한중을 잇는 군사적 요지인 상용지방을 점령하는 데 성공했다. 이때 맹달은 방릉태수 괴기를 죽이기도 했다. 괴기는 저 유명한 괴량, 괴월 형제의 동생이며 제갈량의 매형이었으니 그리 만만한 인물은 아니었을 것이다. 맹달은 방릉, 서성, 상용 3개 군을 평정해 촉의 중요한 번진세력의 하나가 됐다.

맹달은 실무 능력만 뛰어났던 것이 아니다. 가무와 음곡 등 기예에도 뛰어났다. 맹달이 촉을 배신한 것은 그가 관우의 도움을 거절해 유비의 분노를 샀기 때문만은 아니다. 그가 공들여 키운 군악대를 유봉에게 빼앗긴 것이 중요한 계기가 됐다.

맹달은 위나라에 귀순하는 과정에서도 조비를 상대로 흥정을 벌이며 자신의 주가를 높였다. 맹달은 번진으로서의 준독립성을 포기하려 하지 않았다. 맹달의 능수능란한 수작에 말려든 조비는 그에게 상용 지역 3개 군의 통치를 맡겼을뿐더러 오래된 측근과 다름없이 신임하고 총애했다.

위나라 사람들은 맹달의 화려한 재능을 높이 평가해 장수와 재상의 능력을 겸비했다고 칭찬했다. 이는 촉나라에서도 마찬가지였다. 제갈량을 비롯한 많은 사인들이 맹달을 당대 일류로 평가했다. 다만 인물의 허실을 살피는 일에 탁월했던 유비만이 그를 꺼리고 중용하지 않았을 뿐이다. 유비는 맹달을 믿지 않았기에 그가 상용 지방을 평정했을 때에도 양자인 유봉을 보내 그를 감시·통제하게 했다. 위나라 조정에서도 유엽과 사마의 같은 이들은 맹달의 사람됨을 사특하게 여겨 좋지 않게 봤다.

조비가 죽고 조예가 즉위하자 맹달을 경계하던 사마의와 유엽이 정권의 실세가 됐다. 신변안전이 우려된 맹달은 제갈량에게 서신을 보내 다시 촉에 귀순하고 싶다는 의사를 표시했다. 관우가 형주에서 실패해 외원세력이 아쉬웠던 제갈량은 적극적으로 반응했다.

맹달은 다시 재주를 피우기 시작했다. 상용의 위치가 위·오·촉 삼국의 경계에 접했으므로 이중 삼중의 줄타기를 시작했다. 제갈량은 물론 손권과도 연락을 주고받으며 거사를 차일피일 미뤘다.

결국 맹달은 사마의의 신속한 조치로 제거됐다. 이때 촉의 제갈량은 물론 오나라도 적극적으로 맹달을 돕지 않았다. 신의 없이 이랬다저랬다 하는 맹달의 행태에 신물이 났기 때문이었으리라. 남을 속이기 좋아하던 맹달은 재주만 믿고 설치다가 결국 일신이 패망했다. 거짓말쟁이 배신자의 말로였다.

| 역사의 裏面 | 맹달의 부친 맹타

맹달의 화려한 술수와 임기응변은 그의 부친 맹타에게서 물려받았다. 《삼보결록三輔決錄》이란 책에 맹달의 부친 맹타에 관한 일화가 전해온다. 당시 장안, 우부풍, 좌풍익을 일컬어 '삼보三輔'라 했는데 《삼보결록》은 이곳 출신 인물들에 대한 전기다.

맹타는 우부풍 출신으로 출신 성분은 그다지 좋지 않았던 것 같다. 한나라 영제 시절 매관매직이 판을 치자 훌륭한 선비들은 벼슬을 버리고 떠났지만, 협잡꾼들과 야바위꾼들은 크게 한탕 칠 기회가 왔다고 여겨 관직매수에 뛰어들었다. 그런 인물들 중 대표적인 자가 맹타였다. 당시 조정의 실세는 중상시 장양이었다. 장양은 자신의 집안일을 우두머리 노예에게 일임했다. 벼슬길에 나선 맹타는 곧바로 가재를 털어 장양의 우두머리 노예에게 바치고 또 그 휘하의 여러 노비들과도 깊은 친교를 맺었다. 로비에 만만찮은 비용이 들어갔으므로 맹타는 불과 몇 년 만에 가산을 다 탕진해 빈털터리가 됐다. 미안한 마음이 든 장양의 노비들이 맹타에게 무엇을 도와줄 수 있을지 물었다. 맹타가 대답했다.

"조정 대신에 임명되길 원할 뿐이다."

노비들은 오랫동안 맹타의 은덕을 입어왔으므로 모두 그의 계획에 협조하기로 약속했다.

당시 수많은 빈객들이 장양을 만나기 위해 찾아오곤 했으므로 그의 집 앞에는 늘 수백 대씩 수레가 늘어서 있었다. 어떤 사람은 며칠이 지나도 장양의 집 안으로 들어갈 수조차 없었다. 어느 날 늦은 시간에 맹타가 장양의 집을 찾아갔다. 정상적인 차례대로라면 맹타의 면담순서가 가장 늦었으나 그가 도착한 것을 본 장양의 노비들이 다 나와 절을 하면서 맞아들였다. 맹타의 수레는 곧바로 장양의 집 문 안으로 들어갈 수 있었다. 이를 본 여러 사람들이 다 크게 놀랐다. 맹타가 장양과 절친한 관계라고 생각한 사람들은 이제 맹타의 환심을 사고자 다투어 보화와 재물을 선물했다. 맹타는 재물을 얻으면 다 장양에게 뇌물로 바쳤으므로 장양이 그를 매우 좋아했다. 장양과 친해진 맹타는 얼마 후 장양에게 포도주 한 섬을 선물로 바치고는 당일로 량주자사에 임명됐다.

이 일화를 보면 맹타라는 자가 머리는 비상하게 돌아가나 투기성이 매우 강할뿐더러 도대체 윤리 관념이라고는 없었음을 알 수 있다. 맹달은 맹타의 이런 기질을 고스란히 물려받았다. 다만 좀 더 훌륭한 교육을 받았을 뿐이라고나 할까.

| 僞 _ 거짓말 | 맹달의 거사 음모를 위나라에 귀띔해준 장본인은?

《삼국지연의》에서 제갈량은 맹달의 거사 음모가 탄로 날까 걱정해 사자를 두 번이나 보내 기밀 유지를 신신당부한다. 맹달이 이를 무시하고 태평하게 굴다가 금성태수 신의의 밀고를 받은 사마의 습격에 속절없이 당하고 만다. 그러나 사실 맹달의 거사 음모를 위나라에 귀띔해준 장본인은 바로 제갈량이었다. 맹달이 겉으로만 귀순 의사를 표하고 사태를 관망하고 있었기 때문이다. 제갈량은 맹달의 거사를 촉구하기 위해 의도적으로 곽모라는 사람을 시켜 위나라에 음모를 흘려줬다. 제갈량은 다른 한편으로 음모가 탄로 났음을 알려줬으나 맹달은 사마의의 속임수에 넘어가 대비를 하지 않다가 속수무책으로 당했다. 맹달의 배신을 둘러싼 음모와 모략에서 사마의가 제갈량에게 완승을 거두었다고나 할까.

하후상

夏候尚

[사랑하는 여인 하나 지키지 못한 대장군]

하후상은 장가를 잘 든 덕분에 고속 출세했으나, 그로 인해 파멸했다. 능력과 업적에 상응하지 않는 큰 감투와 권력을 얻었으나, 그것이 그의 불행을 막아주지는 못했다. 어찌 보면 그가 본시 졸렬한 인물이었기 때문일지도 모른다.

하후연의 조카였던 하후상은 소싯적부터 조비와 절친했다. 조조가 조카뻘 되는 조진과 조휴를 궁중에서 함께 키웠지만 이들은 연배가 근 10년 위였으므로 조비와는 살가운 친구가 아니었다. 조비는 하후상의 지략이 뛰어나다고 여겼다. 하후상은 조조의 딸과 결혼해 조비와는 처남매부지간이 됐다. 하후상은 조비가 오관중랑장이던 시절부터 그의 측근이 됐다. 그는 아마도 후계쟁탈전에서 조비의 핵심 참모 역할을 했을 것이다. 또 조비의 왕위계승 과정에서 그가 사마의, 진군 등과 더불어 일익을 담당했음이 분명하다.

조비가 왕위를 계승하자 하후상은 권력의 핵심 실세가 됐다. 조비의 즉위와 함께 전반적으로 세대 교체가 이루어져 조조의 옛 신하들은 뒷전으로 물러나고 사마의, 진군, 조휴, 조진이 전면에 등장했지만, 막후의 핵심 실세는 하후상이었다. 맹달이 조비에게 귀순하자 하후상은 형주자사가 돼 상용지역을 기습해 접수했다. 이때 역전의 용사 서황이 그의 부장으로 종군했다. 하후상은 이 공으로 정남대장군에 임명됐다. 군사마나 참군사가 경력의 전부였던 하후상으로서는 엄청난 벼락출세였다.

조비는 하후상을 절대적으로 신임했다. 하후상이 정남대장군이 되자 조비는 그에게 임의로 벼슬을 주고 생사여탈할 수 있는 권한을 부여하기도 했다. 하후상의 참모로 있던 장제가 나라에 망조가 들었다고 한탄했을 정도로 파격적인 일이었다.

하후상은 조비가 삼로군을 일으켜 오나라를 정벌했을 때 강릉 방면의 군대를 총지휘하는 등 상당한 군공도 쌓았다. 그가 오래 살았더라면 위나라의 후계 구도도 크게 달라졌을 것이다. 그러나 그는 참으로 어처구니없는 일로 일찍 생을 마감하게 된다. 부인인 공주와의 갈등에서 비롯된 일이었다.

하후상에게는 매우 아름다운 첩이 하나 있었다. 타고난 미인이었을뿐더러 성격도 무척 좋았다. 형주에 주둔하던 하후상이 상용 서쪽 방면을 개척할 때 포로로 잡았던 원주민의 딸이었다. 하후상이 그녀를 몹시 사랑하자 공주의 시샘이 심했다. 공주는 걸핏하면 궁정에 들어가 조비에게 신세한탄을 했다. 성가셔진 조비는 아주 졸렬한 방법으로 이 문제를 해결했다. 자객을 하나 보내 하후상의 애첩을 목 졸라 죽인 것이다. 하후상은 무척이나 슬퍼했다. 아마도 제 신세가 한심했을 것이다. 황실에 장가든 덕택에 부귀와 공명을 얻기는 했지만 사랑하는 여인 하나 지킬 능력이 없었다. 그가 얻은 지위와 권력이 자신의 능력과 업적에 입각한 것이 아니었기에 아무런 항변도 할 수 없었다. 깊이 상심한 하후상은 결국 발광했다. 죽은 애첩이 너무도 보고픈 나머지 무덤을 파내고 관곽을 부수고 시신을 꺼내 보기까지 했다. 하후상은 발병한 이듬해에 미쳐서 죽었다.

이를 보면 하후상은 잔꾀나 부릴 줄 알았지 큰 인물은 못 됐음을 알 수 있다. 그를 발탁한 조비 역시 큰 그릇이 아니었음이 분명하다.

하후상은 하후연의 조카다. 하후연은 조조와 사촌인 하후돈의 집안 동생뻘이었으니 조조와 아무 관계가 없다고는 할 수 없다. 적어도 6촌이나 8촌은 됐을 것이다. 그런데 하후상은 조조의 딸에게 장가들 수 있었다. 조조는 전통적 사족가문 출신이 아니다 보니 혼인관계에 있어서도 유교적 법도를 따르지 않았다. 자신과 뿌리가 같은 하후씨와는 두루 인척관계를 맺었다.

조조의 부친 조숭은 원래 하후씨였으나 어려서 환관이었던 조등에게 입양됐으므로 조씨로 성을 바꿨다. 하후돈의 숙부가 조숭이었다. 어떤 사람들은 이것이 오나라 사람들이 썼다는《조만전》이나 곽반의《위진세어魏晉世語》에 나오는 내용이므로 믿을 수 없다고 주장하나 사실일 것이다. 진수가《삼국지》를 엮으면서 여러 하후씨와 조씨 친척들을《제하후조전諸夏侯曹傳》이라는 열전 한 편에 묶어 수록한 것으로 볼 때 그들 모두 한집안이었을 가능성이 높다.

조조에게는 하후돈을 비롯한 하후씨들이 조인이나 조홍 등과 같은 조씨 친척들보다 혈연적으로는 더 가까웠다는 얘기다. 조인과 조홍은 조부가 조조와 다른 것으로 봐 최소한 6촌 이상의 친척이었고 실제로 피는 한 방울도 섞이지 않았다.

그런데 조조는 자신의 딸 청하공주를 하후돈의 둘째 아들 하후무와 결혼시켰다. 하후연은 조조와 동서지간이었다. 하후연의 처가 조조 부인의 여동생이었다. 아마 변씨였을 것이다. 그럼에도 조조는 하후연의 맏아들 하후형을 자신의 조카딸과 결혼시켰다. 하후상 역시 조조의 사위가 됐다. 비록 동향 출신에다가 공신들인 하후씨를 우대하기 위한 조치였겠지만, 자신과 원래 성씨가 같은 집안사람들과 자녀들을 서로 통혼시켰으니 유교적 예법으로 보면 엉망진창인 혼인관계였다.

또 그 결과가 좋은 것만도 아니었다. 하후상의 사례 이외에도 하후무와 같이 부인과 사이가 나빠 고생한 경우도 있었다. 하후무는 조조의 사위였고 조비와도 처남매부지간일 뿐만 아니라 친구관계였으므로 매우 우대를 받았다. 조비가 제위에 오른 후 하후무는 안서장군이 돼 관중 방어를 책임지게 됐다. 하후무는 한 지역의 방어를 책임지기에는 부족한 인물이었다. 그는 무략이 없었고 재산 늘리기에만 열중했다. 또한 그는 관중에 있을 때 많은 첩과 기녀들을 거느렸는데, 이로 인해 부인인 청하공주와 사이가 좋지 않았다. 심지어 청하공주가 새로 황제가 된 조예에게 하후무의 죄상을 고발하는 바람에 그는 처형당할 뻔하기도 했다.

| 僞 _ 거짓말 | 하후상이 하잘것없는 말장이다?

《삼국지연의》에서 하후상은 한중에서 황충에게 '천탕산'이라는 가공의 산을 빼앗기고 심지어는 포로로 잡히기도 하는 하잘것없는 말장으로 등장한다. 하후상이 하후돈의 조카라는 엉터리 해설과 함께 말이다. 하후상은 이렇게 별 볼 일 없는 장수가 아니라 조비 시절 실세 중의 실세였다. 조조와 유비가 한중에서 싸울 때 하후상은 조창을 수행해 대군을 정벌 중이었으므로 한중쟁탈전에는 참전조차 하지 않았다.

하후무도 역시 제갈량의 1차 북벌 시 포로로 잡히는 등 망신을 당하는 것으로 나오는데, 전혀 사실이 아니다.

위연
魏延

[기개 있는 장수였으나 억울하게 죽다]

　위연은 매우 담대하고 유능한 장수였다. 그러나 제갈량은 그를 멀리하고 중용하지 않았다. 사적인 감정도 있었다. 위연은 돌다리도 두드려보는 성격의 제갈량이 성에 차지 않았다. 위연은 곧바로 장안을 기습하자는 자신의 의견을 무시한 제갈량을 겁쟁이라 비난했다. 속 좁은 제갈량이 이를 좋아했을 리가 없었다.

　위연은 배짱이 두둑했다. 한중을 점령한 후 유비는 아문장 위연에게 한중의 방어를 맡겼다. 한중은 형주 못지않은 전략적 요충지였으므로 당연히 장비가 맡게 될 것이라는 모든 사람들의 예상을 깬 결과였다. 유비는 여러 신하들을 모아 큰 잔치를 벌이고는 위연에게 물었다.

　"지금 경에게 중책을 맡기고자 하오. 경은 그 자리를 맡아 어떻게 대처할 것인가?"

　위연이 시원스럽게 대답했다.

　"조조가 천하의 병력을 다 동원해 쳐들어온다면 저는 대왕을 위해 이를 막아내겠습니다. 일개 편장이 10만 명 정도의 병력을 거느리고 온다면 저는 대왕을 위해 저들을 삼켜 버리겠습니다."

　유비가 위연의 대담함을 장하게 여겨 크게 칭찬했다.

　위연은 뒤늦게 유비 진영에 합류했으나 서촉정벌전에 종군하며 뛰어난 용맹과 담력으로 두각을 나타냈다. 위연은 선봉장이 돼 여러 차례 전공을 세웠다. 그렇다 하더라도 일개 부곡병 출신인 그가 익주의 인후지지咽喉之地라 할 수 있는 한중의 방위를 담당하는 번장이 됐다는 것은 그야말로 파격적인 일이었다. 사람을 볼 줄 아는 유비의 탁월한 안목 덕분이었다. 유비의 판단에 장비는 실수가 많아 독자적으로 한중을 책임지기에는 적합하지 않았다. 위연은 용맹하고 대담할 뿐 아니라 나름대로 전략적 식견을 갖추고 있었다.

그러나 제갈량은 위연을 위험한 인물로 보았다. 제갈량은 마속, 장완, 양의처럼 제대로 교육을 받은 사대부 출신을 중용하는 경향이 있었다. 여기서 유비와 제갈량이 사람 쓰는 방식의 차이가 확연하게 드러난다. 유비는 탁상물림의 사대부 출신보다는 현장에서 잔뼈가 굵은 실무형 인재를 선호했다. 위연, 마충 등이 다 그런 부류였다. 대부분 유비가 발탁한 인사들의 실적이 더 나았다.

위연은 북벌전쟁이 시작된 후에도 무도군에서 곽회와 비요의 대군을 격파하고, 노성에서 사마의의 군대에게 큰 승리를 거두는 등 혁혁한 공훈을 세웠다. 제갈량이 그를 미워하고 꺼리면서도 내치지 못한 이유였다. 뛰어난 무장이 없었던 촉나라는 그의 무공에 의지하는 바가 컸다. 그러나 제갈량은 자신의 비서실장 격인 장사 양의를 중심으로 끊임없이 위연을 견제하고 감시했다.

제갈량이 죽자 위연은 당연히 자신이 군대의 지휘권을 맡아야 한다고 생각했다. 그가 가장 선임이었기 때문이다. 위연은 계속해서 북벌전쟁을 수행할 작정이었다. 바야흐로 자신의 능력을 마음껏 발휘할 수 있는 기회가 온 것을 기뻐했을지도 모른다. 그러나 제갈량은 죽기 전 자신의 측근들인 양의, 비의, 강유 등에게 군권을 넘겼다. 이에 격렬하게 반발하던 위연은 결국 제갈량의 참모들에게 역적으로 몰려 제거되고 만다. 참으로 억울한 죽음이었다. 제갈량은 배포가 두둑한 위연이 북벌에 성공하게 되면 유씨의 촉한 정권이 위태해질 수 있다고 봤던 것일까.

| 역사의 裏面 | **위연의 자오곡출병론**

제갈량이 북벌에 앞서 전략회의를 열었다. 위연이 오랫동안 한중 방위를 책임져 온 경험을 바탕으로 진령 사이로 난 험한 계곡인 자오곡을 통해 바로 장안성을 기습해야 한다고 주장했다. 이것이 저 유명한 '자오곡출병론'이다. 제갈량은 이 계획이 너무 위험하다고 여겨 받아들이지 않았다. 그는 먼저 서량을 점령해 후방의 위험을 제거한 후 단계적으로 동쪽을 향해 진격하는 전략을 수립했다. 이것은 소위 '기산출병론'이다. 이와 관련해 누구의 의견이 옳았는지에 대한 논란이 지금까지도 이어져오고 있다.

지금 시점에 어느 작전이 더 효과적이고 성공 가능성이 높았느냐를 논하는 것은 무의미하다. 그때의 여러 조건과 내부 사정들을 정확하게 파악하기 어렵기 때문이다. 다만 각자 처한 입장과 생각이 달랐기에 서로 주장이 달랐을 뿐이다. 위연이 제시한 안은 모험적이긴 하지만 충분히 성공 가능성이 있었다. 북벌의 성패는 얼마나 빨리 관중을 점령해 근거지로 삼을 수 있느냐에 달려 있었다. 한고조의 사례를 봐도 그가 일거에 관중을 장악했기에 서초패왕 항우와 기나긴 지구전을 벌일 수 있었고 결국 최종 승리를 거둘 수 있었다. 물론 위연의 계획에는 위험성이 있었다. 그의 계획대로 장안성을 빨리 함락시키지 못한다면 자오곡의 험한 길을 따라 관중에 들어간 촉군은 후방이 차단돼 독 안에 든 쥐가 될 가능성이 높았던 것이다. 그러나 위연은 믿져봐야 본전이었다. 밑바닥부터 오로지 전공에 의해 출세한 그로서는 모험에 성공해 관중을 점령하고 중원을 회복한다면 이보다 더 큰 공이 있을 수 없었다. 실패해봤자 목숨 하나 버리면 그만이었다.

제갈량은 신중한 성격 탓이기도 했지만, 위연처럼 일거에 모든 것을 걸고 모험을 할 수 없었다. 그는 한실 중흥의 막중한 책임이 자신의 두 어깨에 달려 있다는 중압감에 시달리고 있었다. 그의 실패는 곧 400년 한나라 황실의 패망을 의미했다. 제갈량은 다소 성공 가능성은 낮더라도 위험을 피할 수 있는 만전의 대책을 원했다. 그는 충분한 준비를 갖췄으므로 잘만 한다면 정면 승부로 성공을 거둘 수 있다고 봤다.

결과론적으로 말하자면 위연의 자오곡출병론은 촉한이 중원을 회복할 수 있는 유일한 방안이었다. 국력의 차이가 명백했기 때문이다. 그러나 너무 아쉬워할 것은 없다. 설사 제갈량이 북벌에 성공했다고 해봐야 역사에 별 차이는 없었을 테니까 말이다. 다 망한 나라를 다시 살려놓는다 한들 그것이 일반 민중의 시각에서 볼 때 무슨 의미가 있었겠는가.

| 僞 _ 거짓말 | 제갈량이 위연을 참수하려 한 까닭

"저놈의 목을 당장 쳐라."

《삼국지연의》를 보면 제갈량은 아무 이유 없이 장사태수 한현을 죽이고 항복해온 위연을 참수하려 한다. 뒤통수 골상이 반골이라는 게 이유였다. 말도 안 되는 이야기다. 이런 이유 같지도 않은 이유로 제갈량이 위연을 죽이려고 했다고 기술한 까닭은 무엇일까? 위연을 처음부터 나쁜 자로 몰아놔야 그를 중용하지 않은 제갈량의 결점이 감춰질 수 있기 때문이다. 유비는 위연을 잘 활용했고 아무런 문제도 없었다. 제갈량이 그를 활용하지 못했을 뿐이다. 위연이 황충과 함께 장사태수 한현 밑에 있었다는 《삼국지연의》의 내용조차도 사실이 아니다.

화타
華陀

조조를 속이고 치료를 거부하다 처형되다

편두통을 심하게 앓던 조조는 화타가 명의라는 소문을 듣고 그를 불러들여 자신을 치료하게 했다. 편두통이 발발할 때마다 화타가 혈도에 침을 놓으면 바로 차도가 있었다. 조조는 늘 화타를 곁에 두고 치료를 맡겼다.

화타는 조조와 동향인 패국 초현 사람으로 젊어서 외지로 유학해 학문에 힘썼으나 천하대란을 만나 관직에 출사하지 못했다. 화타는 박학다식했는데 그중에서도 특히 의술에 밝았으므로 의업을 생업으로 삼게 됐다. 양생술과 침술은 물론 마취약을 사용한 외과수술에도 능했다. 화타는 본래 유학을 공부한 선비였으므로 의술로 먹고살게 된 것을 내심 부끄러워했다.

화타가 조조를 치료하게 된 것은 조조가 북방을 제패하고 한창 교만해졌을 무렵이었다. 당시 사인들의 여론은 조조가 혹 역심을 품은 것은 아닐까 하는 데로 모아졌다. 화타는 역적 조조의 수명을 연장해주는 일에 자신의 재능을 사용해야만 하는 게 싫었다. 그래서 휴가를 내 집으로 돌아간 후 아내가 병이 났다는 이유로 복귀하지 않았다. 조조가 여러 차례 사람을 보냈을 뿐 아니라 심지어 직접 편지를 써서 돌아오라고 명령했지만 화타는 이리저리 핑계만 댈 뿐이었다. 조조에게는 목숨이 달린 문제였다. 조조는 화타가 알량한 기술만 믿고 감히 자신을 기롱한다 생각했다. 매우 화가 난 조조는 사람을 보내 몰래 정탐하게 했다. 만약 정말로 화타의 아내가 병이 들었다면 치료비를 보태주고 휴가를 연장해주되 거 짓말이면 바로 잡아들이라 했다. 결국 화타는 체포돼 죄를 시인했다. 조 조가 그를 죽이려 하자 순욱이 만류했다.

"화타의 의술은 진실로 솜씨가 좋습니다. 사람의 목숨이 달린 일이니 참고 용서해주십시오."

조조는 약이 바짝 오른 상태였다.

"걱정할 것 없소. 천하에 이런 쥐새끼 같은 놈은 없어져야 하오."

화타가 죽은 후 조조는 편두통이 낫지 않자 스스로 자위하며 말했다.

"화타만이 이 병을 고칠 수 있었다. 그럼에도 그 간교한 놈은 스스로 중한 대우를 받고자 내 병을 키웠던 것이다. 죽이지 않았다 하더라도 그 놈은 나를 위해 이 병을 근본적으로 치료하지는 않았을 것이다."

조조는 가장 총애하던 아들 조충이 중병에 쓰러진 후에야 화타를 죽인 일을 깊이 후회했다.

"내가 화타를 죽인 것이 후회된다. 내가 이 아이를 죽게 한 것이다."

조충은 자를 창서라고 했고 어려서부터 총명하고 영리했다. 대여섯 나 이에 사리판단이 거의 성인에 맞먹었다고 한다. 조충의 지혜에 관한 유 명한 일화가 있다. 손권이 큰 코끼리를 선물하자 조조가 그 무게를 재고 싶어 했다. 아무도 대답하지 못하자 조충이 그 방법을 설명했다.

"코끼리를 큰 배 위에 태우고 배가 물에 잠긴 곳을 표시한 다음 같은 점에 이를 때까지 물건을 실은 후 그 무게를 재어보면 코끼리의 무게를 알 수 있습니다."

조충이 이미 아르키메데스의 원리를 이해하고 있었다는 이야기다.

조조는 이처럼 영민한 조충을 후사로 삼을 뜻이 있었으나 그는 불과 열셋 나이에 요절했다. 조충의 사망이 적벽대전 직전인 건안13년208년이 었으니 화타가 죽은 것은 그보다 이전이었을 것이다.

화타의 뛰어난 의술에 관한 많은 일화가 있는데 《삼국지》'방기전^{方技傳}'에 자세히 나온다. 화타에게 치료를 받은 유명인 중에는 유비가 '호해지사^{湖海之士}'라 높이 평가한 광릉태수 진등도 있다. 진등은 지략과 기개를 겸비해 좀 더 오래 살았더라면 큰일을 했을 인물이다. 불행히 진등은 서른아홉 나이에 요절했다. 진등이 중병에 걸려 얼굴이 붉어지고 가슴이 답답하다며 밥을 먹지 못하게 되자 화타가 진맥을 했다.

"부군의 위 속에 기생충이 몇 되나 있어 창자에 악창이 생기려고 합니다. 날것을 즐겨 먹은 까닭입니다."

화타가 탕약을 조제해 마시게 하자 진등은 기생충을 세 되나 토해냈다. 붉은 머리를 한 기생충은 다 살아 움직이고 있었으며 몸의 절반은 마치 생선회처럼 생겼다. 진등의 질병이 씻은 듯이 나았으나 화타가 미리 경고했다.

"이 병은 3년 후에 반드시 재발합니다. 좋은 의사를 만나야 치료가 가능합니다."

3년 후 병이 재발했는데 화타가 죽은 후였으므로 진등은 적절한 치료를 받지 못해 죽었다.

《삼국지연의》에는 화타가 관우를 치료해준 이야기도 나온다. 관우가 번성을 공격하다가 독화살을 맞았을 때 화타가 수술을 해줬다고 한다. 심지어 화타가 두통 치료를 위해 조조에게 뇌수술을 제안했고, 조조는 화타가 관우의 원수를 갚고자 자신을 죽이려 한다고 의심해 그를 죽였다는 이야기도 나온다. 이는 사실이 아니다. 관우가 번성을 공격한 것은 화타가 죽은 지 10년도 더 지난 후의 일이었다. 화타는 위나라 사람으로 관우를 만난 적도 없었다.

관우가 어깨뼈를 수술한 이야기는 '관우전'에 나온다. 관우가 왼쪽 어깨에 화살을 맞은 적이 있는데, 그 후로는 날씨가 습하거나 비가 오면 항상 뼈에 통증을 느꼈다. 의사가 말했다.

"화살촉에 독이 발라져 있어 독이 뼈에 스며들었습니다. 어깨를 절개해 뼛속의 독을 긁어내야 질환이 제거됩니다."

관우가 바로 어깨를 내밀고 의사에게 집도하게 했다. 수술을 받으면서 관우는 여러 장수들과 함께 연회를 벌였다. 어깨에서 피가 철철 흘렀지만 관우는 태연하게 고기를 굽고 술을 마시며 담소했다 한다. 이때 수술한 의사가 누구였는지 또 수술 시기가 언제였는지는 알 수가 없다. 다만이 일화를 보면 당시에 외과 수술이 일반화돼 있었음을 알 수 있다. 한방에서 외과적 시술이 사라진 것은 유교적 교조주의가 판을 쳐 '신체발부수지부모'를 문자 그대로 해석하게 된 후의 일이다.

| 僞 _ 거짓말 | 화타의 의술이 후세에 전해지지 않았다

《삼국지연의》에 따르면 화타가 죽기 전 그의 비전이 담긴 의술서인 '청낭서'를 옥졸 오압옥에게 전했으나 그의 처가 불태워버렸다고 한다. 그래서 화타의 의술이 후세에 전해지지 않았다는 이야기다. 그렇지 않다. 화타의 의술·양생술·도인술은 오보, 침술은 번아라는 제자가 이어받았다. 후한시대에 일반화됐던 외과수술이 후세에 전해지지 않은 것은 화타의 죽음과는 아무 상관이 없다.

국가가 존재하는 이유는 무엇인가

여기서 말하고자 하는 국가는 State를 말한다. 한 나라의 정치공동체 내지는 통치체제를 의미한다고 할 수 있다. 흔히 민족 또는 국가로 번역되는 Nation과는 다른 개념이다. Nation 또는 Nationalism이라는 개념은 국가나 민족의 관념이 희미하던 봉건영주시대의 분열상을 절대주의 왕정시대를 통해 극복한 후, 한 나라 안에 거주하는 주민의 일체성·동질감을 확보하고 이를 통해 애국심을 고취하고자 한 국민주의의 산물이다. 국민주의는 18세기 말 프랑스혁명과 미국독립전쟁을 계기로 출현해 19세기에 이탈리아와 독일의 통일이 이룩되면서 절정에 달한 개념이다. 우리가 흔히 Nation을 '민족', Nationalism을 '민족주의'로 번역하고 있지만 '국민' 및 '국민주의'로 번역하는 것이 원래의 뜻에 더 가깝다. 국민주의 시대를 통해 탄생한 Nation 개념은 우리가 흔히 잘못 이해하고 있는 단군 할아버지의 자손이라는 식의 혈연 공동체나 문화적 동질성을 지닌 집단 등과 같이 생래적인 개념이 아니라, 하나의 주권국가 내의 주민을 통합하기 위해 만들어진 개념이기 때문이다. 반면 State라는 개념은 독일어로 City를 의미하는 Staat와 어원을 같이한다. 그리스의 Polis와 같은 개념이다. 즉 하나의 정치적 생활 영역을 공유하는 정치적 공동체 내지는 이러한 공동체의 정치적·공적 생활을 관리해 나가는 통치체제를 의미한다.

State라는 의미에서의 국가의 기원 또는 기능에 대해서는 다양한 이론이 존재

한다. 자유주의 사상가들인 루소나 로크는 '사회계약론'을 주장해 국가는 국민들 간의 사회계약을 기초로 해서 성립했고, 따라서 국가의 기능은 이러한 계약내용을 이행하는 것이라고 주장한다. 오펜하이머는 국가의 생성을 역사적으로 고찰해 국가는 사회계약에 따라 만들어진 것이 아니라 유력한 부족이나 집단의 정복행위에 의해 이뤄졌다는 '정복국가론'을 주장했다. 이외에도 많은 국가이론이 있고, 이 이론들은 각각 국가의 생성원리, 존립근거, 기능과 역할 등을 설명하고 있다. 마르크스는 국가가 지배계층인 자본가 계급이 피지배계층인 프롤레타리아 계급을 억압·착취하기 위한 도구로 만들어졌다고 주장한다. 과연 국가는 마르크스의 주장처럼 단순히 자본가 계급의 지배도구에 불과한 것일까? 국가가 성립하게 된 배경 및 국가가 수행해야 할 역할 및 기능은 어떤 것일까?

일반적으로 현대의 후생경제학에서 국가 또는 정부의 존재 필요성은 '시장의 실패'라는 개념에 따라 설명된다. 독과점 시장처럼 시장이 불완전하거나, 외부효과가 존재하는 경우 시장을 통해서 후생극대화가 이뤄질 수 없다는 것이다. 시장의 불완전성을 보완하고 시장이 본질적으로 해결할 수 없는 공공재의 공급과 분배문제의 해결을 위해 정부 또는 국가기구가 필요하다는 설명이다. 그러나 이러한 설명은 시장이 정상적으로 존재하는 것을 전제로 시장의 기능을 보완하기 위해 국가가 필요하다는 것으로, 국가가 발생하게 된 역사적인 배경을 설명해주지는 못한다. 즉 국가 생성의 원인이 된 국가 존재의 의의를 설명하는 이론이 아니라 국가의 한 기능을 설명하고 있는 것에 불과하다.

아담 스미스Adam Smith의 국부론에 따르면 한 사회의 경제적 후생을 극대화하는 방법은 '분업'이라고 한다. 각자 자기가 경쟁력 있는 제품만을 만들고, 이것을 완전 경쟁시장에서 상호 교환하면 경제적 후생이 극대화될 수 있다는 뜻이다. 그렇다면 시장만 존재하면 되지 국가가 왜 필요한지 의문이 생길 수 있다. 국가는 주민들에게서 세금을 징수하고, 규제를 가하는 등 외견상 국민을 착취하고 억압하는 기구로 보일 수도 있다. 이런 시각에서 보면 국가 또는 정부는 불필요한 존재처럼 보일 수도 있다.

그럼에도 현대에 모든 조직화된 사회가 국가 또는 정부를 갖고 있는 이유는 무엇일까? 국가가 존재해야만 하는, 국가만이 수행할 수 있는 고유의 기능이 있기 때문이다. 시장기능을 통해 사회 전체의 경제적 후생이 극대화될 수 있고, 개인들도 자신의 이익을 극대화할 수 있다. 그러나 시장을 통한 거래보다 더 손쉽게 자신의 이익을 극대화할 수 있는 방법이 있다. 남들이 생산한 것을 강탈하는 것이다. 정당한 대가를 지불하지 않고 재화와 용역을 취득하는 방법이다. 모든 사람들이 필요한 것을 취득하기 위해 이렇게 쉬운 방법을 채택하고자 하면 시장은 더 이상 존재할 수 없다.

맨커 올슨Mancur Olson의 '집단적 행동의 논리The Logic of Collective Action'에 따르면, 개인들은 자신의 이해관계와 직접 관련이 없는 한 공공 문제에 참여하지 않는다고 한다. 사익 증대의 가능성이 없는 한 공익을 위해 일하지 않는다는 것이다. 얼핏 공공적인 행위처럼 보이는 것들도 사실은 다 사익 추구 행위의 한 표현이라는 것이다. 현대 정치에서 참여자들의 동기와 행태를 살펴보면 이와 같은 주장에 일리가 있다. 공무원들은 공익을 위해 정부에서 일하는 것 같지만 본질적인 동기는 신분보장과 급여소득을 위한 것이라고 볼 수 있고, 정치인들은 공익을 내세우지만 사실 자신의 권력을 극대화하고 이를 통해 목적을 달성하고자 하는 측면이 강하다. 선거에 참여하거나 정치자금을 후원하는 선거운동원들이나 기업가들도 이와 같은 행위를 통해 자신들의 이익을 증대시킬 가능성이 보이지 않는다면 정치라는 공공 과정에 참여하지 않을 것이다. 현실적으로만 본다면 말이다. 물론 인간이 '합리적 선택이론'에서 주장하는 것처럼 이익극대화의 논리에만 입각해서 합리적으로 행동하는 것은 아니다. 개인의 이상과 신념, 집단정인 정서나 종교 등 정신적인 동기도 분명히 존재하기는 한다. 그러나 일반적인 사람들을 기준으로 볼 때 가장 강한 동기는 역시 개인의 이익이다. 개인들은 공익을 위해 희생·봉사하기보다는 사익을 극대화하기 위해 노력하는 존재다. 더욱이 가장 쉬운 방법으로 사익을 취하려고 한다.

따라서 국가가 존재하기 이전 상태에서 개인과 집단들은 자신들의 이익을 극대화하기 위해 '강도짓'을 선호한다고 한다. 그런데 남의 것을 빼앗는 경우에도 비용이 전혀 안 드는 것은 아니다. 저항이 심한 경우에는 강도들도 자신의 생명과 신체의 자유를 박탈당할 위험이 커진다. 따라서 당연히 높은 비용이 발생한다. 강도행위의 비용을 감소시키기 위해서는 큰 집단을 형성하는 것이 유리하다. 그래서 강도들은 실력 있는 리더를 중심으로 강도단robbing bandit을 조직하게 된다. 이러한 강도집단들의 경우에도 전혀 문제가 없는 것은 아니다. 첫째, 농민 등 생산자들의 입장에서는 잉여생산물이 발생해봐야 약탈당할 것이 뻔하므로 생산에 힘쓰지 않게 된다. 따라서 지역 내의 생산성이 떨어지게 되고, 그만큼 강도집단들이 빼앗아갈 물량이 부족해지게 된다. 둘째, 생산행위보다는 강도행위가 수익이 훨씬 높기 때문에 너도나도 강도가 되려고 한다는 것이다. 이에 따라 강도단들 간의 경쟁이 심해진다.

이러한 상태에서 실력 있는 강도단의 리더는 다음과 같은 전략을 취하게 된다. 먼저 자신의 지역 내에서 독점적인 강도행위를 확보하고자 한다. 이를 위해 경쟁적인 다른 강도집단들을 몰아내고 지역 내의 권력을 독점한다. 그다음 잉여생산을 권장하기 위해 강도행위에 일정한 규칙을 정하게 된다. 예를 들면 생산량의 10%만 강탈하겠다고 생산자들에게 약속하는 것이다. 원시적인 정치권력과 세금이 탄생하는 과정이다. 이처럼 한 지역에서 독점적인 권력을 행사하고 세금을 징수하는 강도집단의 우두머리를 Warlord 또는 Landlord라고 한다. 중세의 봉건영주나 일본의 번주들이 다 이 부류에 속한다. Warlord들은 자신의 이익을 극대화하기 위해 끊임없이 세력확장을 도모한다. 서로 영역싸움을 하는 것이다. 그중 최후의 승자가 국가강도단Stationary bandit이 된다. 국가강도단의 우두머리가 바로 전근대시대의 군주들이다. 왕조시대의 창업군주들은 난세를 평정하고 질서를 회복하겠다는 둥 그럴듯한 명분을 내세웠지만 사실은 자신만이 독점적·지속적으로 강도행위를 하기 위한 싸움에서 승리한 것뿐이라고 말할 수 있다.

루소의 '사회계약론'은 기성 국가를 정당화하기 위한 논리적 근거를 제시하고자 한 것이지, 국가 형성의 논리를 설명한 것은 아니다. 경위야 어찌 됐든 간에 이미 성립해서 존재하는 국가가 그 존립근거를 정당화하기 위해서는 국민의 합의에 의해 구성되고, 통치해야 한다는 것이다. 즉 이미 존재하는 국가기구가 그 주민을 상대로 세금을 징수하고, 각종 강제력을 행사하는 것이 정당한 것으로 인정받기 위해서는 국가기구의 구성방법과 권력의 행사가 국민의 의사에 합치돼야 한다는 점을 설파한 것이라고 할 수 있다. 그러나 국가 성립의 기원을 현실적으로 살펴보면,

고대와 중세의 어느 국가도 사회계약이라는 국민적 합의 과정을 통해 설립된 경우는 없다.

이익극대화의 논리에만 전적으로 의존한다면, 현대 민주주의 국가기구의 본질도 크게 다르지 안다고 보여진다. 국가강도단인 셈이다. 일단 국가강도단이 성립하게 되면, 강도행위는 세금이란 형태로 제도화하게 되고, 생산자들은 잉여생산물을 시장에서 자유롭게 교환할 수 있게 됨으로써 개인의 이익과 사회적 후생을 극대화하게 되는 것이다. 국가기구라는 형태의 강도단은 국경 내에서 독점적 권력을 행사하기 위해 자기 이외의 다른 개인이나 집단에 의한 강도행위를 철저하게 금시하게 된다. 즉 질서유지 행위를 하게 되는 것이다. 또 외부적으로는 다른 국가강도가 자신의 영역을 침범하는 것을 막아야 한다. 안보를 위한 노력을 하는 것이다. 어떤 형태로든 국가강도단이 성립하게 되면 국내적으로 질서가 확립되고, 대외적인 침략으로부터 방어가 이루어지게 돼 영역 내의 주민들은 안정적인 생산활동과 잉여생산물의 교환행위가 이뤄지게 된다.

그런데 국가강도단의 일원이 되는 것, 특히 그 우두머리가 되는 것은 너무나 이익이 많이 남는 장사이기 때문에 그 자리를 탐내는 자들이 필연적으로 발생하게 된다. 특히 그 우두머리가 사망과 같은 자연적인 원인 등으로 교체되는 시점에서 야심가들의 활동이 두드러지게 된다. 국가수반의 계승 과정에서 상호분쟁과 혼란이 발생할 가능성이 큰 것이다. 그래서 왕조시대에는 왕위계승 절차를 마련해, 개인의 능력 유무와 관계 없이 이에 따라 승계자를 정하도록 했다. 사회적 비용을 최소화하기 위한 것이다. 민주주의 정부의 경우도 '다수결의 원칙'에 따라 국가강도단의 승계원칙을 정한 것 이외에는 본질적으로 왕조시대와 다름이 없다. Warlord들이 실질적인 무력행사로 국가강도단의 승계를 결정하는 것 대신, 머릿수를 세어 많은 쪽이 이기기로 결정한 것이다. 한 정치학자가 다수결의 원칙에 대해 설파하기를 '머리통을 부숴버리는 대신 머릿수를 세기로 한 것'이라고 한 이유가 여기에 있다. 전투기술 수준이 비슷한 상태에서는 이변이 없는 한 수가 많은 쪽이 이기므로 싸우지 않고 머릿수를 세어 승패를 결정하기로 한 것이 민주주의 국가의 정권계승절차인 선거제도인 것이다. 그러고 보면 왜 정치인들이 건달들과 유사한 행태를 보이는지 이해할 수 있다. 정치인들의 본질은 지역강도단이거나 강도단 지망생들이기 때문이다.

결론적으로 국가생성의 과정을 살펴보면, 국가의 본질과 국가의 기본적인 기능이 무엇인지 알 수 있다. 대내적으로 국내 질서 유지와 대외적으로 국가안보다. 질서 유지 이외에 경제발전을 국가의 양대 기능으로 보는 견해도 있는데, 이는 국가의 대내적 기능인 질서 유지 기능을 세분해서 설명한 것에 불과하다. 이미 설명한 바와 같이 국내적으로 강도행위를 금지하면 시장기능을 통해 경제가 활성화되게 돼 있다. 물론 과거 우리나라와 같이 정부 주도로 경제발전을 추진한 경우도 있었지만, 이는 어디까지나 예외적인 경우이다. 워낙 민간 자본이 축적돼 있지 않은 상황에서 불가피한 선택이었다고 볼 수 있다. 그러나 경제가 발전하고 선진화됨에 따라 과거와 같은 관 주도의 경제는 시장을 왜곡시켜 도리어 경제발전에 해가 된다. 시장이 정상적으로 기능하고 시장의 실패를 치유할 수 있도록 합리적인 기준을 세우고 이를 집행하는 일, 시장이 존재할 수 있게 국내적 강도행위를 철저하게 금지하는 일 등이 국가가 해야 할 기본적인 의무다. 이러한 기능은 경제적 질서 유지 기능이라고 볼 수 있다. 반면 범죄가 발생하지 않게 예방하고, 범죄자를 처벌함으로써 사회적인 질서를 유지하는 기능은 사회적 질서 유지 기능이다.

그중 현대국가에서 특히 중요한 것은 경제적 질서 유지 기능이다. 단순히 생존과 안녕을 보장하는 수준을 넘어서 국민 전체의 후생과 복지를 극대화시켜야 하는 것이 현대국가의 의무인 만큼, 경제적 질서 유지 기능이 중요하다. 경제적 질서가 유지되면 시장이 활성화되고 이를 통해 국민 전체의 후생이 극대화될 수 있기 때문이다. 이 기능과 관련한 국가의 역할은 시장이 실패하지 않도록 관리하는 일이다. 시장 내에서 공정한 경쟁이 보장되고 능률적인 거래가 이루어지려면 시장이 완전경쟁적이어야 하고, 거래비용이 축소되도록 투명해져야 한다. 정부의 역할은 시장이 비교적 완전경쟁적 형태를 유지하도록, 또 투명성이 유지되도록 규칙을 정하고 경제활동 참여자들이 이를 준수토록 질서를 유지하는 것이다. 또한 본질적으로 시장은 효율성에 초점이 맞춰져 있고, 민주성에 초점이 맞춰진 정부기구는 그렇지 못하니, 정부의 기능은 꼭 필요한 안보와 질서 유지 기능에 국한하고 시장의 활동영역을 넓혀 나가야 한다. 공공영역에서도 가급적이면 능률성이 보장될 수 있도록 시장경쟁원리를 도입해야 한다. 이것이 바로 '공공선택론'과 '신관리주의^{NPM}' 이론의 핵심 내용이다.

사회적 질서 유지 기능과 관련해, 국내적 강도행위는 개인적인 수준과 집단적인 수준으로 나눠 살펴볼 수 있다. 개인적인 수준은 그야말로 강도, 절도, 사기 등 형법상의 범죄들이다. 치안 차원에서 다뤄야 할 문제들인 것이다. 집단적 수준의 강도행위는 시장을 교란하는 즉, 국가의 존립 근거를 위협하는 중대 범죄다.

예를 들어 조직폭력배가 정상적인 비즈니스 영역에 진출해 자유롭고 완전한 가격경쟁이라는 시장원리를 무시하고 폭력을 동원해 거래행위에 간섭한다면 이는 국가의 존립근거를 위협하는 집단적 강도행위에 해당한다. 조직폭력배가 명시적·묵시적 폭력을 동원해 시장에서 사익추구 행위를 한다면 이는 곧 국가 존재에 도전하는 강도단이 되는 것이다. 이들은 폭력과 사기, 협박 등의 수단을 통해 정상적인 생산자의 잉여생산물을 갈취한다. 이들이 정상적인 사업 영역에까지 침투하게 되면 시장질서가 무너지게 된다. 대부분의 국가에서 조직폭력배가 존재하기는 해도 이들이 정상적인 비즈니스 영역에 침투하는 경우 철저한 제재를 가하고 있다.

대외적인 질서 유지 기능, 즉 국가안보도 궁극적으로는 시장이 정상적으로 기능하게 해 국내의 사회적 후생을 극대화하기 위한 것이다. 시장이 아무리 정상적으로 기능하고 안정된 질서하에서 국민들이 노력해 부와 경제력을 축적한다 해도 외적으로부터 이를 지켜내지 못한다면 아무 소용없는 일이다. 우리 국민의 재산과 생명을 취해 자국의 이익을 극대화하려는 다른 국가, 즉 다른 국가강도단으로부터 국민의 안전을 보장해야 한다. 국민의 안정적인 생활과 시장의 정상적 활동을 보장하기 위해 외침으로부터 국가를 방위하는 것도 매우 중요한 국가의 기본 임무 중 하나다.

현대 국제사회에서 국가의 안보를 확보하는 데 있어 필수적인 일은 안보동맹의 확대·강화이다. 가장 이상적인 형태는 자주국방이겠지만, 글로벌화한 작금의 국제사회에서 스스로의 힘만으로 자국의 안보를 책임질 수 있는 나라는 어디에도 없다. 심지어 로마시대 이래 세계 최강이라는 미국조차도 동맹국의 협조 없이는 자국의 안보에 완벽하게 대처할 수 없는 형국이다. 특히 우리나라와 같은 중급 규모 국가의 안보는 강한 안보동맹에 의지하는 것이 필수적이다. 우리보다 강한 영국, 일본 등과 같은 나라도 NATO를 통해 집단안보를 추구하거나 미국과의 군사동맹을 중시하고 있다.

다시 강조하지만 국가의 가장 기본적인 임무는 국내적으로 질서 유지와 국제적으로 안보이다. 질서 유지 중에서는 경제적 질서 유지, 즉 자유민주주의 시장경제 질서가 확립되고 꽃피울 수 있도록 규칙과 질서를 정하고 이를 준수하도록 하는 일, 정부의 생산활동 개입과 직접적 규제를 억제하고 시장의 역할과 기능을 확대하는 일이 가장 중요하다. 이런 역할을 하는 국가를 재규제Reregulatory 국가라 한다. 그리고 국내적으로 안보의식을 고양하고 필요한 군사적 억지력을 유지할뿐더러 국제적인 안보동맹을 확대·강화하는 일이야말로 현재 대한민국 및 그 정부가 해 나가야 할 가장 기본적인 일이다.

2007년 7월 미국 Duke 대학에서

김경한